LA RECONSTITUTION
DE LA FORÊT TROPICALE HUMIDE
Sud-Ouest de la Côte d'Ivoire

Francis KAHN
Botaniste à l'O.R.S.T.O.M.

LA RECONSTITUTION DE LA FORÊT TROPICALE HUMIDE
Sud-Ouest de la Côte d'Ivoire

Éditions de l'Office de la Recherche Scientifique et Technique Outre-Mer
Collection MÉMOIRES N° 97
PARIS - 1982

Ce travail a fait l'objet d'une thèse de 3e cycle soutenue à l'Université de Paris Sud-Orsay, le 26 janvier 1981.

ISBN 2-7099-0628-7

A
ZADI KOUBI PROSPER
et
GNESO TEHE HENRI

AVANT-PROPOS

Le champ de riz de son père est devenu une belle forêt. Notre informateur avait alors 9 ans. Aujourd'hui, c'est un « Vieux » respecté et, 55 ans après la récolte, chacun de ces grands arbres lui témoigne la richesse d'une vie sagement menée.

Assis au centre du village, adossé au tronc du vieil arbre planté là avec la première case, ce n'est pas sans crainte qu'il scrute, au-delà du fleuve, les vastes étendues déboisées où, dans la lumière du soir tombant, il ne rencontre même plus le spectre d'un fromager.

Durant sa vie, une seule règle a guidé ses gestes : puiser la richesse du milieu, mais se limiter et veiller à sa reconstitution. Et en quelques années, il voit détruit ce que de nombreuses générations avaient su exploiter et conserver.

La forêt tropicale, pour les pays qui la possèdent, constitue une réelle source de richesses, mais qui risque d'être précocement asséchée par une exploitation irraisonnée. La pression humaine sur le milieu forestier tropical de plus en plus forte rend urgente la mise en place d'une gestion rationnelle de l'espace secondarisé qui devra assurer la reconduction des potentialités de l'écosystème forestier.

C'est dans cette voie que se situe ce travail. Il propose les cadres structuraux de la reconstitution que des recherches plus écophysiologiques, orientées ou appliquées, pourront utiliser.

Il fait suite à une série de recherches entreprises au centre O.R.S.T.O.M. d'Adiopodoumé sous la direction de M. J.-L. Guillaumet, Botaniste à l'O.R.S.T.O.M., Directeur de Recherches. Le présent livre lui doit beaucoup en idées, suggestions et critiques. Comme coordinateur du « Projet TAI », il a défini les problématiques d'une recherche écologique véritablement orientée et a su transmettre à notre équipe son enthousiasme et sa passion pour cette magnifique forêt du Sud-Ouest ivoirien.

Formé en Biologie animale, mon premier contact avec la Botanique tropicale fut « L'architecture de la forêt guyanaise », et c'est à Saül — Guyane française, sur les layons tracés par M. Le Professeur Oldeman que j'ai découvert la forêt tropicale. Ce livre est imprégné de ses idées, il comprendra toute l'importance que revêt pour moi le fait qu'il ait accepté d'en être le Rapporteur.

La rencontre de M. Le Professeur Hallé a été déterminante. Son enseignement a catalysé ma passion pour le milieu forestier tropical et constitué un riche substrat aux recherches entreprises.

M. Le Professeur Saugier, malgré de nombreuses charges, a accepté d'organiser, à partir de ce travail, la soutenance d'une thèse de 3e cycle et d'en présider le jury.

M. Le Professeur Lemée a bien voulu en faire partie. C'est un grand honneur de soumettre ces résultats à sa profonde connaissance du monde végétal.

M. Le Professeur Lioret fut mon directeur d'études à l'O.R.S.T.O.M. et suit mes activités en tant que Président du Comité Technique de Botanique et Biologie végétale. Sa présence dans ce jury témoigne du grand intérêt qu'il porte aux études écologiques.

A toutes ces personnalités scientifiques, j'exprime l'expression de ma profonde gratitude.

Ces recherches ont été effectuées dans le cadre de mes activités à l'O.R.S.T.O.M. Je remercie son Directeur Général, M. Le Professeur Camus, d'avoir toujours mis à ma disposition les moyens nécessaires à leur réalisation.

Mes deux compagnons de tournée, Zadi Koubi Prosper et Gneso Tehe Henri, originaires du Sud-Ouest ivoirien, m'ont permis de mener à bien les enquêtes de terrain grâce à leur connaissance intime du milieu et des hommes. Ils furent les piliers de ce travail. Qu'il leur soit dédié.

PRÉSENTATION

CADRE DE L'ÉTUDE — SON BUT — POURQUOI ENVISAGER LA RECONSTITUTION APRÈS CULTURE TRADITIONNELLE ? A LA RECHERCHE D'ANCIENS CHAMPS — DESCRIPTION DES PARCELLES

Cadre de l'étude

La superficie couverte par la forêt tropicale humide régresse chaque année de 0,5 à 0,6 % (SOMMER, 1976). En Côte d'Ivoire, la déforestation atteint des proportions alarmantes ; tout particulièrement, la région du Sud-Ouest (fig. 1) est, depuis ces dernières années, en proie à une colonisation intensive. La création du port de San Pedro qui a attiré une nombreuse main-d'œuvre tant de Côte d'Ivoire que des pays limitrophes, la réalisation du barrage de Kossou qui a provoqué le déplacement d'une importante population à la recherche de terres nouvelles sont à l'origine du peuplement soudain

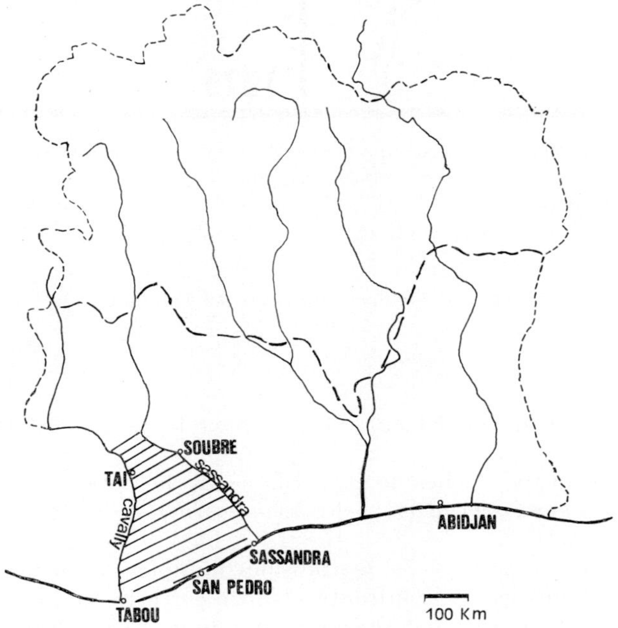

Fig. 1. — Le Sud-Ouest de la Côte d'Ivoire — limite septentrionale de la forêt tropicale dense humide (---)

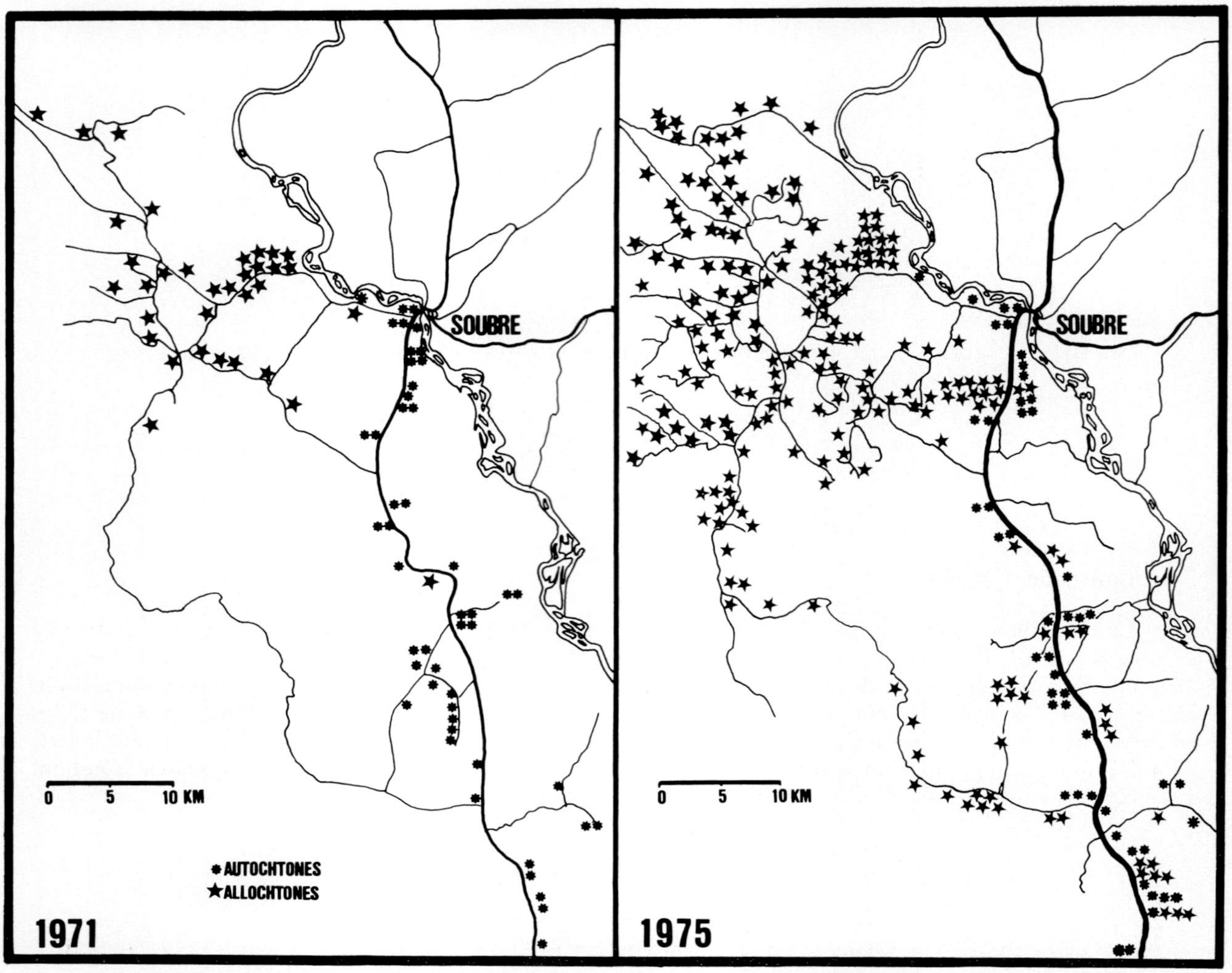

Fig. 2. — Peuplement du Canton Bakwé de la sous-préfecture de Soubré. *D'après* A. Schwartz (O.R.S.T.O.M. Abidjan, 1978), simplifié

1971 (janvier)			1975 (avril)		
Autochtones	2004	57,5 %	Autochtones	2154	17,9 %
Allochtones	1480	42,5 %	Allochtones	9875	81,1 %

(chaque symbole représente 40 habitants)

et massif du Sud-Ouest ivoirien, peuplement tel que, pour la zone de Soubré, les autochtones sont devenus largement minoritaires (fig. 2).

En 1975, le Ministère de la Recherche Scientifique de la Côte d'Ivoire a lancé le Projet Tai (MAB n° 1) : « *Effets de l'accroissement des activités humaines sur la forêt du Sud-Ouest de la Côte d'Ivoire* ».

Les buts en étaient de comprendre les mécanismes d'implantation humaine, d'évaluer l'impact de l'homme sur le milieu forestier, de confronter milieu perturbé et milieu intact pour déboucher finalement sur la formulation de règles d'aménagement d'une région forestière (Lorougnon, 1976 ; Guillaumet, 1976 ; Dosso et Guillaumet, 1977).

Au niveau des études de végétation deux voies principales ont été abordées :

— l'étude de la forêt : structure et dynamisme interne ;
— sa reconstitution globale après intervention humaine.

Son but

La forêt tropicale humide représente une ressource économique dont l'importance ne cesse de croître. Ce potentiel économique n'a de valeur réelle que s'il est conservé : une exploitation du milieu forestier n'est effectivement rentable pour un pays que si les potentialités du milieu sont reconduites.

Actuellement l'un des problèmes majeurs est précisément la non-reconstitution des surfaces exploitées. La forêt tropicale régresse sous la pression d'un peuplement humain de plus en plus dense qui pratique la culture itinérante sur brûlis, tandis que la mobilisation de vastes territoires pour les cultures de rente (café, cacao) et les cultures industrielles (Hévéa, palmier à huile, cocotier...) limite la surface disponible pour le cultivateur. Les temps de jachère deviennent alors de plus en plus courts et la reconduction de l'écosystème forestier de plus en plus aléatoire.

Pour permettre à la forêt de se reconstituer, il faut préserver les surfaces déjà exploitées de toute nouvelle exploitation, ce qui ne peut être justifié — économiquement — que si l'on peut rentabiliser les stades de reconstitution : considérons simplement qu'ils constituent le milieu naturel de nombreuses essences commercialisées et que les temps de reconstitution de la forêt se situent à l'échelle de la sylviculture.

Aménager les stades de reconstitution et les intégrer dans des cycles agro-sylvicoles, c'est répondre au double objectif d'assurer la reconstitution de la forêt, c'est-à-dire de reconduire les potentialités du milieu, tout en rentabilisant l'espace mobilisé.

Il s'agit d'établir une théorie de la reconstitution pour l'aménagement des forêts tropicales humides (1). Nous tenterons ici d'en développer les bases écologiques.

Pourquoi envisager la reconstitution après culture traditionnelle ?

Au niveau pratique, les vieilles friches susceptibles d'être trouvées ne peuvent se rencontrer que dans le cadre du système traditionnel. En effet, les cultures semi-industrielles et industrielles sont d'âges relativement récents, il n'est pas encore possible de suivre leur devenir, de plus l'humanisation périphérique est souvent telle qu'une reconstitution naturelle de la forêt ne peut plus être envisagée.

Au niveau des motivations, les données du système traditionnel, dans la mesure où elles maintiennent les potentialités du milieu, sont à considérer avec le plus grand intérêt, elles reflètent un respect des lois biologiques.

Il ne s'agit évidemment pas de préconiser un retour pur et simple au système traditionnel, mais d'en bien comprendre les données d'espace et de temps qui sont celles du milieu forestier.

Comme dans l'ensemble du monde tropical humide, le cultivateur du Sud-Ouest ivoirien pratique une culture itinérante sur brûlis. La culture principale est celle du riz pluvial.

Une parcelle de forêt est défrichée, les arbres sont abattus, à l'exception cependant de ceux qui nécessitent un travail trop important et qui assureront un ombrage faible mais suffisant pour restreindre l'expansion des adventices. Après un brûlis souvent sommaire, le riz est semé. Au-delà de la récolte, le champ est encore utilisé pour recueillir les derniers tubercules (manioc, taro, patate douce). Une deuxième année de riz est assez rare, et généralement le champ est abandonné après la première année (Moreau et Namur, 1978 ; A. de Rouw, 1979). La forêt peut alors se reconstituer.

Tant au niveau pratique qu'à celui des motivations, le système d'agriculture traditionnelle offre un cadre favorable pour l'étude de la reconstitution globale de la forêt.

---

(1) De même que Sebillotte (1977 — Jachère, système de culture, système de production, méthodologie d'étude. J.A.T.B.A., 24 (2-3) : 241-267) prescrit l'élaboration d'une théorie de la jachère, il faut établir une théorie de la reconstitution donnant les clefs d'utilisation d'une grande partie du domaine forestier, d'autant plus nécessaire que l'importance des végétations secondaires croît au détriment des écosystèmes primaires.

A la recherche d'anciens champs

— *Établir une chronoséquence*

Comme le souligne Guillaumet (1978), il n'est pas possible de suivre au cours du temps la reconstitution intégrale d'une forêt, sinon dans les toutes premières étapes. Il faut, à partir d'anciens champs abandonnés dont l'âge est connu, retracer l'évolution de la végétation, du champ de riz à la forêt.

La prospection de champs abandonnés depuis une longue période s'avère délicate dans le Sud-Ouest ivoirien où la pression humaine croît de façon spectaculaire. L'immigration importante a pour conséquence directe l'accroissement dans des proportions considérables des surfaces cultivées par essartage. Toute parcelle disponible de forêt est alors coupée, brûlée et cultivée. Ainsi, les champs abandonnés depuis plus de dix ans sont-ils rares.

Les parcelles que nous avons trouvées se situent sur le territoire de vieux villages d'ethnies autochtones (Bété, Bakwé, Oubi, Krou). Ces anciens champs n'ont pas été recultivés pour plusieurs raisons :

— après une mauvaise récolte de riz, le cultivateur ne réutilise que rarement la parcelle, même après de nombreuses années ;

— la parcelle appartient à celui qui l'a cultivée, s'il émigre vers une autre région, elle est laissée à l'abandon ;

— les malédictions, si lors du défrichement ou de la culture des événements malheureux se sont produits (accident, morsure de serpent...).

La connaissance précise de l'âge de la parcelle est toujours difficile à obtenir, les cultivateurs de ces régions n'ayant pas, il y a plusieurs décennies, l'usage du calendrier occidental. Ils ne peuvent dater les cultures qu'en relation à des événements historiques — familiaux ou politiques. Les âges des parcelles nous ont été donnés par des « Vieux » qui furent parmi les premiers à être scolarisés, leurs villages se trouvant sur les axes de pénétration du Sud-Ouest. Ainsi l'un d'eux se souvient avoir été pour la première fois à l'école en 1925, et que telle parcelle avait été défrichée par son père l'année auparavant... Sachant lire et écrire, ils ont pu plus facilement dater les parcelles en fonction des événements. Par contre, les renseignements sur les traitements des champs sont toujours flous et peu fiables, ils ne diffèrent d'ailleurs que dans le cadre du système traditionnel et il est vraisemblable que leur influence sur l'évolution tardive de la végétation est faible sinon nulle.

— *Les parcelles étudiées*

Nous n'avons trouvé que 14 parcelles âgées de plus de 10 ans dont il restait une surface non perturbée suffisante pour pouvoir être étudiée. Le plus souvent, les parcelles rencontrées étaient traversées par de nombreux sentiers de chasse ou qui menaient à des champs plus éloignés, parfois, c'était des chemins de tirage tracés par les exploitants forestiers pour sortir les grumes de la forêt voisine, ou, le sous-bois de la parcelle était coupé pour servir à la construction des cases du village ou du campement, autant de perturbations qui restreignaient encore l'échantillonnage.

Les parcelles retenues se répartissent dans différentes zones du Sud-Ouest (fig. 3) :

— **zone de Soubré vers Gueyo** : 55 ans, 45 ans, 40 ans, 29 ans, 15 ans, 11 ans, 8 ans, 4 ans (série Soubré I) ;

— **zone de Soubré vers Sassandra** : 60 ans, 51 ans, 50 ans, 39 ans et 19 ans (série Soubré II) ;

— **zone de Tai** : 33 ans ;

— **zone de Grabo** : 38 ans, 28 ans, 3 ans.

Les parcelles de la série Soubré I illustreront le déroulement de la reconstitution, celles de la série Soubré II marquent un blocage qui nous permettra d'analyser les principaux goulots d'étranglement, enfin les parcelles de Tai et de Grabo laissent penser à quelques variations du schéma de reconstitution.

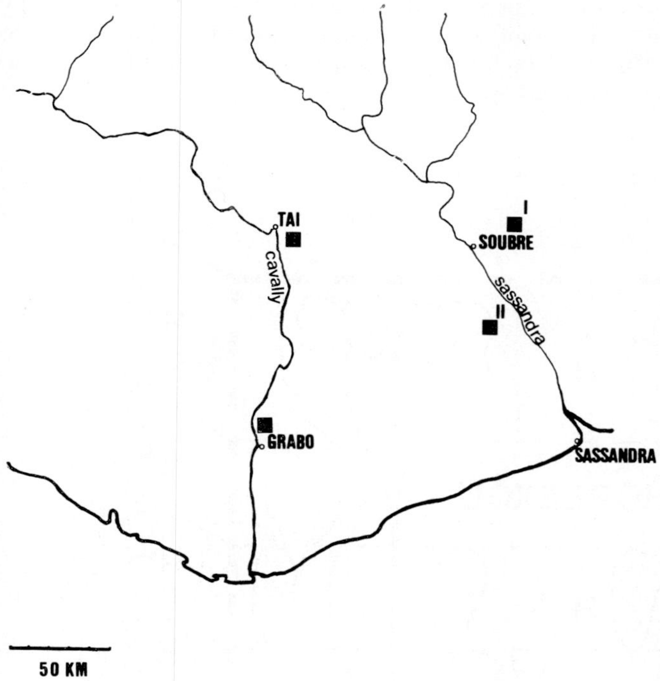

Fig. 3. — Situation géographique des parcelles étudiées

Toutes ces parcelles se situent dans le domaine de la forêt tropicale dense humide (GUILLAUMET et ADJANOHOUN, 1971). GUILLAUMET (1967) qualifie le climat du Sud-Ouest ivoirien en ces termes : « *On pourra y distinguer les deux extrêmes que sont les zones de Grabo et de Sassandra. La première est équatoriale... La seconde est subéquatoriale... L'ensemble de la région se situe entre ces deux types.* » Et sur l'influence du climat sur la végétation, l'auteur conclut : « *Cette continuité apparaît dans la végétation, de type forestier dense humide répondant aux climats équatoriaux et subéquatoriaux, elle se révèle remarquablement homogène du Cavally au Sassandra, avec un maximum de richesse et d'exubérance dans la région de Tabou et de Grabo, et une légère imprégnation d'espèces de forêt semi-décidue dans la basse vallée du Sassandra.* »

Description des parcelles

MÉTHODE DE DESCRIPTION MORPHO-STRUCTURALE

Nous ne présentons que les grandes lignes de la méthode de description morpho-structurale utilisée en nous attachant à souligner comment sa nature permet d'analyser la dynamique de la végétation. Pour un développement plus complet, nous renvoyons à GUILLAUMET et KAHN (1978, 1979 dont nous reprendrons ici de larges extraits) et KAHN (1978a).

Le volume observé : hoplexol

Dans une végétation forestière, primaire ou secondaire, les végétaux tendent à s'agencer selon une série verticale de couches horizontales que nous présenterons comme des continuums spatiaux latéraux d'éléments végétaux dont la quantité et le volume les différencient les unes des autres. Ces couches ou hoplexols recouvrent plus ou moins les notions de strate, interstrate, et celles de « canopy, layer, story », ... du vocabulaire anglo-saxon. L'hoplexol est un volume observé, délimité par les éléments végétaux eux-mêmes (fig. 4). Sa définition inclut la disposition des éléments végétaux entre eux et la présence du milieu ambiant (air, éléments du sol).

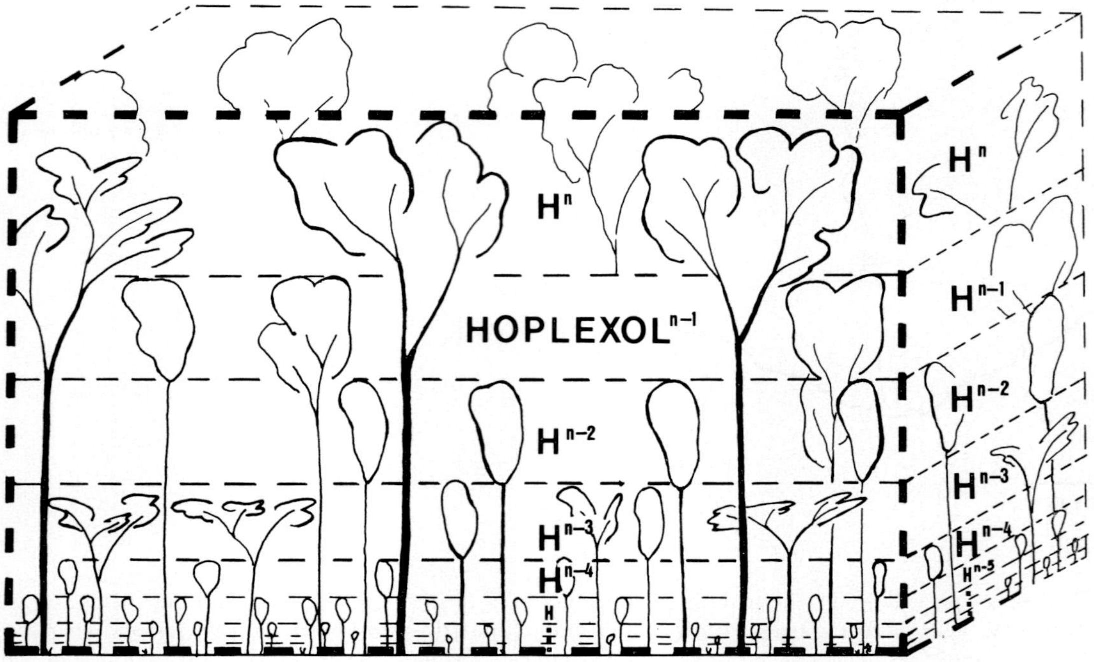

Fig. 4. — Le volume observé : l'hoplexol

Les éléments de diagnose

La plante arborescente présente une organisation symétrique constituée de deux systèmes assimilateurs (feuillages et chevelus racinaires) reliés par un système conducteur (axes conducteurs aériens et racinaires). A ce schéma d'organisation, nous rattachons toute plante arborescente ou mieux, tout phanérophyte érigé ou lianescent, ligneux ou herbacé, développant un système conducteur reliant les systèmes assimilateurs spatialement disjoints.

Nous considérons donc pour ces plantes deux entités structurales et fonctionnelles :

— les systèmes assimilateurs ;

— les systèmes conducteurs.

Si chez la majorité des plantes ces deux entités existent, les végétaux non ligneux, de dimensions souvent réduites, ont un système conducteur moins différencié, par sa physionomie, sa structure et ses fonctions, et surtout une signification écologique, du fait de leur situation et occupation spatiales, fondamentalement différente. Les zones de conduction sont intimement liées aux zones d'assimilation, nous considérons alors un autre découpage envisageant la totalité de la partie aérienne du végétal, et portant sur la morphologie d'ensemble de la plante.

Les systèmes racinaires de toutes les plantes se diviseront en axes de conduction et axes d'assimilation.

Enfin, une description de la végétation serait incomplète si elle ne tenait compte des plantules (germinations et jeunes plants), de la matière végétale morte et de la matière végétale décomposée.

Nous soulignons que les éléments de diagnose sont des ensembles et qu'ils ne peuvent être appliqués à un individu ou à une partie d'individu végétal (chaque définition sous-entendra : l'ensemble dans un hoplexol donné des structures végétales correspondantes).

PARTIE AÉRIENNE DES VÉGÉTATIONS

Les ensembles ligneux et arborescents

Les systèmes assimilateurs aériens que sont l'ensemble des feuillages et les axes associés (qui correspondent aux cîmes, couronnes, houppiers, ramures, frondaisons du langage courant) porteront le suffixe -physe.

Les systèmes conducteurs constitués de l'ensemble des tiges (troncs ou stipes) et de leur ramification (branches principales) porteront le suffixe -agé.

Un dernier ensemble relatif aux parties aériennes des végétations arborescentes se rapportera aux germinations et jeunes plantes.

Les systèmes assimilateurs individualisés dans l'espace comprendront :

PALIPHYSE : Feuillages des arbres présentant leur expansion maximale.

morphologie : ces feuillages sont plus larges que hauts, ils ont des formes globuleuses, en cœur, en tronc de cône renversé.

stratégie : ces arbres ont atteint leur expansion maximale, les feuillages sont épanouis latéralement. Il s'agit des ensembles du présent définis par OLDEMAN (1974a).

PROPALIPHYSE : feuillages des arbres qui ont pratiquement atteint leur hauteur maximale mais dont l'extension latérale n'est pas encore pleinement réalisée.

morphologie : celle du Paliphyse avec une composante latérale moins marquée.

stratégie : ces arbres sont dans la phase ultime de leur développement, l'édifice arborescent est déjà réalisé quand il s'agit de grands arbres.

Cet élément de diagnose a été fréquemment utilisé lors des descriptions, il traduit la mise en place du peuplement arbustif ou arborescent au niveau considéré.

PROPHYSE : feuillages des arbres en cours de croissance.

morphologie : ces feuillages sont plus hauts que larges, ils sont fusiformes.

stratégie : une telle forme indique que l'arbre croît en hauteur limitant son expansion latérale. Ces arbres sont en train de réaliser leur modèle de croissance (au sens de HALLÉ et OLDEMAN, 1970).

MONOPHYSE : feuillages des arbres mono- et oligoblastes.

morphologie : ces feuillages constituent des touffes au sommet des axes caulinaires. Les feuilles sont généralement de grande taille comparée à celle de la plante.

stratégie : la croissance de ces plantes est souvent lente et leur occupation spatiale, limitée par leur mode de croissance, se trouve accrue par la taille des feuilles.

Dans nos relevés, cet élément de diagnose se rapportera principalement aux palmiers à huile, abondants dans les stades de reconstitution.

PLÉIOPHYSE : feuillages des lianes.

morphologie : deux types se rencontrent, d'une part les feuillages des grandes lianes, généralement ligneuses, qui se développent dans les hoplexols supérieurs de la forêt, d'autre part, les lianes le plus souvent non ligneuses ou sous-ligneuses particulièrement abondantes dans les végétations secondarisées. Dans ce dernier cas, il n'est pas possible d'isoler les deux entités structurales et fonctionnelles de base, systèmes assimilateurs et conducteurs peuvent être confondus et l'ensemble de la plante est alors considéré comme élément du Pléiophyse.

stratégie et écologie : les feuillages des lianes interfèrent de façon importante sur l'occupation spatiale des arbres ; les lianes non ligneuses occupent souvent un espace considérable dans les végétations secondarisées et en modifient la dynamique.

PLÉIOMONOPHYSE : feuillages des palmiers lianes.

Les systèmes conducteurs individualisés dans l'espace comprendront :

STYLAGÉ : les troncs ligneux droits.

Le Stylagé regroupe tous les troncs ligneux droits correspondant au Prophyse, Paliphyse et une partie du Monophyse (troncs des Dicotylédones monocaules).

DENDRIGÉ : les branches principales.

Le Dendrigé comprend toutes les branches ligneuses qui se distinguent spatialement des feuillages. Il est généralement lié au Paliphyse et correspond soit aux principales vagues de réitérations (cf. OLDEMAN, 1974a), soit à des branches séquentielles ou ramifications développées lorsque la plante ne réitère pas. Il peut également être lié au Prophyse si les arbres ou arbustes en cours de croissance ont été traumatisés.

Nous avons distingué :

— *micro*dendrigé (diamètre inférieur à 10 cm) correspondant aux arbustes du sous-bois ;
— *méso*dendrigé (diamètre entre 10 et 30 cm) correspondant aux ensembles arborescents intermédiaires ;
— *macro*dendrigé (entre 30 et 60 cm) et *méga*dendrigé (plus de 60 cm) correspondant aux ensembles arborescents supérieurs.

STIPIAGÉ : les tiges ou stipes des plantes arborescentes non ligneuses.

Le Stipiagé est constitué des tiges ou stipes des Monocotylédones arborescentes, fougères arborescentes, des Cycadales ; il ne correspond qu'en partie au Monophyse. La structure de leur rhitidome, souvent écailleux ou fibreux, les différencie des éléments du Stylagé.

OPHIAGÉ : les tiges de lianes.

L'Ophiagé se distingue par la structure externe et interne et le comportement spatial de ses constituants.

Enfin, pour les ensembles ligneux et arborescents, nous considérons :

NÉOPHYTION : germinations et jeunes plantes des formes arborescentes.

Il s'applique aux germinations et jeunes plantes des formes arborescentes lorsqu'un maximum d'entre elles amorcent leur modèle de croissance sans pleinement réaliser la séquence architecturale. Nous y incluons également les germinations des formes lianescentes ligneuses.

Les ensembles herbacés

GRAMEN : les plantes graminiformes.

Ce sont toutes les plantes herbacées au port dressé, souvent en touffes cespiteuses, à feuilles linéaires étroites et à nervures parallèles : Graminées, Cypéracées et autres Monocotylédones. Le terme Gramen n'a aucune connotation taxonomique et des Graminées peuvent ne pas être inclues dans le Gramen.

PLÉIOGRAMEN : il se rapporte aux plantes graminiformes lianescentes qui, comme *Scleria barteri*, sont particulièrement abondantes dans les végétations secondaires.

PHOROPHYTION : les plantes prostrées, s'épanouissant à la surface du sol.

Il s'agit de tous les végétaux étalant leur feuillages au niveau de la surface du sol ou de la litière : Phanérogames et Cryptogames de types prostrés, Bryophytes, Lichens... On y inclura aussi les organes reproducteurs des saprophytes et parasites.

KORTODE : les plantes herbacées non graminiformes et non prostrées.

Cet ensemble comprend toutes les Dicotylédones, Monocotylédones et Ptéridophytes ne présentant pas l'organisation des précédents, mais qui forment un complexe très riche, de morphologie variée, bien que toujours identifiable.

PARTIE SOUTERRAINE DES VÉGÉTATIONS: LES SYSTÈMES RACINAIRES

Nous distinguerons le système conducteur (-agé) et le système assimilateur (-physe).

RHIZAGÉ : les racines conductrices ou macrorhizes.

RHIZOPHYSE : les chevelus racinaires constitués par les brachyrhizes.

LA MATIÈRE VÉGÉTALE MORTE

NÉCROPHYTION : matière végétale morte non décomposée.

Le Nécrophytion peut être foliacé s'il s'agit de feuilles ou ligneux s'il s'agit de branches ou de troncs. La structure végétale est toujours reconnaissable.

NÉCRUMITE : la matière végétale décomposée.

Cet élément se rapporte à la matière végétale décomposée quand il n'est plus possible de reconnaître la structure végétale initiale.

NÉCRUNÉCROPHYTION : matière végétale en cours de décomposition.

Description de l'hoplexol

Chaque hoplexol a fait l'objet de 3 diagnoses :

— diagnose majeure : reconnaissance et quantification relative des éléments végétaux ;

— diagnose structurale : détermination du rapport des volumes végétaux au volume de l'air ambiant ;

— diagnose complémentaire : identification des plantes dont les feuillages composent l'hoplexol.

LA DIAGNOSE MAJEURE

Une fois les éléments constitutifs de l'hoplexol reconnus, la diagnose majeure consiste à évaluer leur volume relatif et à les répartir selon 5 niveaux :

— 3 niveaux où l'élément est bien représenté que nous symboliserons en ordre décroissant par : le NOM de l'élément s'il est spatialement dominant (ex. : *Paliphyse*) ; par le PRÉFIXE du terme, s'il est abondant mais non dominant (ex. : *Pro*-Paliphyse) ; par l'ADJECTIF dérivé du terme qui traduire la présence marquée de l'élément (ex. : Paliphyse, *prophysé*) ;

— 1 niveau où l'élément est présent mais non abondant qui sera symbolisé par la PHASE (Paliphyse à *phase prophysée*) ;

— 1 niveau où l'élément est rare et de volume négligeable qui sera marqué par le STIGME (ex. : Paliphyse à *stigme prophysé*).

LA DIAGNOSE STRUCTURALE

Elle consiste à évaluer le rapport des volumes végétaux au volume d'air environnant. Les volumes végétaux considérés sont essentiellement des feuillages et il s'agit de l'air compris entre ces différents feuillages — et non pas de l'air entre les feuilles d'un même feuillage.

Nous distinguons 4 niveaux (fig. 5) :

— *Aérophique* : air dominant ;

— *Stomaphique* : volumes végétaux et volume d'air sensiblement de même importance ;

— *Isophique* : volumes végétaux dominant ;

— *Cléistophique* : les volumes végétaux s'interpénètrent.

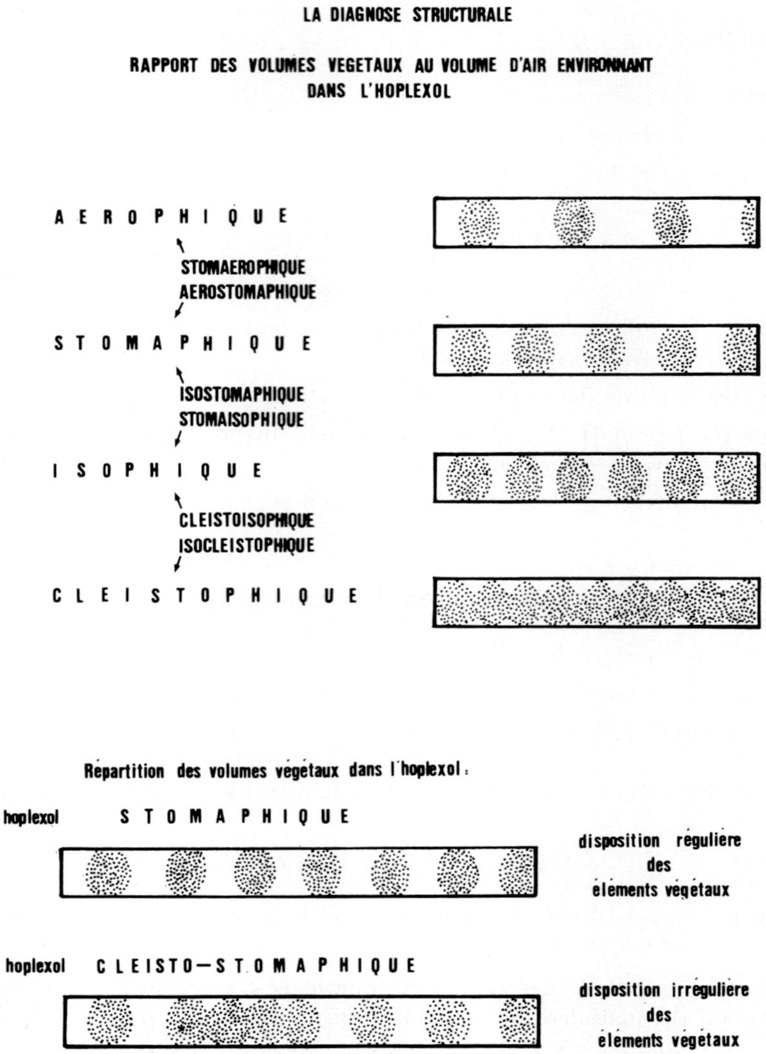

Fig. 5. — Le rapport des volumes végétaux au volume d'air est établi selon 4 niveaux. La tendance vers l'un ou l'autre de ces niveaux (traduit par la combinaison des néologismes) facilite la description. Lorsque la répartition des éléments végétaux dans l'hoplexol est irrégulière, plusieurs structures sont déterminées qu'il faut quantifier en fonction de leur importance spatiale relative

Afin de faciliter la description, nous utiliserons les jalons intermédiaires pour marquer la tendance vers l'un ou l'autre niveau (fig. 5).

La quantification relative de différentes zones structurales au sein d'un même hoplexol rendra compte de la disposition irrégulière des éléments végétaux. Durant l'établissement des relevés, nous avons fréquemment eu à décrire de tels cas et nous avons distingué deux degrés d'hétérogénéité latérale de l'hoplexol selon l'importance relative des différentes zones structurales : pour un hoplexol constitué de zones stomaphiques et cléistophiques, la diagnose sera : *Cléisto-Stomaphique*, si les zones stomaphiques et cléistophiques sont développées, les zones stomaphiques étant plus représentées ; elle sera *Stomaphique à phase cléistophique*, si les zones cléistophiques ne constituent que quelques îlots dans l'hoplexol de structure stomaphique dominante (fig. 5).

Cette diagnose structurale nous renseignera sur l'importance spatiale des masses végétales et leur répartition régulière ou irrégulière dans l'hoplexol. Elle s'avère particulièrement utile lors d'une étude dynamique, car elle rend compte de l'occupation progressive de l'espace par la végétation.

Une diagnose descriptive est ainsi établie pour chaque hoplexol, et l'ensemble vertical des diagnoses permet de définir un volume de végétation dont la structure est latéralement homogène.

Et si latéralement la structure diffère, c'est-à-dire, si nous identifions plusieurs hoplexols à la place d'un seul, ou si la diagnose de l'hoplexol varie, nous nous trouvons alors dans un nouvel ensemble structural de végétation. Cette méthode s'applique à la description des structures mosaïques et permet de suivre et de raccorder l'évolution de chaque case du damier.

LA DIAGNOSE COMPLÉMENTAIRE

La diagnose complémentaire se rapportera ici aux principales composantes floristiques de l'hoplexol et précisera :

— la situation spatiale de l'espèce dans son environnement structural ;
— son degré de développement (Prophyse, Propaliphyse, Paliphyse) ;
— sa nature (Monophyse, Pléiophyse...).

Tous les relevés ainsi établis sont donnés en annexe. Un index des espèces renvoie, pour chaque parcelle, aux différents hoplexols où elle a été rencontrée.

Pratiques sur le terrain

Effectuer un relevé consiste à observer puis décrire les hoplexols, les uns après les autres, depuis la litière jusqu'à la voûte de la végétation.

La surface nécessaire pour déterminer un hoplexol sera la surface parcourue pour établir les diagnoses. La surface d'un relevé dépendra de la structure globale de la végétation et variera selon les niveaux.

Elle n'a donc pas été la même pour une parcelle de 3 ans, dont la structure est homogène sur 1 hectare, où le relevé peut être effectué sur 100 m^2, pour une parcelle de 10 ans, véritable mosaïque de structures qui nécessite plusieurs relevés, ou une parcelle de forêt reconstituée. Dans ce dernier cas, les structures du sous-bois seront déterminées sur des surfaces d'environ 100 à 400 m^2 selon les niveaux, tandis que celles des ensembles arborescents supérieurs nécessiteront des surfaces d'environ 600 à 1000 m^2. Il ne s'agit d'ailleurs pas de se limiter en un endroit donné, mais de vérifier l'étendue de la structure sur l'ensemble de la parcelle et d'intégrer les principales variations qui ne pourraient être observées sur une surface limitée. Il faut également considérer que ces parcelles âgées ont été, par endroit, secondairement altérées : coupe des arbustes du sous-bois pour la construction des cases du village, chemins de tirage des exploitants forestiers, ce qui réduit la surface utilisable pour la description.

La mesure des hauteurs ne pose pas de difficultés jusqu'à 5 m. Au-delà, il est nécessaire de mesurer, avec un dendromètre, certains repères (fourches des grands arbres, hauteur d'arbustes ou d'arbres aux feuillages caractéristiques) et de s'y référer. La hauteur des grands arbres est donnée pour le « sommet » des feuillages avec une inévitable imprécision de l'ordre de 5 à 10 %.

Les relevés floristiques

La composition floristique de l'hoplexol est donnée sur la surface utilisée pour sa description qui varie selon les niveaux considérés. Comme le souligne Guillaumet (1967, p. 31) : *« elle est variable selon les types de végétation étudiés et ne peut être la même pour une lisière et pour une forêt, pour une strate herbacée et pour une strate arborée supérieure ».*

Pour suivre l'évolution de la richesse floristique en espèces forestières, nous avons utilisé des surfaces de 225 m² (15 × 15 m) et limité le relevé à une hauteur de 5 m pour pouvoir comparer les jeunes stades où la végétation ne dépasse pas 5 m aux parcelles plus âgées dont la hauteur atteint 35 m.

Pour le recensement des essences utiles, les surfaces ont été de 2500 m² (50 × 50 m) compte tenu de la répartition éparse des individus dans les parcelles.

Représentation des parcelles

Les dessins des parcelles ne sont pas des « profils structuraux » au sens de Oldeman (1974a) et n'ont pas d'épaisseur. Ils intègrent les principales données contenues dans les relevés présentés en annexe et n'ont pour but que d'illustrer le texte.

1

LES GRANDES LIGNES DE LA RECONSTITUTION DE LA FORÊT DU SUD-OUEST IVOIRIEN

Durant les dix premières années qui suivent l'abandon du champ, la végétation présente trois stades successifs (2) :

1. Stade herbacé essentiellement graminéen : riz et adventices surtout graminéennes.

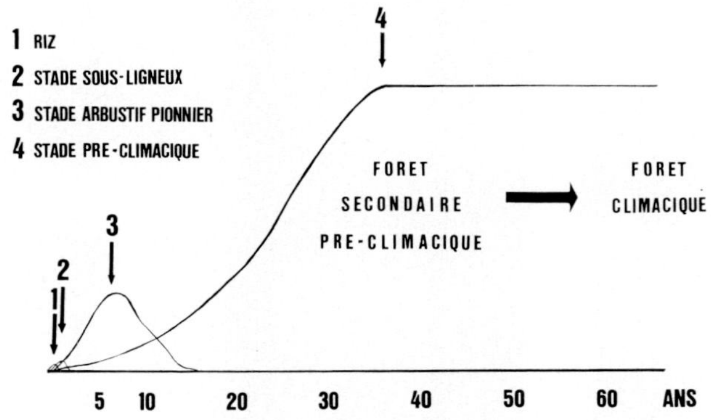

Fig. 6. — Les stades de reconstitution de la forêt du Sud-Ouest ivoirien. (Les courbes dessinées symbolisent le développement de chaque stade dans l'espace)

---

(2) « Observations sur les premiers stades de reconstitution de la forêt (Sud-Ouest de la Côte d'Ivoire », *Cah. O.R.S.T.O.M., sér. biol.*, Vol. XIII, (3), 1978. Une série d'articles traitent des points suivants : Grands traits de la reconstitution dans le Sud-Ouest ivoirien (Namur et Guillaumet, 1978) ; analyse floristique des premiers stades (Namur, 1978 a) ; analyse structurale des peuplements de *Macaranga hurifolia* (Namur, 1978 b ; Kahn, 1978 a et b) ; le stade à *Macaranga hurifolia* (Kahn et Namur, 1978) ; l'écologie d'un arbuste pionnier, *Trema guineensis* (Alexandre, 1978) ; caractéristiques des premiers stades de reconstitution (Alexandre *et al*, 1978).

2. Stade à herbacées et sous-ligneuses qui correspond aux cultures associées de manioc, taro, bananier, aubergine...

3. Stade arbustif dominé par *Macaranga hurifolia*, *Harungana madagascariensis*, *Musanga cecropioides*. Il disparaît par sénescence et absence de régénération. Cette phase de dégénérescence (entre 8 et 10 ans) peut conduire à des culs de sac ou être à l'origine de goulots d'étranglement qui retardent considérablement la reconstitution de la forêt (cf. p. 42).

Enfin, un **4e stade** succède au stade arbustif pionnier, il met en place une forêt secondaire pré-climacique.

Ce dernier stade aboutit à une forêt qui diffère du climax par ses composantes floristiques. Afin d'éviter trop de périphrases, nous l'appellerons « stade pré-climacique », c'est-à-dire le stade antérieur à l'état final, la forêt pleinement reconstituée dans ses caractéristiques structurales, floristiques et dynamiques.

Notre analyse porte essentiellement sur ce dernier stade dont les premiers éléments apparaissent dès le début du stade arbustif et qui réalise une forêt une cinquantaine d'années plus tard.

2

ANALYSE STRUCTURALE

LE STADE ARBUSTIF PIONNIER — LE STADE PRÉ-CLIMACIQUE — CARACTÉRISTIQUES DE LA FORÊT PRÉ-CLIMACIQUE — BLOCAGE DE LA RECONSTITUTION — LE DYNAMISME DE LA RECONSTITUTION

Le stade arbustif pionnier

Dans un premier temps, nous suivrons l'évolution du stade arbustif pionnier pour dégager son influence, particulièrement lors de sa phase de dégénérescence, sur l'installation et le développement du stade ultérieur.

Dans le Sud-Ouest de la Côte d'Ivoire, le stade arbustif pionnier présente une remarquable homogénéité structurale et floristique. Les parcelles étudiées âgées de 3 ans (Grabo), 4, 8 et 11 ans (Soubré) sont, par leur structure et leur floristique, comparables aux parcelles du même âge observées pour la région de Tai (NAMUR, 1978 a et b ; KAHN, 1978a).

à 3 et 4 ans (*Annexes I et II*, p. 95 et 96)

Fig. 7. — Stade arbustif pionnier : **à 4 ans**

Les parcelles de 3 ans (Grabo) et 4 ans (Soubré) se caractérisent par une homogénéité d'ensemble, mais par l'hétérogénéité de leurs constituants : arbustes vivants droits ou courbés, arbustes morts (fig. 7). Les deux parcelles sont structuralement semblables, les différences majeures portent sur la quantité plus ou moins importante de matière végétale morte qui doit être liée à la mort plus ou moins rapide des arbres laissés en place par les cultivateurs lors du défrichement.

Sur le plan floristique, la parcelle de 3 ans de la zone de Grabo présente un peuplement mixte de

Harungana madagascariensis et de *Macaranga hurifolia*, et celle de Soubré, un peuplement quasi-monospécifique de *Macaranga hurifolia*.

à 8 ans (*Annexe III*, p. 97)

Fig. 8. — Stade arbustif pionnier : **à 8 ans** — A : peuplement en place de *Macaranga hurifolia* et *Harungana madagascariensis* — B : zones envahies par des lianes — C : zones à rotins

Nous distinguons trois types de structures diversement imbriquées (fig. 8) :

— des zones caractérisées par un peuplement dense de *Macaranga hurifolia* et de *Harungana madagascariensis* qui présente des symptômes de dégénérescence : les arbustes sont fréquemment courbés ; plusieurs sont morts et réduits à l'état de souche ; les formes lianescentes se sont bien développées parmi les arbustes en place (fig. 8A).

Ces zones sont, par endroits, moins denses en *Macaranga hurifolia* et *Harungana madagascariensis*, généralement là où se trouvent quelques parasoliers, *Musanga cecropioides*, qui les surciment. C'est à ces niveaux que se rencontrent le plus fréquemment de jeunes arbres comme les *Terminalia superba*, *Fagara macrophylla*, *Discoglypremna caloneura*, tandis que sous les arbustes pionniers abondent les *Myrianthus libericus* ;

— des zones où les arbustes pionniers sont pratiquement tous tombés et où les massifs lianescents (essentiellement composés des *Trachyphrynium braunianum* et *Acacia pennata*) sont déjà bien constitués (fig. 8B). L'affaissement du peuplement arbustif est dû à la dégénérescence d'un grand nombre d'individus, mais aussi aux fréquentes chutes de grosses branches et parties de troncs provenant des arbres morts laissés en place par les cultivateurs lors du défrichement ;

— des îlots de rotins *(Ancistrophyllum opacum)* (fig. 8C).

à 11 ans (*Annexe IV*, p. 99)

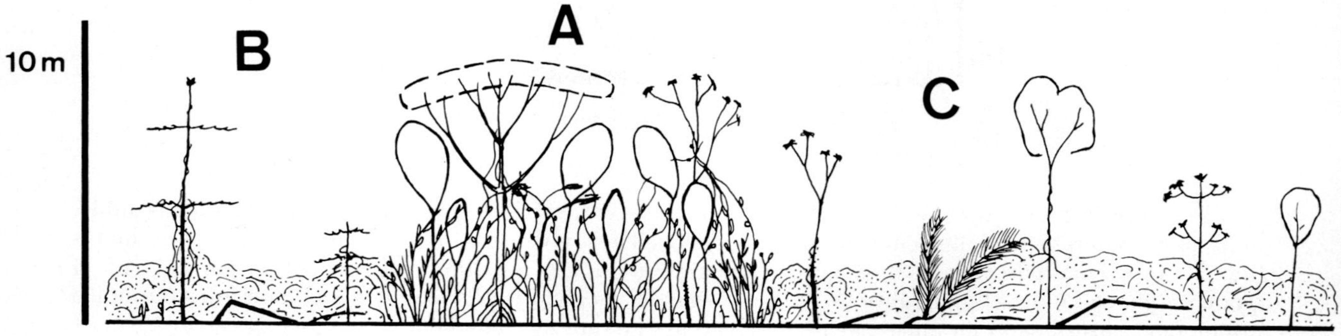

Fig. 9. — Stade arbustif pionnier : **à 11 ans** — A : îlots d'arbustes en place, le plus souvent dominés par des parasoliers — B : zones envahies par des lianes — C : zones à rotins

Cette parcelle présente une mosaïque où se distinguent (fig. 9) :

— des îlots d'arbustes constitués par des parasoliers dont le diamètre atteint 0,4 m pour une hauteur de 12 m, et de quelques *Fagara macrophylla*. Sous ces parasoliers de jeunes arbres ont poussé, *Piptadeniastrum africanum*, *Canarium schweinfurthii*, *Sterculia tragacantha*, *Ficus capensis*..., qui dominent les premiers éléments d'un sous-bois, *Ptychopetalum anceps*, *Microdesmis puberula*, *Ouratea duparquetiana*, *Baphia nitida*..., noyés dans d'inextricables réseaux lianescents (fig. 9A) ;

— entre ces îlots arbustifs, des massifs lianescents très denses ont recouvert les peuplements arbustifs morts et affaissés. Sous ces lianes, parmi les troncs morts de *Macaranga* et *Harungana*, se rencontrent quelques rares germinations, particulièrement de *Piptadeniastrum africanum*. Au-dessus des massifs lianescents qui montent jusqu'à 3 m, de jeunes arbres isolés atteignent 10-12 m : *Terminalia ivorensis*, *Fagara macrophylla*, *Phyllanthus discoideus*... (fig. 9B) ;

— quelques îlots de rotins *(Ancistrophyllum opacum)* (fig. 9C).

— évolution du stade arbustif

A 8 ans, une première zone (fig. 8A) était constituée par un peuplement de *Macaranga* et *Harungana* dégénérescents dont la densité variait par endroit, les secteurs surcimés par les parasoliers étant moins denses.

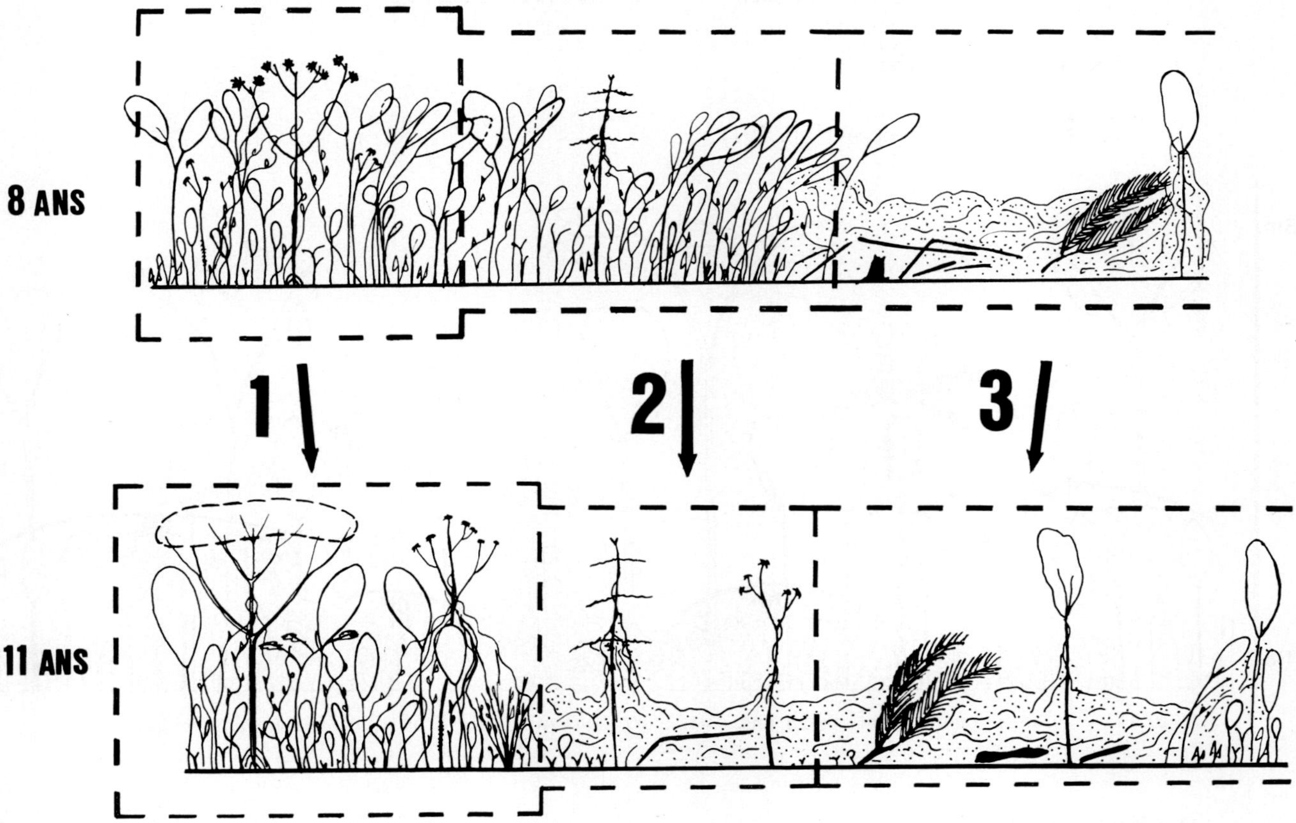

Fig. 10. — Dépérissement du peuplement arbustif pionnier — 1 : seules les zones à parasoliers persistent, de jeunes arbres s'y développent — 2 : les peuplements denses de *Macaranga hurifolia* et *Harungana madagascariensis* se sont affaisés et sont recouverts de lianes — 3 : l'espace mobilisé par les massifs lianescents a considérablement augmenté

A 11 ans, seules les zones à parasoliers persistent (fig. 10.1), elles se sont structurées par le développement de jeunes arbres et l'installation encore discrète d'éléments du sous-bois.

Les zones denses à *Macaranga* et *Harungana* (fig. 10.2) envahies par les lianes se sont affaissées, les troncs couchés des arbustes morts ont été recouverts par des massifs de lianes et de rotins.

Au bilan, l'espace mobilisé par les massifs lianescents a considérablement augmenté (fig. 10.3). Un tel schéma souligne nettement les risques encourus lors de l'évolution d'un peuplement arbustif pionnier quasi-monospécifique.

Les *Macaranga hurifolia* et *Harungana madagascariensis* présentent une même durée de vie et dépérissent simultanément, les peuplements arbustifs s'affaissent globalement et sont envahis par les lianes.

Les *Musanga cecropioides* croissent rapidement et, très tôt, vers 1-2 ans, surciment les *Macaranga* et *Harungana*, limitant leur croissance et empêchant la formation sous jacente de peuplements denses. La durée de vie des parasoliers est plus longue et ils dépérissent sur pied, les branches se cassant progressivement. Sous de tels îlots, les processus d'affaissement ne se produisent pas et les formes lianescentes ne rencontrent plus un terrain propice à une expansion démesurée.

Ainsi, un mélange d'arbustes pionniers de différentes vitesse de croissance et longévité doit permettre d'éviter une phase de dépérissement globale et la formation de l'imbroglio structural qui en résulte.

Le stade pré-climacique

1. Son installation

à 15 ans (*Annexe V*, p. 101)

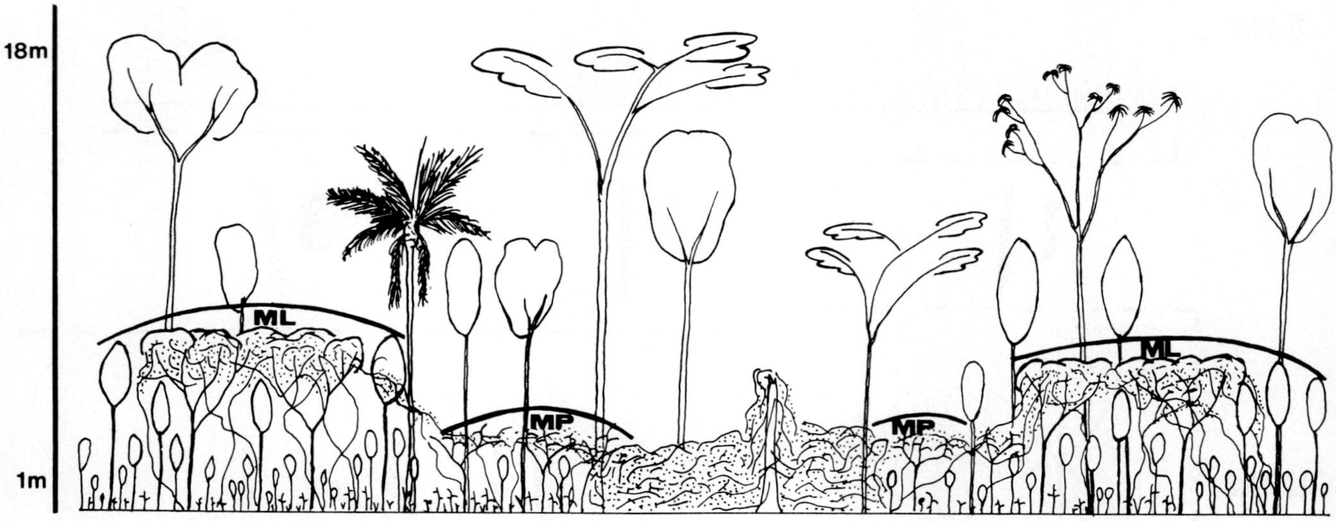

Fig. 11. — Stade pré-climacique : **à 15 ans**. (ML : *Myrianthus libericus* ; MP : *Microdesmis puberula*)

Verticalement nous distinguons (fig. 11) :

— un ensemble supérieur constitué de jeunes arbres épars, plus ou moins regroupés en îlots. Le tableau 1 présente les plus forts diamètres rencontrés pour ces espèces arborescentes ;

TABLEAU 1

Les plus forts diamètres rencontrés à 15 ans

Funtumia elastica	38 cm	*Samanea dinklagei*	35 cm
Bridelia grandis	27 cm	*Xylopia aethiopica*	14 cm
Fagara macrophylla	16 cm	*Cleistopholis patens*	31 cm
Homalium aylmeri	24 cm	*Vitex rivularis*	25 cm

— un ensemble inférieur où certaines espèces arbustives (*Myrianthus libericus* et *Microdesmis puberula*) sont déjà bien développées et assurent un couvert végétal d'autant plus dense qu'elles supportent de nombreuses lianes.

Les *Myrianthus* s'épanouissent vers 6-7 m, les *Microdesmis* vers 3-4 m. Ainsi, le « toit » de ce sous-bois peut être comparé à une série de coupoles juxtaposées, étagées entre 3 et 7 m, constituées par les branches et feuilles de ces deux espèces et par les tiges et feuillages des nombreuses lianes qu'elles supportent (fig. 11). Ces lianes pendent de la voûte comme les guirlandes d'un plafond et accentuent l'impression de désordre que donnent les ensembles inférieurs. La structure est cependant claire et homogène jusqu'à 2 m (cf. Annexe V, H1 à H10).

Cette parcelle de 15 ans témoigne d'une évolution remarquable qui aboutit à une nette structuration des ensembles inférieurs.

Les arbustes comme les *Myrianthus* qui, à 8 ans, s'installaient sous les îlots de parasoliers sont ici bien développés. Ils peuvent être abondants dès le stade arbustif pionnier. A 15 ans, ils constituent l'armature des ensembles inférieurs qui, comme une treille, supporte un important réseau lianescent.

Sous un tel couvert végétal, les espèces sciaphiles peuvent alors germer, ce qui correspond bien à la richesse en espèces forestières de cette parcelle (cf. 3, fig. 29). Nous verrons ultérieurement que, si les *Myrianthus* jouent un rôle favorable dans cette évolution, ils peuvent, dans d'autres cas, être l'agent d'un blocage de la reconstitution.

Au-dessus, les jeunes arbres encore épars constituent un ensemble d'hoplexols bien distincts. Ce développement progressif des éléments arborescents aboutit à la réalisation d'un couvert végétal succinct mais suffisant pour limiter l'expansion des lianes héliophiles tout en entraînant une relative régression des massifs lianescents.

Sur l'ensemble de la parcelle, nous retrouvons les traces d'une mosaïque structurale : par endroits, les lianes constituent des massifs denses qui excluent toute forme arbustive ou arborescente ; ces massifs résultent du développement exubérant des lianes lors de la phase de dégénérescence du peuplement arbustif pionnier.

2. SON DÉVELOPPEMENT

à 29 ans (*Annexe VI*, p. 103)

Nous distinguons (fig. 12) :

— le peuplement arborescent dont les arbres n'ont pas encore atteint leur développement maximal, mais qui, s'étant tôt trouvés exposés à la lumière, ont réitéré (notion définie par OLDEMAN, 1974a) et élargi leur ramure à de faibles hauteurs. Le tableau 2 donne les plus forts diamètres rencontrés dans la parcelle ;

TABLEAU 2

Les plus forts diamètres rencontrés à 29 ans

Canarium schweinfurthii	34 cm	*Nauclea diderrichii*	28 cm
Fagara macrophylla	55 cm	*Piptadeniastrum africanum*	18 cm
Funtumia elastica	32 cm	*Fagara macrophylla*	105 cm
Albizia zygia	42 cm	(arbre laissé en place par les cultivateurs)	

— un ensemble inférieur qui ne dépasse pas 7-10 m. Là encore, les *Myrianthus libericus* et *Microdesmis puberula* constituent une armature supportant les lianes et, entre 5 et 10 m, les masses feuillées se répartissent selon une série de coupoles juxtaposées.

Une telle disposition apparaît bien au niveau de la diagnose structurale (Annexe VI) qui marque la discontinuité latérale de l'hoplexol par une quantification relative de structures différentes :

H12	: 3,5/6,5 m	Cléistophique à phase aérophique
H13	: 6,5/8 m	Cléisto-Aérophique
H14	: 8/10 m	Cléisto-Aérophique

Fig. 12. — Stade pré-climacique : **à 29 ans**

à 40 ans (*Annexe VII*, p. 106)

L'ensemble arborescent dominant a atteint, dans cette parcelle, sa hauteur maximale. Il s'individualise entre 18 et 35 m et dispose ses feuillages au-dessus de 25 m (fig. 13). Le tableau 3A présente les plus forts diamètres rencontrés pour les principales espèces.

Tableau 3

Les plus forts diamètres rencontrés à 40 ans

A) Ensemble arborescent supérieur :

Croton aubrevillei	50 cm
Canarium schweinfurthii	55 cm
Fagara macrophylla	50 cm
Bridelia grandis	80 cm
Samanea dinklagei	45 cm
Albizia zygia	80 cm

B) Ensemble arborescent moyen :

Uapaca esculenta	53 cm
Uapaca guineensis	30 cm
Piptadeniastrum africanum	40 cm
Allophylus africanus	40 cm
Trichilia heudelotii	35 cm

Sous cet ensemble arborescent, nous distinguons un ensemble intermédiaire, de 5 à 18 m, constitué par des arbustes, des arbres (tabl. 3B), des palmiers à huile, dont les feuillages plus ou moins envahis par les lianes s'étagent et répètent la physionomie en coupoles juxtaposées.

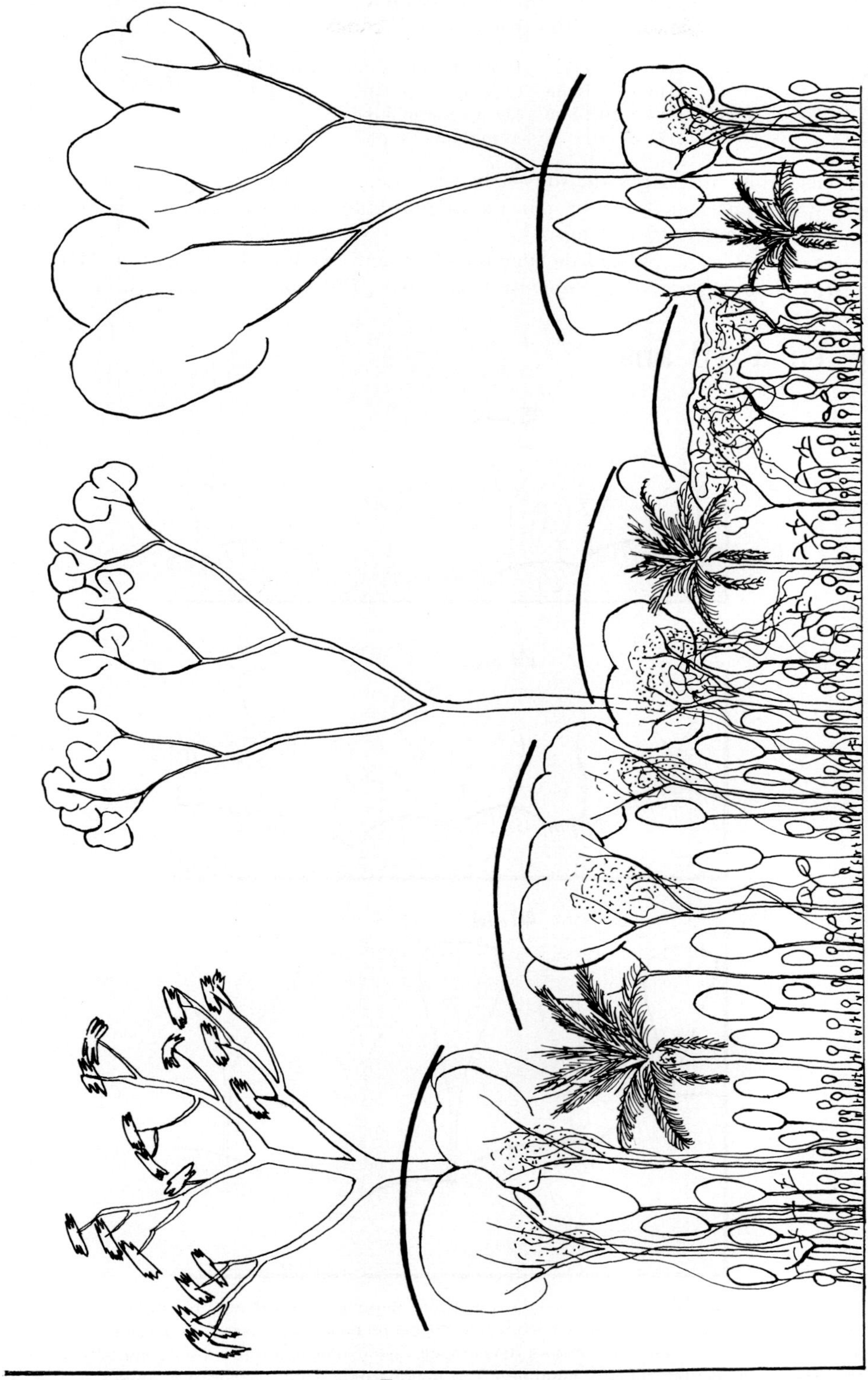

Fig. 13. — Stade pré-climacique : **à 40 ans**

Comme pour la parcelle de 29 ans, cette disposition dans l'espace se traduit au niveau de la diagnose structurale de l'hoplexol toujours discontinue (Annexe VII) :

H12 :	5/7 m	Isocléistophique-Aérostomaphique
H13 :	7/10 m	Cléisto-Aérophique
H14 :	10/14 m	Cléisto-Aérophique
H15 :	14/18 m	Aérophique à phase stomaphique

Enfin, les ensembles inférieurs du sous-bois sont bien structurés jusqu'à 3 m, leur physionomie diffère de celle d'un sous-bois forestier par l'abondance des tiges de lianes (les diamètres les plus fréquents étant compris entre 0,5 et 3 cm).

Les premiers ensembles du présent de type forestier sont en cours de réalisation : H10 : 2/3 m Propaliphyse avec *Microdesmis puberula*, *Napoleona leonensis*, *Ptychopetalum anceps*.

de 15 à 40 ans

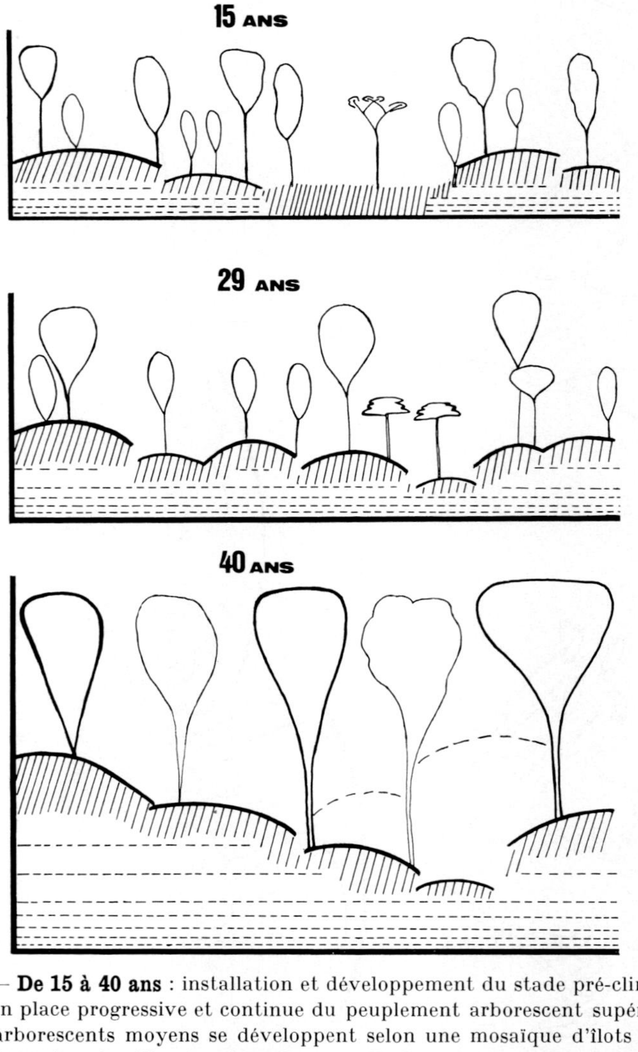

Fig. 14. — **De 15 à 40 ans** : installation et développement du stade pré-climacique.
Mise en place progressive et continue du peuplement arborescent supérieur.
Les ensembles arbustifs et arborescents moyens se développent selon une mosaïque d'îlots constituée lors de la phase de dégénérescence des peuplements arbustifs pionniers. Les massifs lianescents, encore présents à 15 ans, disparaissent et la structure des ensembles inférieurs s'homogénéise latéralement (cf. fig. 15)

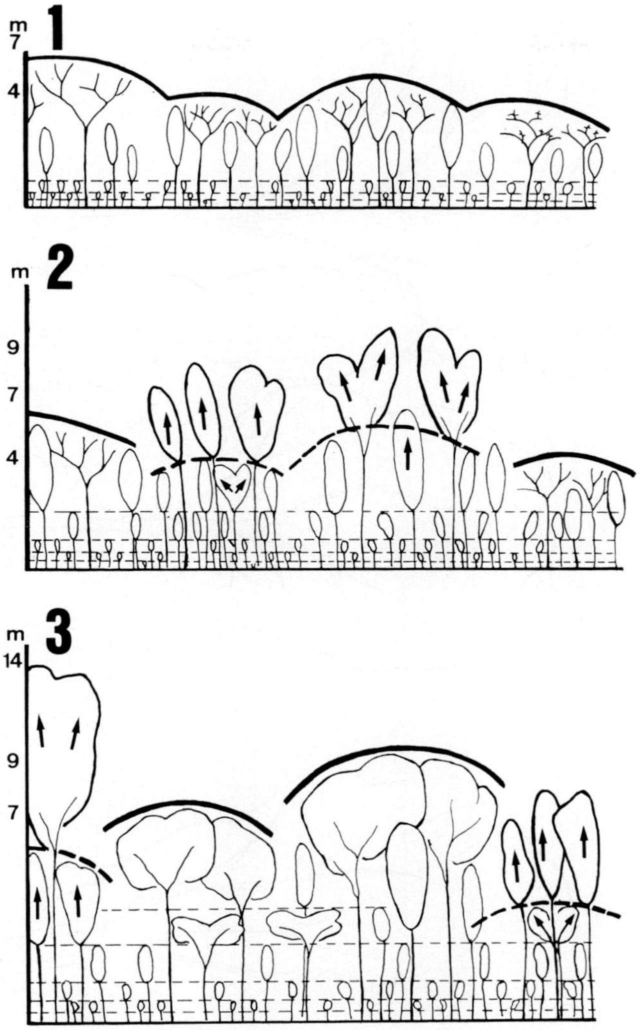

Fig. 15. — Mise en place des ensembles arbustifs et arborescents moyens.

1 : **A 15 ans**, les premières coupoles de feuillages sont constituées vers 3-4 m par les *Microdesmis puberula* et vers 6-7 m par les *Myrianthus libericus*. Les lianes sont abondantes et avec les feuillages des arbustes, elles réalisent des couverts végétaux denses qui favorisent l'installation des espèces sciaphiles et conduisent ainsi à la structuration et à l'homogénéisation latérale des niveaux inférieurs. La densité de l'écran végétal limite le développement des jeunes arbres.

2 : **A 29 ans**, un niveau supplémentaire est apparu vers 9 m : (cf. Annexe VI) H14 : phase propaliphysée à *Tetrorchidium didymostemon*. La quantification au niveau de la phase (présence mais non abondance) marque bien l'installation d'un nouvel ensemble. Pour ce faire, il a fallu que l'écran végétal constitué par les feuillages des arbustes et des lianes s'atténue et permette le développement des espèces sous-jacentes.

3 : **A 40 ans**, les coupoles de feuillages se rencontrent (cf. Annexe VII) vers 7 m *(Myrianthus libericus)*, vers 9 m *(Trichilia heudelotii)*, vers 14 m *(Uapaca esculenta)* et vers 18 m (non représentées sur le schéma, également constituées par des *Uapaca esculenta*). Au fur et à mesure que chaque îlot progresse en hauteur, les hoplexols sous-jacents, d'un îlot à l'autre, s'homogénéisent latéralement.

Le développement du stade pré-climacique est schématisé par la figure 14 :

— le peuplement arborescent qui dominait déjà la parcelle à 15 ans se développe et atteint sa hauteur maximale vers 40 ans ;

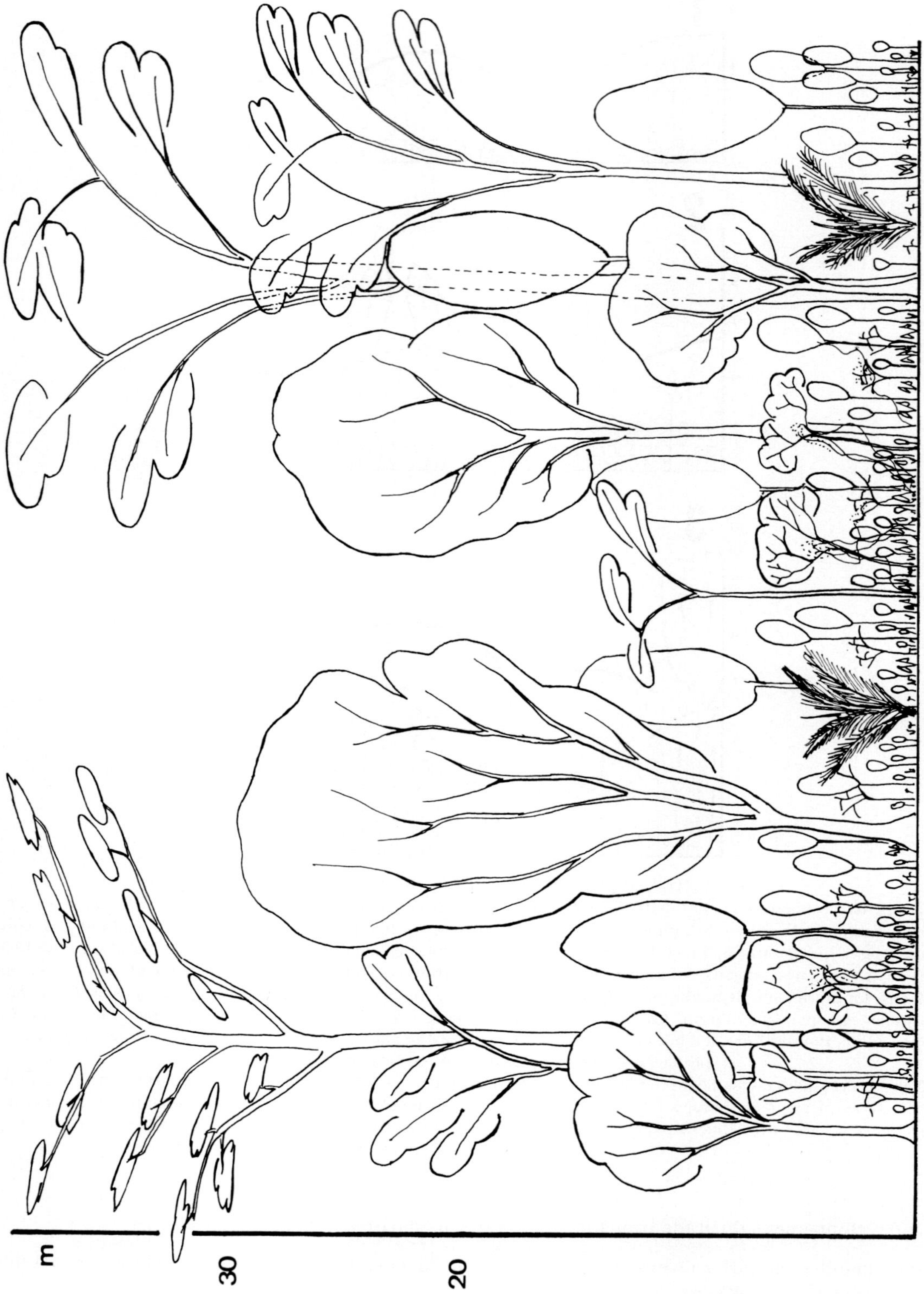

Fig. 16. — Une forêt pré-climacique, 50 ans après la récolte du riz

— les ensembles arbustifs et arborescents moyens s'élèvent par palier ; progressivement les structures sous-jacentes s'homogénéisent latéralement : à 15 ans, discontinuité due à la présence de massifs lianescents, à 29 ans, continuité latérale des hoplexols jusqu'à 3 m sur l'ensemble de la parcelle, et jusqu'à 5 m à 40 ans.

La figure 15 schématise la dynamique de mise en place du sous-bois. A 15 ans, les *Microdesmis* et *Myrianthus* constituent des coupoles de feuillages respectivement vers 4 et 7 m. Leur feuillage et celui des lianes réalisent un couvert végétal dense qui permet l'installation des espèces sciaphiles mais qui, en réduisant la lumière, empêche le développement des espèces arborescentes sous-jacentes. La situation est bloquée tant que la densité de l'écran végétal n'a pas diminué, ce qui ne se produit que lorsque le peuplement arborescent assure un couvert suffisant pour faire régresser les lianes ou que les arbustes qui les supportent dégénèrent. Les espèces en attente peuvent alors se développer et elles s'épanouissent à un niveau supérieur, supportant toujours des feuillages de lianes (3)... Un nouvel écran végétal est établi plus haut qui bloque à nouveau la situation.

3. La forêt pré-climacique

— description

Nous analyserons trois parcelles respectivement âgées de 45, 55 et 60 ans.

Les parcelles de 45 et 55 ans présentent une même physionomie d'ensemble illustrée par la figure 16. Les ensembles arbustifs et arborescents moyens réalisent des hoplexols de structure homogène. Cependant, dans la parcelle de 45 ans, la présence de nombreux palmiers à huile et d'abondantes lianes confère au sous-bois, jusqu'à 5 m, un aspect de grand désordre. Dans les deux parcelles, les lianes se raréfient puis disparaissent au-dessus de 7 m (cf. Annexe VIII, p. 109 et Annexe IX, p. 112).

Le tableau 4 donne les plus forts diamètres rencontrés par espèce arborescente à 45 ans ; la parcelle de 55 ans est dominée par un framiré *(Terminalia ivorensis)* dont le diamètre atteint 105 cm.

Tableau 4

Les plus forts diamètres rencontrés à 45 ans

40 m		30 m	
Albizia zygia	90 cm	*Ficus mucoso*	40 cm
Terminalia ivorensis	55 cm	*Ficus exasperata*	45 cm
		Phyllanthus discoideus	40 cm
		Spondias monbin	45 cm

La parcelle de 60 ans se distingue des précédentes par la présence, parmi les arbres dominants, d'espèces qui n'ont pas encore atteint leur expansion maximale *(Piptadeniastrum africanum, Triplochiton scleroxylon)* et d'une espèce abondante, *Albizia zygia*, dont plusieurs individus commencent à mourir et à se briser.

Les branches, en tombant, cassent arbres et arbustes sous-jacents créant de nombreuses trouées. Les palmiers à huile meurent, semble-t-il de vieillesse, et plusieurs se sont affaissés. Il en résulte un sous-bois perturbé où les lianes abondent surtout au niveau des chablis (cf. Annexe X, p. 115).

Le tableau 5 présente les diamètres maximums rencontrés pour les espèces de l'ensemble arborescent supérieur.

(3) D'un niveau à l'autre, les lianes deviennent moins nombreuses, mais elles sont toujours présentes et abondantes jusqu'à un stade avancé de la reconstitution.

TABLEAU 5

Les plus forts diamètres rencontrés à 60 ans

Ceiba pentandra	90 cm
Piptadeniastrum africanum	100 cm
Albizia zygia	120 cm
Terminalia ivorensis	70 cm
Terminalia superba	55 cm

— réalisation de la forêt pré-climacique

(1) *LES ENSEMBLES ARBORESCENTS SUPÉRIEURS*

à 40 ans *(Annexe VII)*

H17 : 25/35 m Paliphyse à phase propaliphysée

H16 : 18/25 m Dendrigé à phase paliphysée

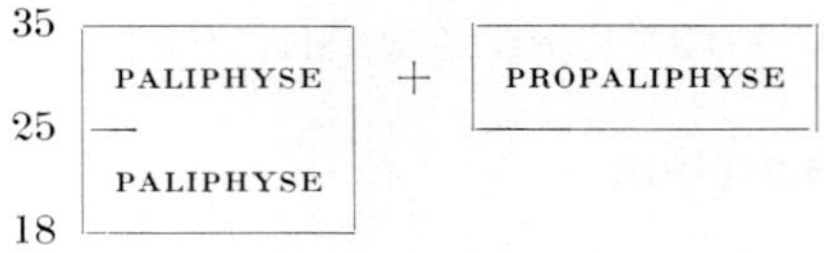

Soit un seul ensemble arborescent supérieur constitué de deux groupes d'arbres :

— *Paliphyse* — arbres ayant atteint leur expansion maximale et dont les frondaisons s'épanouissent entre 25 et 35 m, avec cependant des branches plus basses entre 18 et 25 m (quantification au niveau de la phase qui traduit la présence mais non l'abondance).

— *Propaliphyse* — arbres qui peuvent encore s'étendre latéralement entre 25 et 35 m.

à 45 ans *(Annexe VIII)*

H15 : 30/40 m Paliphyse^{n}

H14 : 25/30 m Pali^{n-1}-Dendrigé

H13 : 15/25 m Pali^{n-1}-Prophyse

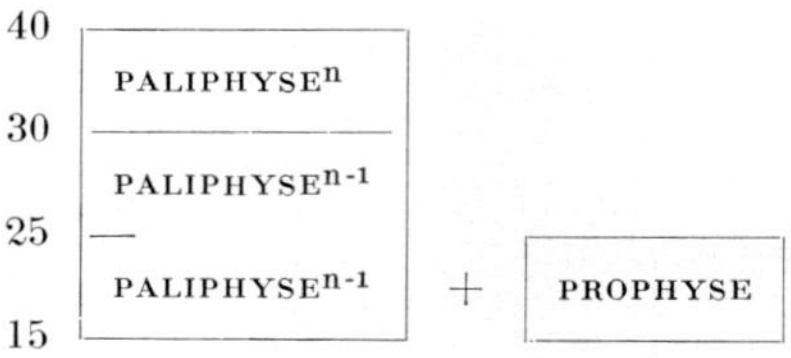

Il y a donc cette fois deux ensembles arborescents :

— Paliphyse^{n} — un ensemble supérieur du présent où les arbres ont atteint leur expansion maximale au-dessus de 30 m.

— Paliphyse^{n-1} — un ensemble sous-jacent du présent situé entre 15 et 30 m. Notons l'ensemble d'avenir qui s'est installé entre 15 et 25 m (H13 Prophyse).

à 55 ans *(Annexe IX)*

H19 : 26/35 m Paliphyse^{n}

H18 : 20/26 m Dendri-Propaliphyse à phase paliphysée^{n-1}

H17 : 14/20 m Pro-Dendrigé

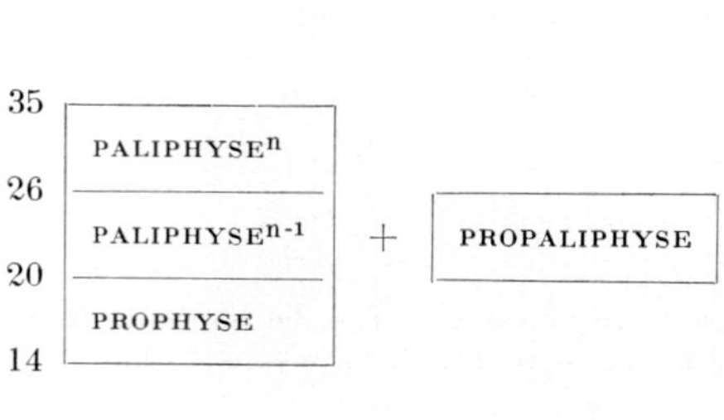

Cette parcelle présente également deux ensembles supérieurs du présent, les arbres de l'ensemble sous-jacent n'ayant pas tous encore atteint leur expansion maximale (H18 Propaliphyse). Sous ces deux ensembles du présent, notons la présence d'un ensemble d'avenir entre 14 et 20 m.

à 60 ans *(Annexe X)*

H15 : 25/35 m Propali-Paliphyse^{n}

H14 : 20/25 m Pali^{n-1}-Dendrigé à phase propaliphysée

H13 : 14/20 m Pro-Monophyse

m			
35–25	PALIPHYSE^{n}	+	PROPALIPHYSE
25–20	PALIPHYSE^{n-1}	+	PROPALIPHYSE
20–14	PROPHYSE	+	(MONOPHYSE)

Cette fois encore on retrouve les deux ensembles supérieurs du présent, mais un nouveau groupe d'arbres apparaît entre 25 et 35 m, qui n'ont pas encore atteint leur expansion maximale et qui prendront la relève des ensembles pré-climaciques.

Le tableau 6 illustre la composition et l'évolution des ensembles arborescents supérieurs.

TABLEAU 6

Évolution des ensembles arborescents supérieurs

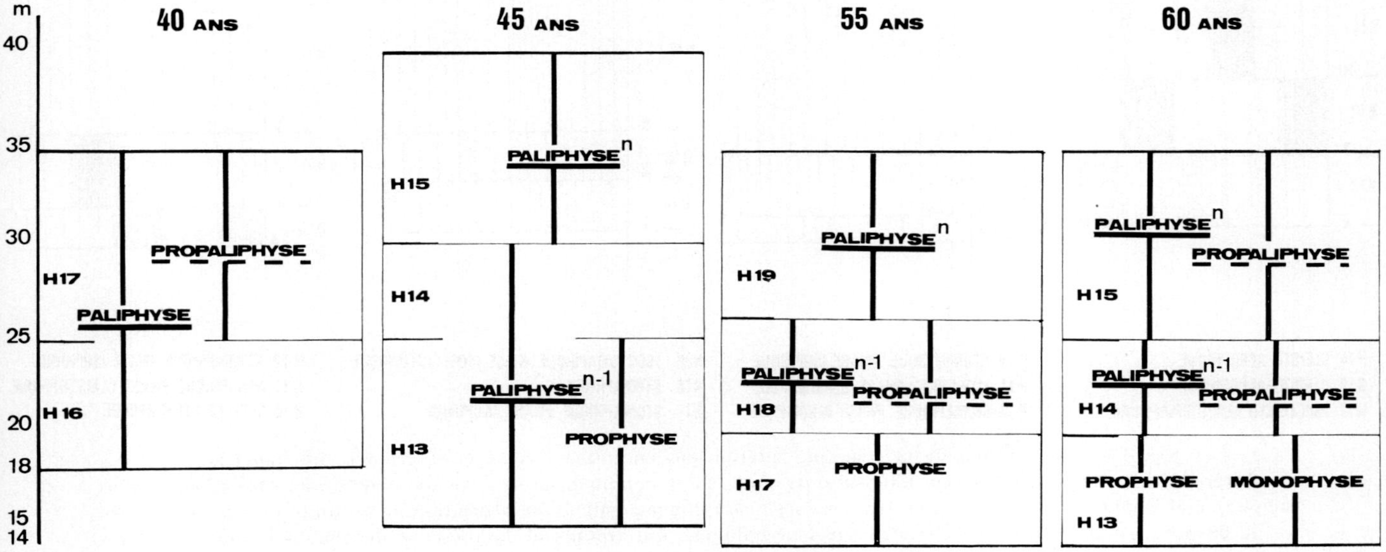

Au bilan, nous retiendrons :

1. L'évolution du peuplement arborescent supérieur qui, à 40 ans, ne constitue qu'un seul ensemble, aboutit à la réalisation de deux ensembles d'arbres du présent.

2. Les trois parcelles de forêt pré-climacique (40, 55 et 60 ans) ont une même architecture avec deux ensembles supérieurs du présent et un ensemble d'avenir sous-jacent :

à 45 ans	à 55 ans	à 60 ans
PALIPHYSE^{n}	PALIPHYSE^{n}	PALIPHYSE^{n} + Propaliphyse
PALIPHYSE^{n-1}	PALIPHYSE^{n-1} + Propaliphyse	PALIPHYSE^{n-1} + Propaliphyse
PROPHYSE + Paliphyse^{n-1}	PROPHYSE	PROPHYSE + Monophyse

Cet ensemble d'avenir est remarquable, car dans les trois parcelles, il est composé, comme les ensembles du présent qui le dominent, d'espèces pré-climaciques (cf. 3).

3. L'évolution ultérieure des ensembles arborescents est pressentie à 60 ans par la présence, parmi les arbres de l'ensemble supérieur du présent dont certains commencent à dégénérer, d'espèces qui n'ont pas encore atteint leur expansion maximale (cf. diagnose : *Propaliphyse*).

(2) *LES ENSEMBLES ARBUSTIFS ET ARBORESCENTS MOYENS*

De 15 à 40 ans, les ensembles arbustifs et arborescents moyens s'élèvent par palier tandis que progressivement les structures sous-jacentes s'homogénéisent latéralement (fig. 14 et 15).

Cette dynamique se poursuit et, à 45 et 55 ans, ils constituent une série d'hoplexols latéralement homogènes jusqu'à 15 m (fig. 17). La parcelle de 60 ans est plus hétérogène, ce qui est dû à la formation de chablis provoquée par la chute des branches cassées et au développement corrélatif des lianes (tabl. 7 : H11 : Pro-*Pléiophyse*).

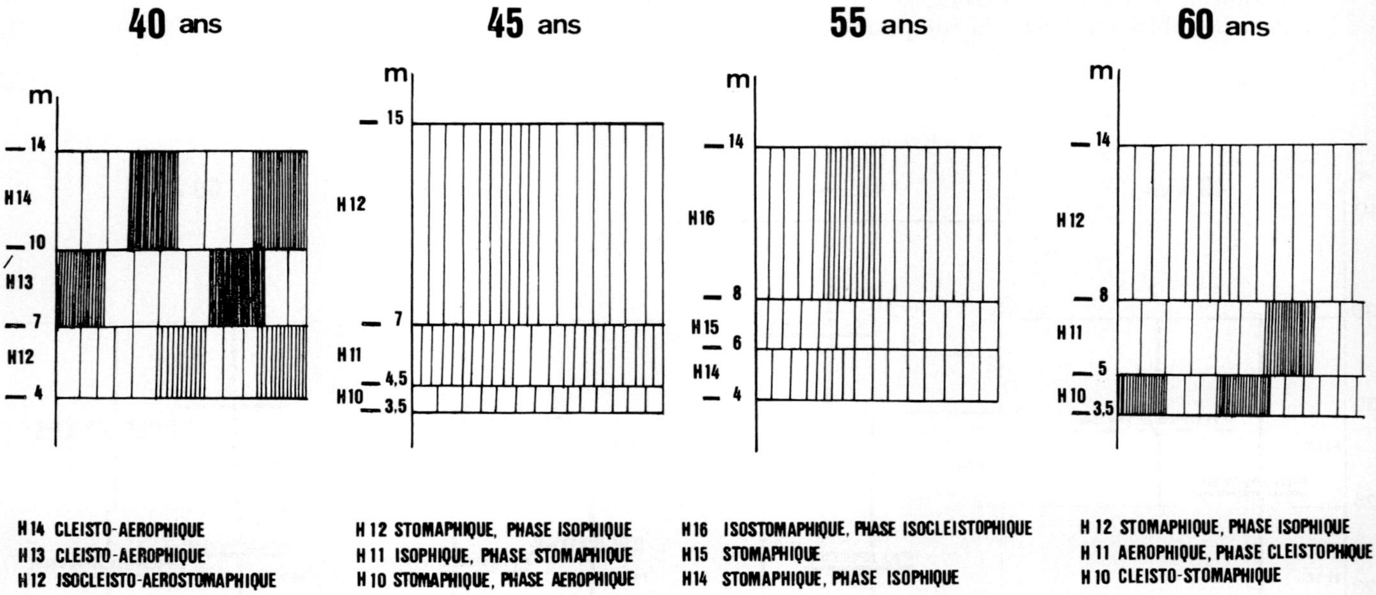

Fig. 17. — Évolution de la structure latérale des ensembles arbustifs et arborescents moyens
— **Après 40 ans** : l'homogénéisation latérale se traduit par la combinaison de niveaux structuraux plus proches (stomaphique et isophique) et par la réduction des zones aérophiques dont la quantification ne se limite plus qu'à la phase
— **A 60 ans** : nous retrouvons des structures aérophiques qui traduisent la présence de chablis et des structures cléistophiques, conséquences du développement des lianes favorisé par les chablis.
Représentation graphique de la structure latérale de l'hoplexol (cf. fig. 5) : Le niveau cléistophique qui marque l'interpénétration des feuillages est figuré par des traits verticaux espacés de 1 mm ; le niveau isocléistophique, par des traits espacés de 2 mm... ; et, pour le niveau extrême aérophique, par des traits espacés de 10 mm.
Et pour représenter la répartition irrégulière des végétaux dans l'hoplexol, nous utilisons :
— un couvert de 10/10 pour la structure homogène : ex. Stomaphique ;
— de 6/10 (stomaphique) et 4/10 (cléistophique) pour le cas : Cléisto-Stomaphique ;
— de 8/10 (stomaphique) et 2/10 (cléistophique) pour le cas : Stomaphique à phase cléistophique

La confrontation de la nature des éléments du sous-bois (de 2 à 15 m) des parcelles de 45, 55 et 60 ans (tabl. 7) montre que le niveau arborescent moyen est commun aux trois parcelles : il se caractérise par un ensemble du présent, essentiellement représenté par les palmiers à huile à 60 ans.

Les ensembles sous-jacents s'avèrent beaucoup plus variables d'une parcelle à l'autre. Ils sont souvent perturbés par l'homme qui y prélève les bois de construction, y trace des chemins pour la chasse ou pour accéder à des champs plus éloignés, et par les gros mammifères qui sont attirés par les cultures voisines. Mais la variabilité tient surtout à l'évolution de la végétation : phase de dégénérescence des arbustes pionniers plus ou moins longue, envahissement des parcelles par les massifs lianescents, chablis provoqués par la chute des arbres morts laissés en place lors de la mise en culture, abondance des lianes et des palmiers à huile en sous-bois...

TABLEAU 7

Composition des ensembles arbustifs et arborescents moyens

à 40 ans

H14 :	10/14 m	Pléio-Propaliphyse
H13 :	7/10 m	Pro-Paliphyse
H12 :	4/7 m	Prophyse, monophysé, phase paliphysée
H11 :	3/4 m	Prophyse
H10 :	2/3 m	Propali-Prophyse

à 45 ans

H12 :	7/15 m	Pro-Paliphyse
H11 :	4,5/7 m	Propaliphyse
H10 :	3,5/4,5 m	Styla-Prophyse
H9 :	1,8/3,5 m	Styla-Pro-Paliphyse

à 55 ans

H16 :	8/14 m	Dendri-Prophyse
H15 :	6/8 m	Pro-Propaliphyse
H14 :	4/6 m	Prophyse, paliphysé
H13 :	2,8/4 m	Styla-Propaliphyse
H12 :	2,2/2,8 m	Styla-Pro-Propaliphyse

à 60 ans

H12 :	8/14 m	Pro-Monophyse
H11 :	5/8 m	Pro-Pléiophyse
H10 :	3,5/5 m	Pléio-Propali-Stylagé
H9 :	2/3,5 m	Propali-Stylagé

4. DEVENIR DU STADE PRÉ-CLIMACIQUE

A 60 ans, certains arbres de l'ensemble supérieur du présent montrent des signes de dégénérescence : les branches principales sont brisées et ont provoqué de nombreux petits chablis dans la parcelle ; d'autres sont cassés au niveau du tronc et ont provoqué des chablis plus vastes.

Par ailleurs, l'ensemble arborescent supérieur comprend également des espèces qui n'ont pas encore atteint leur expansion maximale et qui constitueront les premiers grands arbres de la forêt reconstituée.

La forêt pré-climacique va progressivement se transformer en forêt climacique par la cicatrisation des chablis créés par les arbres morts et par le développement des essences déjà en place. Cette mutation sera cependant ralentie par une 2e vague limitée d'espèces pré-climaciques, il s'agit des arbres de l'ensemble d'avenir sous-jacent à la voûte, présent à 45, 55 et 60 ans, qui pourront se développer à la faveur des chablis, s'ils ne sont pas cassés par la chute des arbres morts.

Caractéristiques de la forêt pré-climacique

La comparaison de la structure des parcelles de 45, 55 et 60 ans montre que les ensembles arborescents supérieurs et moyens répondent à un même canevas structural, alors que les ensembles arbustifs du sous-bois diffèrent, ces variations tenant plus à l'histoire de chaque parcelle qu'à des processus de reconstitution différents.

Chaque parcelle présente trois hoplexols au-dessus de 15 m constitués de deux ensembles d'arbres du présent, un hoplexol entre 7-8 et 14-15 m avec un ensemble d'arbres du présent, des hoplexols sous-jacents variables par leur nombre et leur nature (fig. 18 ; tabl. 7).

Pour tenter de saisir les caractères propres à la forêt pré-climacique, nous la comparerons à la forêt climacique.

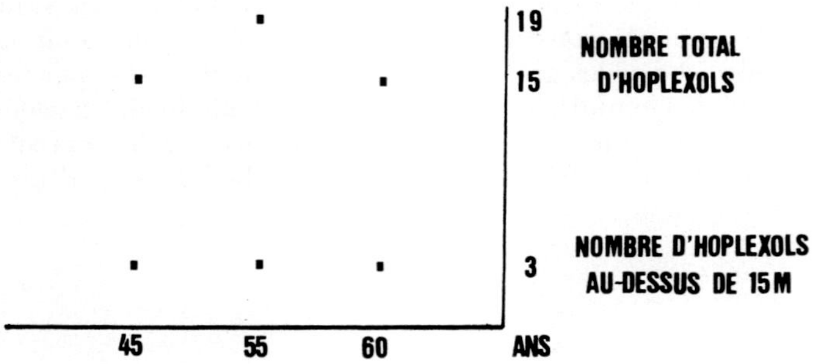

Fig. 18. — Variation du nombre d'hoplexols des trois parcelles de forêt pré-climacique

Nous considèrerons des parcelles de forêt climacique disposées le long de deux toposéquences (4) situées respectivement dans les régions de Tai et de Grabo (fig. 3, p. 15). Nous introduisons ainsi les facteurs de variation naturels que sont les situations topographique et géographique.

L'Annexe XVIII témoigne d'une grande variabilité dans le nombre et la nature des hoplexols. Ainsi, le nombre total d'hoplexols varie selon les parcelles de 14 à 17 pour la zone de Tai et de 16 à 19 pour celle de Grabo (fig. 19).

Fig. 19. — Variation du nombre d'hoplexols de différentes parcelles de forêt climacique. (S : sommet ; HP : haut de pente; MP : mi-pente; BP : bas de pente)

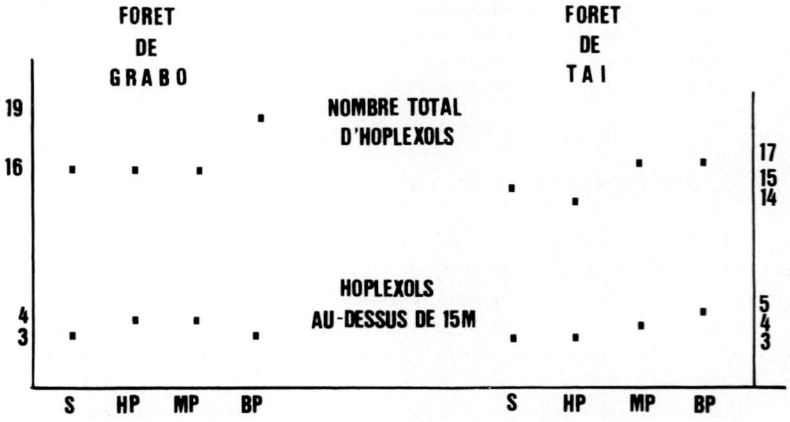

Pour comprendre la signification de ces données, il faut envisager les facteurs de variation du nombre et de la nature des hoplexols en forêt.

Une forêt doit être considérée comme une mosaïque de chablis à différents stades de régénération. Cette conception de la dynamique forestière est suggérée par Richards (1952) et Cousens (1965). Oldeman (1974a) qualifie le chablis de « moteur de la sylvigenèse », cette optique est développée par Oldeman (1974b), Halle *et al* (1978), Whitmore (1978) et Vooren (1979).

Le chablis est la trouée forestière résultant de la chute naturelle de un ou plusieurs arbres. Généralement l'arbre meurt sur pied, se casse ou tombe d'un seul tenant, il peut être déraciné par le vent ; les trouées ainsi crées sont de différentes tailles mais n'excèdent pas le volume nécessaire à l'épanouissement de un à deux grands arbres.

Il est clair que, dans une forêt, les arbres n'ont pas tous le même degré de maturité, ils correspondent à différents stades de cicatrisation des trouées naturelles ; le temps que la trouée se cicatrise et que les édifices arborescents soient pleinement réalisés, un arbre du voisinage tombera et un nouveau chablis sera créé plus loin...

(4) Les relevés sont agencés selon la pente : sommet d'interfluve, haut de pente, mi-pente, bas de pente.

Il résulte d'une telle dynamique :

— que les ensembles d'avenir sont plus ou moins abondants selon le degré de régénération de la trouée, le nombre d'hoplexols observés dans les niveaux inférieurs et moyens est plus important quand les ensembles d'avenir sont plus nombreux : ainsi, dans le relevé de bas de pente de Grabo, nous décrivons, pour les trois premiers mètres, 11 hoplexols essentiellement constitués de jeunes arbres et arbustes ;

— que le degré de développement des arbres et arbustes est plus ou moins avancé (variation sur la nature : Propaliphyse à Paliphyse) ;

— que, selon la dynamique de cicatrisation de la trouée, les feuillages peuvent s'agencer différemment dans l'espace et interférer sur le contenu de plusieurs hoplexols : ainsi, lors d'un chablis de grande taille, plusieurs jeunes arbres se trouveront tôt exposés en pleine lumière, ils réitèreront alors en position basse (Santos, 1980) tandis qu'ils continueront à monter pour placer leur feuillage toujours plus haut dans la « cheminée » forestière, leur ramure s'étalera verticalement et participera à plusieurs hoplexols mobilisant l'espace et bloquant le développement des ensembles sous-jacents.

Enfin, pour les ensembles arborescents supérieurs, l'une des variations majeures du nombre d'hoplexols est liée à la présence et au développement des émergents. Il semble que ces arbres se situent préférentiellement au niveau d'inflection de la pente, mais si leur présence dépend en partie de la situation topographique, leur développement est fonction du cycle d'autorégénération par chablis. Le relevé de bas de pente de la zone de Tai présente des émergents qui ont atteint leur expansion maximale (Annexe XVIII) :

H17 : 45/50 m Paliphyse^{n+3}
H16 : 35/45 m Paliphyse$^{n+2\,;\,n+3}$

Au total, les variations du nombre et de la nature des hoplexols sont à considérer en relation avec la dynamique d'auto-régénération par chablis.

En conclusion, la forêt pré-climacique, d'une parcelle à l'autre, présente, dans ses niveaux arborescents supérieur et moyen, des structures plus constantes que la forêt climacique.

Cela tient au fait que ces deux végétations résultent de dynamismes fondamentalement différents :

— la parcelle pré-climacique est le résultat d'une évolution globale qui affecte l'ensemble de la parcelle. Le peuplement arborescent y est continu, constitué d'espèces qui, pour toutes les parcelles, se sont trouvées dès le départ dans les mêmes conditions de lumière et ont présenté le même comportement ;

— la forêt climacique est un système qui s'autorégénère par chablis. Il s'ensuit une plus grande variabilité de la structure des ensembles arborescents selon le degré de développement et de maturité des arbres cicatriciels, selon le nombre et la taille des différents chablis dans chaque parcelle.

La forêt pré-climacique est l'aboutissement d'un stade évolutif, le passage à la forêt climacique consistera en l'instauration du dynamisme d'autorégénération par chablis qui, dans un premier temps, mettra en place les espèces climaciques, puis les régénèrera.

Ainsi, à 60 ans, la présence de chablis marque l'amorce d'une nouvelle dynamique qui conduira à la forêt reconstituée.

L'acquisition de ce mécanisme, lorsque les arbres du 4e stade commencent à dégénérer, met fin aux processus de reconstitution par stades successifs. La mise en place des espèces caractéristiques du climax peut être plus ou moins longue et dépend de la nature de ces espèces ; par ailleurs, les chablis permettent une faible régénération des espèces arborescentes pré-climaciques.

L'autorégénération par chablis est en fait le dynamisme du climax et traduit l'équilibre de l'écosystème forestier.

En ce sens, on peut dire qu'à 60 ans, la forêt est reconstituée dans son dynamisme sinon dans ces constituants caractéristiques.

Blocage de la reconstitution

1. Les faits

Deux parcelles de 50 et 51 ans (Annexes XI et XII, p. 117 et 119) présentent des végétations peu développées (fig. 20) comme en témoigne la confrontation aux parcelles de 45 et 55 ans (fig. 16).

Fig. 20. — **A 51 ans** : les ensembles structuraux de la forêt pré-climacique ne sont pas encore en place

Ces deux parcelles se caractérisent par :

— la présence d'îlots de massifs lianescents et de rotins (surtout à 50 ans) qui ne semblent pas liés à la formation de chablis récents (absence de troncs tombés et d'arbres cassés) ;

— l'abondance, entre 3 et 6 m, d'une Marantacée lianescente, *Trachyphrynium braunianum* : cette espèce est fréquente et abondante lors de la dégénérescence des peuplements arbustifs pionniers, elle constitue alors l'une des composantes principales des massifs lianescents, mais ne se rencontre pratiquement plus lors du développement du 4e stade ;

— nous soulignerons enfin le faible développement des ensembles arborescents qui, en l'absence d'intervention humaine, ne peut s'expliquer que par un blocage de la reconstitution.

Comment la reconstitution peut-elle être bloquée ? Deux parcelles de 19 et 39 ans vont permettre de suivre puis d'analyser la stagnation du stade pré-climacique.

à 19 ans (*Annexe XIII*, p. 121)

En dessous de 5 m, on distingue trois types de structures (5) diversement imbriquées (fig. 21) :

(5) Cette mosaïque de structures se traduit au niveau de l'hoplexol 8 (Annexe XIII) qui a nécessité trois diagnoses

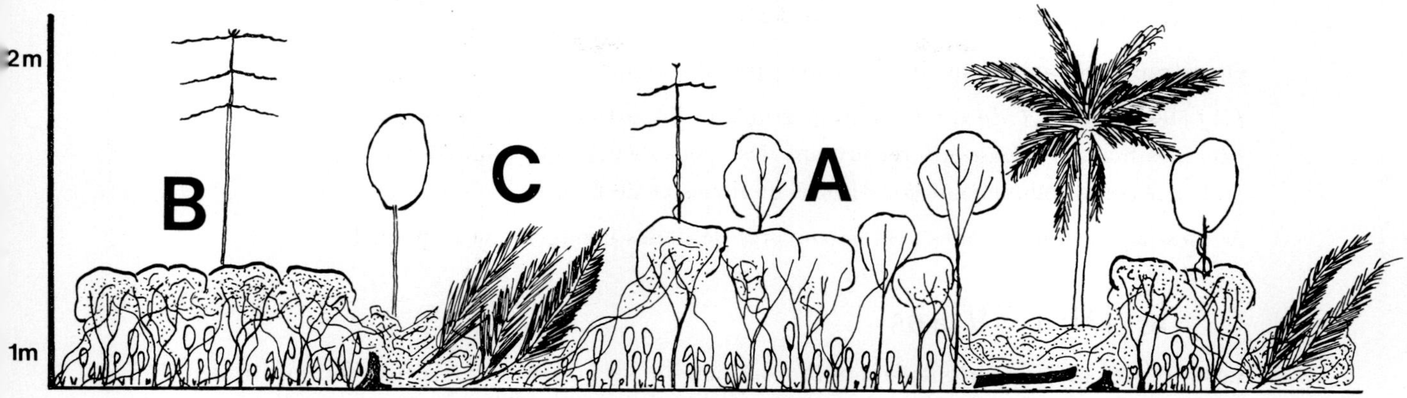

Fig. 21. — **A 19 ans** — A : arbustes supportant quelques lianes — B : arbustes traumatisés supportant de nombreuses lianes — C : zones à lianes et rotins

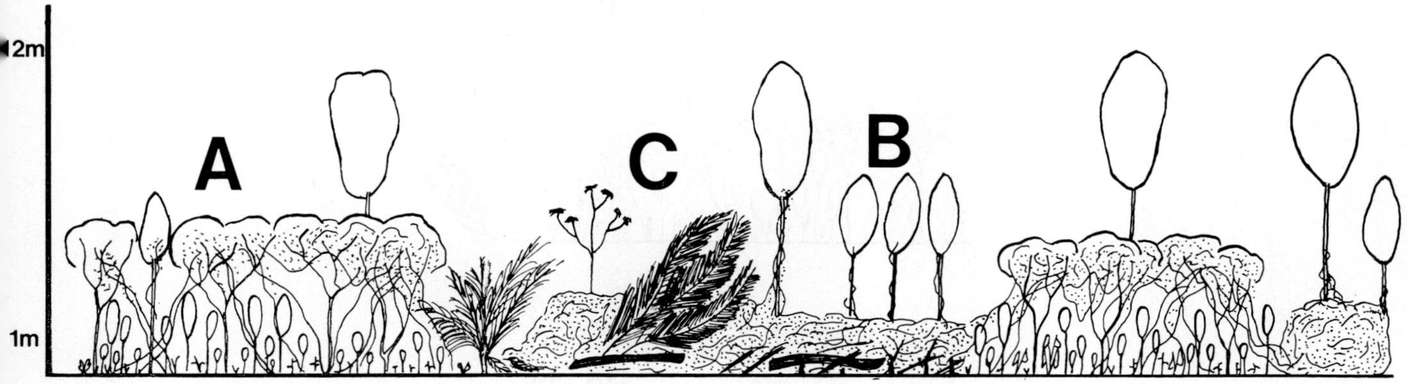

Fig. 22. — **A 39 ans** — A : arbustes supportant de nombreuses lianes — B : lianes recouvrant des arbustes morts et affaissés — C : zones à lianes et rotins

(A) des arbustes (*Myrianthus libericus* et *M. arboreus*) avec des lianes présentes mais non abondantes ;

(B) des arbustes *(Myrianthus)* abondamment réitérés à la base qui supportent des lianes extrêmement développées réalisant un couvert végétal très dense ;

(C) des massifs de lianes et de rotins.

Au-dessus de 5 m, domine un ensemble épars de jeunes arbres souvent envahis de lianes et quelques palmiers à huile.

---

différentes correspondant aux zones A, B et C (fig. 21). Notons que les zones A et B conditionnent deux structures sous-jacentes :

— sous la zone A où le couvert végétal est moins dense :

H4 : 0,25/0,50 m Styla-Gramen — tapis dense de graminées, *Streptogyna crinita* et *Olyra latifolia* ;

— sous la zone B où le couvert végétal est très dense :

H4 : 0,25/0,50 m Korto-Stylagé où les formes herbacées sont éparses.

à 39 ans (*Annexe XIV*, p. 123)

On retrouve une mosaïque de structures où se distinguent (fig. 22) :

(A) des arbustes *(Myrianthus)* supportant un important réseau lianescent ;

(B) des massifs lianescents recouvrant des arbustes morts et affaissés ;

(C) des zones uniquement constituées de lianes et de rotins.

Au-dessus, quelques jeunes arbres couverts de lianes émergent de la parcelle.

de 19 à 39 ans

Les arbustes qui supportent de nombreuses lianes à 19 ans vont mourir par endroits, il s'ensuit un accroissement des zones couvertes par les massifs lianescents (fig. 23).

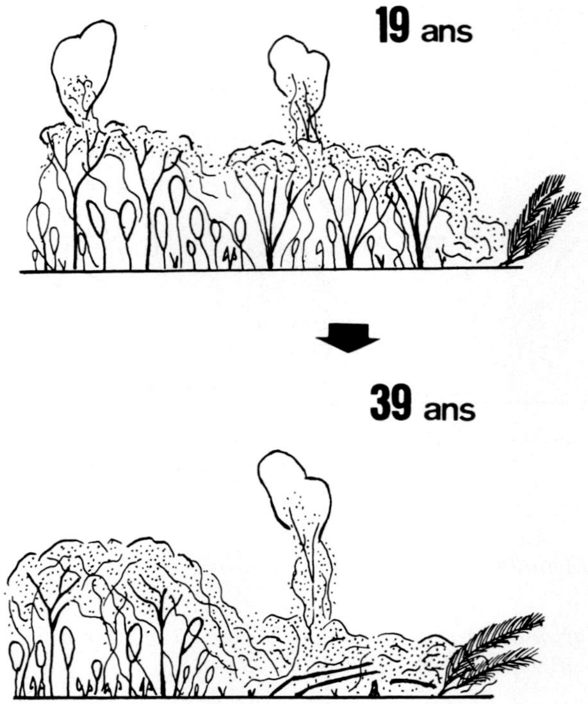

Fig. 23. — **De 19 à 39 ans** : Extension des massifs lianescents, le processus de reconstitution est bloqué

Le peuplement arborescent ne marque pas d'évolution nette. A 19 ans, les jeunes arbres sont envahis par les lianes qui perturbent et retardent leur développement.

Ainsi, la confrontation des deux parcelles montre une régression des surfaces de reconstitution principalement due à l'extension des massifs lianescents.

Ce blocage devient spectaculaire si l'on compare la parcelle de 39 ans à celle de 40 ans (fig. 24) où le peuplement arborescent et la majeure partie du sous-bois sont déjà reconstitués.

En fait, la parcelle de 39 ans présente des structures analogues à celles qui résultent de la phase de dépérissement des arbustes pionniers (fig. 10, p. 27), mais avec un décalage d'une trentaine d'années. Il y a bien blocage de la reconstitution!

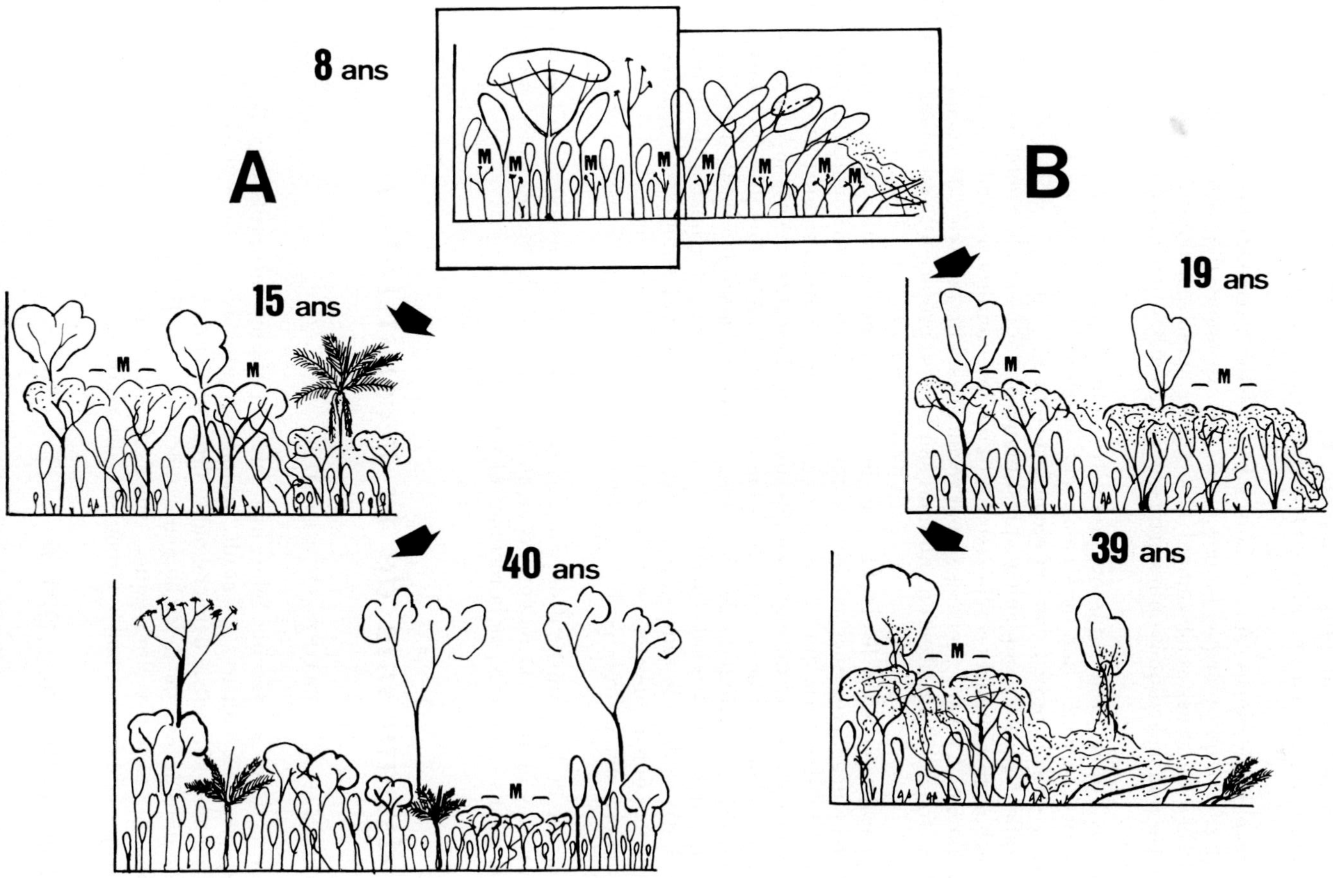

Fig. 24. — Origine du blocage de la reconstitution.

Une même espèce arbustive, selon le cadre structural dans lequel elle apparaît et se développe, peut conduire à un déroulement rapide des processus de reconstitution ou, au contraire, à un blocage quasi total de la reconstitution A : ainsi, à 8 ans, si les *Myrianthus* apparaissent puis se développent sous les peuplements arbustifs plurispécifiques dominés par les parasoliers qui ne s'affaissent pas massivement, ils constitueront alors un premier sous-bois favorisant l'installation et le développement des espèces sciaphiles — B : si ils apparaissent sous des peuplements quasi-monospécifiques de *Macaranga hurifolia* et de *Harungana madagascariensis* qui dépérissent simultanément et s'affaissent massivement, ils seront traumatisés, supporteront de nombreuses lianes et dégénéreront à leur tour favorisant une nouvelle expansion des massifs lianescents. La reconstitution sera bloquée. (M. : *Myrianthus*)

2. Origines du blocage

Dans les deux parcelles de 19 et 39 ans, nous avons constaté la présence de *Myrianthus libericus* et *M. arboreus*, la première espèce étant plus abondante. Ces espèces régénèrent très bien sous un couvert végétal et, dans la région de Soubré, elles sont fréquentes et abondantes sous les peuplements arbustifs pionniers.

Pour mettre en évidence le rôle de ces espèces dans le blocage de la reconstitution, nous renvoyons à la parcelle de 8 ans (fig. 24) qui marque l'amorce du dépérissement des peuplements arbustifs pionniers : elle est constituée de zones relativement structurées, plurispécifiques, surcimées par des parasoliers et de zones quasi-monospécifiques où les arbustes sont courbés, parfois morts et commencent à être envahis par les lianes.

Lorsque les *Myrianthus* apparaissent sous les premières zones, ils constituent les éléments d'un premier sous-bois qui aboutit à la végétation déjà bien reconstituée de la parcelle de 15 ans (fig. 24 A). Les *Myrianthus* jouent alors un rôle positif dans la reconstitution.

Par contre, s'ils s'installent sous le peuplement quasi-monospécifique en dégénérescence, ils seront traumatisés lorsque les arbustes pionniers s'affaisseront (d'où les nombreuses réitérations du tronc notées chez plusieurs *Myrianthus* à 19 ans), puis ils seront recouverts d'un inextricable réseau lianescent. Lorsqu'ils dépériront à leur tour, ils constitueront un nouveau terrain propice à l'expansion des massifs lianescents (fig. 24 B).

En conclusion, il apparaît que c'est le double jeu de la quasi-monospécificité des peuplements arbustifs pionniers et de leur dégénérescence massive d'une part, du développement sous-jacent d'un peuplement de *Myrianthus* d'autre part, qui bloque la reconstitution dans la mesure où sont réalisées les conditions favorables à l'expansion et au maintien des massifs lianescents, agents directs du blocage.

Cette analyse démontre encore le rôle négatif du stade arbustif pionnier lorsqu'il est constitué par un peuplement quasi-monospécifique dont la dégénérescence affecte l'ensemble de la parcelle. Comme nous l'avons déjà souligné, des peuplements plurispécifiques composés d'arbustes de durée de vie différente permettraient d'étager dans le temps, de limiter dans l'espace les îlots de dégénérescence et de contenir ainsi le développement des massifs de lianes. Les espèces sous-jacentes, comme les *Myrianthus*, pourraient alors jouer un rôle positif dans la reconstitution en réalisant l'armature d'un premier sous-bois.

Afin d'illustrer le blocage de la reconstitution, nous avons considéré un cas extrême. Les processus du blocage peuvent être moins marqués et ne concerner qu'une partie de la friche, ils entraînent alors un ralentissement plus ou moins important de la reconstitution.

Le dynamisme de la reconstitution

1. Reconstitution par stades successifs

La reconstitution de la forêt se déroule selon une série de stades successifs (fig. 25). Les deux premiers stades sont associés aux cultures — stade herbacé gramínéen et stade sous-ligneux — et s'étendent sur la première année suivant le défrichement. Très rapidement s'installe le 3e stade — stade arbustif pionnier — qui, dans le cas de défrichements mécanisés, en l'absence de culture, apparaît spontanément. Le 4e stade — stade pré-climacique — met en place la structure forestière qui prendra les caractéristiques floristiques du climax par le mécanisme des chablis.

Le stade arbustif pionnier (fig. 26. 1, 2 et 3)

. Installation et développement progressif et continu du peuplement arbustif.

. Amorce du dépérissement puis dégénérescence qui, selon la nature du peuplement, quasi-monospécifique ou plurispécifique à espèces de durée de vie différente, peut affecter l'ensemble de la parcelle ou quelques îlots étagés dans le temps.

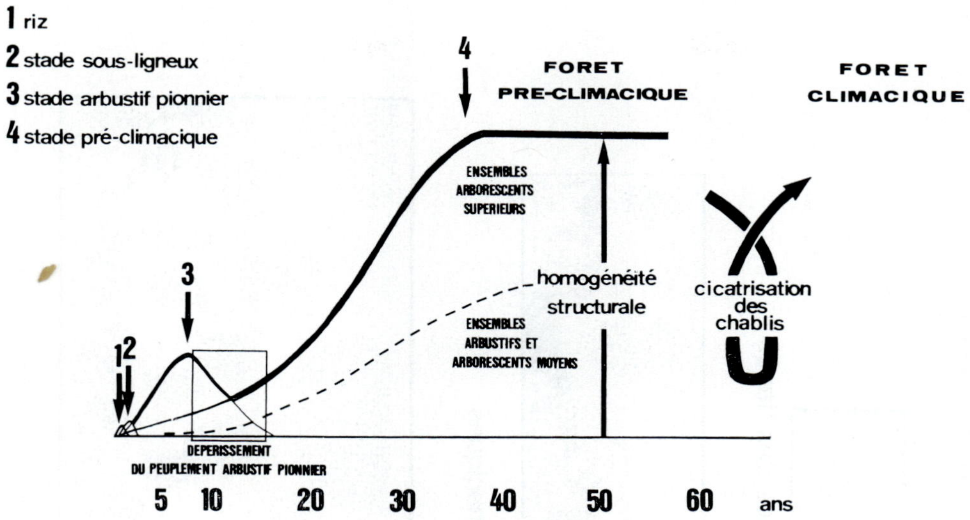

Fig. 25. — Du champ de riz à la forêt

Cette phase de dépérissement des peuplements arbustifs pionniers constitue la période la plus critique qui peut conduire à un blocage de la reconstitution.

Le stade pré-climacique (fig. 26. 4, 5 et 6)

. Évolution continue du peuplement arborescent supérieur.

. Mise en place par palier des ensembles arbustif et arborescent moyen.

. Réalisation d'une forêt pré-climacique constante dans ses structures arborescentes supérieures et moyennes. Les premiers arbres morts engendrent le dynamisme par chablis qui conduira au climax et l'autorégénèrera.

2. Les principaux acteurs de la reconstitution

Les **ARBUSTES PIONNIERS** qui assurent le premier couvert ligneux et dont les modalités de dépérissement conditionnent le devenir de la végétation. C'est à ce niveau que se situe l'origine des blocages et que des interventions contrôlées seront nécessaires.

Les **ARBRES PRÉ-CLIMACIQUES** qui élaborent la charpente de la forêt pré-climacique. Ils seront notre centre d'intérêt majeur quand il s'agira d'envisager l'aménagement et la rentabilisation des stades de reconstitution. Leur rôle, au cours des processus de reconstitution, se limite à la réalisation d'un couvert végétal de plus en plus continu, rôle important si l'on considère que ce couvert entraîne la régression des formes lianescentes qui envahissent les niveaux inférieurs, ou tout au moins en limite l'expansion.

Les **ARBUSTES PRÉ-CLIMACIQUES** qui constituent un premier sous-bois. Il s'agit de quelques espèces essentiellement représentées dans le Sud-Ouest ivoirien par *Myrianthus libericus*, *M. arboreus* et *Microdesmis puberula*. Leur rôle peut être positif dans l'élaboration de l'armature du sous-bois ou être négatif lorsqu'ils participent au blocage et répètent en quelque sorte la phase de dégénérescence des arbustes pionniers.

Enfin, les **LIANES** dont le comportement varie en fonction de celui des supports. A différentes reprises, nous avons souligné le rôle déterminant des formes lianescentes :

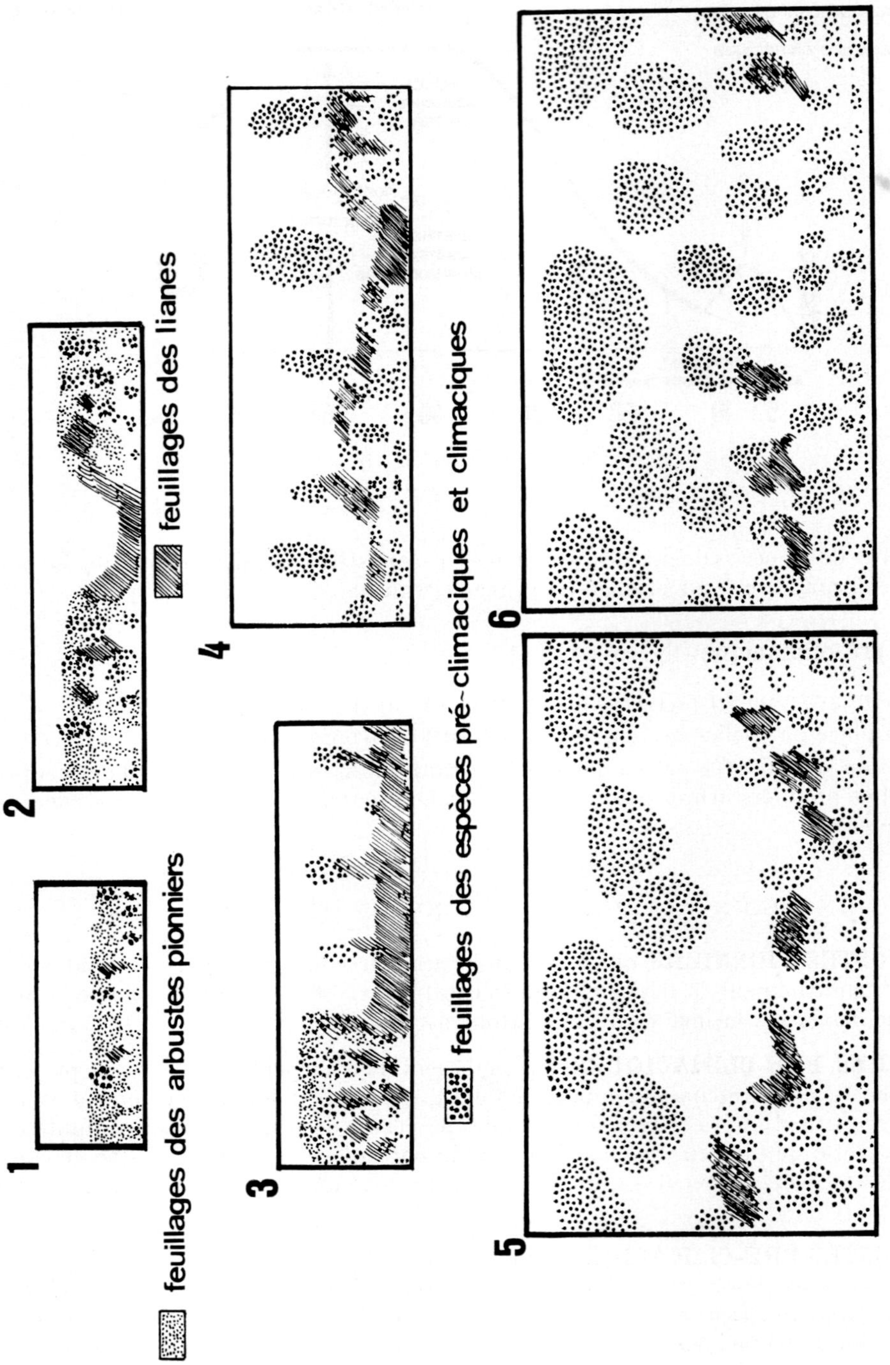

Fig. 26. — Le dynamisme de la reconstitution. Schéma récapitulatif (cf. texte)

— elles monopolisent l'espace après affaissement des peuplements arbustifs pionniers qu'elles précipitent d'ailleurs. Elles ont alors un rôle négatif par l'accroissement des surfaces occupées par les massifs lianescents et la réduction des surfaces de reconstitution, mais aussi par les traumatismes infligés aux jeunes arbres pré-climaciques ;

— elles assurent un couvert végétal dense en renforçant les feuillages des premiers arbustes du sous-bois et réalisent ainsi des conditions d'ombrage suffisant pour l'installation des essences sciaphiles forestières. Il s'agit là d'un rôle positif important pour la mise en place de la flore forestière.

3. Variations du schéma de reconstitution

Plusieurs faits laissent penser que les processus de reconstitution peuvent diverger du schéma décrit.

Ainsi deux parcelles de la région de Grabo, âgées de 28 ans (Annexe XV, p. 125) et de 38 ans (Annexe XVI, p. 127), sont remarquables par l'homogénéité structurale de leurs ensembles arborescents et arbustifs. Il est peu probable que ces parcelles aient subi la phase de dégénérescence d'un peuplement arbustif pionnier telle qu'elle a été décrite précédemment.

De même, une parcelle de 33 ans (Annexe XVII, p. 129) de la région de Tai présente un état de reconstitution avancé, mais elle diffère des parcelles pré-climaciques par deux faits remarquables :

— l'absence quasi-totale de lianes, ce qui va à l'encontre de nos observations dans les différentes parcelles étudiées où les lianes sont toujours présentes et abondantes ;

— l'existence d'un peuplement épars de petits arbres ripicoles, *Anthocleista vogelii*, dont les individus dépérissent sur pied.

L'absence de lianes peut traduire le fait qu'il n'y a pas eu d'imbroglio structural tel qu'il s'en forme lors de la phase de dégénérescence des arbustes pionniers, et que ce stade aurait eu une dynamique différente. Les arbustes ripicoles comme *Anthocleista vogelii* pourraient jouer le rôle des arbustes pionniers dans la mesure où ils assurent un premier couvert végétal permettant l'installation des espèces sciaphiles.

Il est à noter que la pression humaine est faible dans les régions de Tai et de Grabo et que ces parcelles constituent, à l'heure actuelle encore, des trouées dans la forêt. Faible pression humaine, peu de cultures, les peuplements arbustifs pionniers réalisés par les *Macaranga hurifolia*, *Harungana madagascariensis*, *Musanga cecropioides* sont en nombre limité et leur pression d'installation reste faible. Les arbustes ripicoles et autres espèces arbustives forestières héliophiles sont alors compétitifs et peuvent s'installer, après la culture, dans l'enclave forestière qui se cicatrise sans phase de dégénérescence massive.

Les arbustes pionniers, par les peuplements quasi-monospécifiques qu'ils constituent, témoignent d'une remarquable adaptation comme le souligne l'abondance de tels peuplements. Mais, s'ils conquièrent rapidement l'espace défriché et permettent l'installation du stade pré-climacique, ils retardent la reconstitution par leur phase de dégénérescence et risquent de la bloquer.

On peut penser que, sous une faible pression humaine, la reconstitution peut d'une part, être plus rapide, dans la mesure où il n'y a pas de peuplement arbustif pionnier qui dépérit massivement, et d'autre part, présenter un dynamisme plus proche des processus de cicatrisation d'un chablis (tels qu'ils sont schématisés par Halle *et al*, 1978, p. 273).

La différence majeure avec le dynamisme de reconstitution décrit précédemment tient dans le fait que l'espace défriché n'est pas exclusivement envahi par des arbustes de végétation secondaire, mais par un ensemble de jeunes formes forestières arbustives (6) et arborescentes héliophiles qui vont toutes croître simultanément et assurer un premier couvert végétal permettant l'installation des espèces sciaphiles (fig. 27. 1 et 2).

---

(6) Ces arbustes héliophiles se rencontrent dans les bas-fonds comme *Macaranga heterophylla*, au bord des rivières comme *Anthocleista vogelii*, ou dans les chablis en forêt de terre ferme comme *Xylopia quintasii*, *X. aethiopica*...

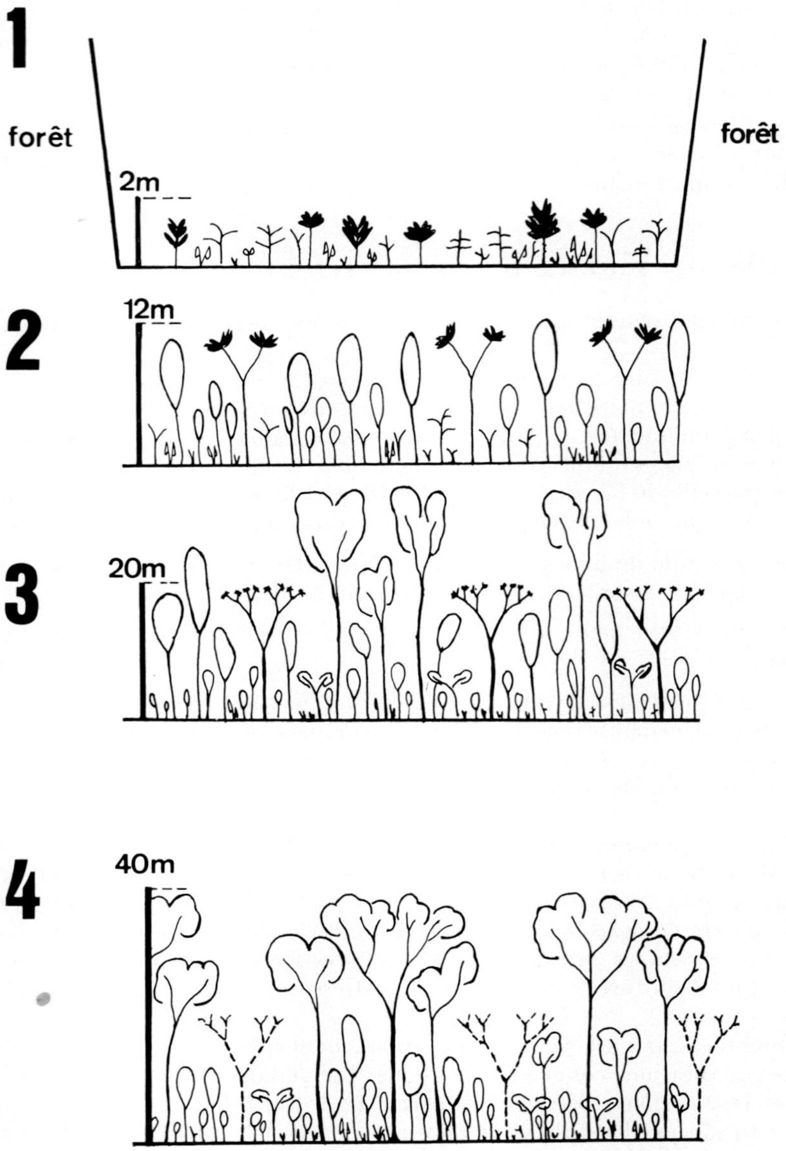

Fig. 27. — Esquisse d'une reconstitution sans phase de dépérissement massif du peuplement arbustif pionnier

Tandis que les arbustes héliophiles s'épanouissent, les jeunes arbres continuent à croître et les surciment, leur développement latéral est cependant trop faible pour interférer sur le comportement des arbustes. Les espèces sciaphiles du sous-bois commencent à se développer (fig. 27. 3).

Enfin, les arbres de l'ensemble supérieur vont s'étendre latéralement, ceux des ensembles moyens se mettre en place, le sous-bois se constitue et les arbustes héliophiles, sous le couvert arborescent bien développé, dépérissent progressivement (fig. 27. 4).

Le dépérissement de ces arbustes est ponctuel, ils pourrissent sur pied, se cassent et lorsqu'ils s'affaissent, les perturbations causées aux structures sous-jacentes sont minimes et n'intéressent en aucun cas les peuplements arborescents déjà en place.

3

ANALYSE FLORISTIQUE

CORTÈGE FLORISTIQUE DE LA RECONSTITUTION — COMPORTEMENTS DES ESSENCES COMMERCIALISÉES DANS LES STADES DE RECONSTITUTION

REMARQUE PRÉLIMINAIRE

Nous ne prétendons pas faire ici une analyse floristique exhaustive mais simplement dégager les principales données floristiques qui nous mèneront à mieux comprendre les types de comportements rencontrés dans les stades de reconstitution et qui constitueront les bases de la réflexion pour un contrôle rationnel de la reconstitution. C'est en effet la compréhension du comportement des espèces en fonction de l'évolution de l'ensemble structural qui permettra de préconiser les premières règles d'aménagement.

Dans un premier temps, nous tenterons de préciser la nature du cortège floristique de la reconstitution, principalement du stade pré-climacique, dans un second temps, de définir les comportements des espèces commercialisées pour leur bois au cours des différents stades.

Cortège floristique de la reconstitution

1. SA NATURE

(1) les formes arborescentes

L'analyse structurale a mis en évidence un développement progressif et continu du peuplement arborescent au cours du stade pré-climacique.

Trois espèces très fréquentes dans les stades de reconstitution nous permettront d'illustrer ce comportement : *Funtumia elastica*, *Fagara macrophylla* et *Albizia zygia* ; nous les avons dénombrées dans les parcelles de 3, 29, 40 et 60 ans sur des surfaces de 2500 m² et réparties selon trois classes de hauteurs — 0/2 m, 2/10 m et plus de 10 m (tableau 8).

On constate, au cours du temps, une diminution du nombre d'individus dans les classes inférieures et un enrichissement relatif de la classe supérieure, ce qui traduit bien le développement progressif et continu des espèces d'une part et d'autre part, la diminution de leur régénération qui devient pratiquement nulle dans les parcelles âgées.

Ces trois espèces réalisent les ensembles supérieurs du présent de la forêt pré-climacique. Dès la

TABLEAU 8

Recensement de 3 espèces arborescentes de la forêt pré-climacique

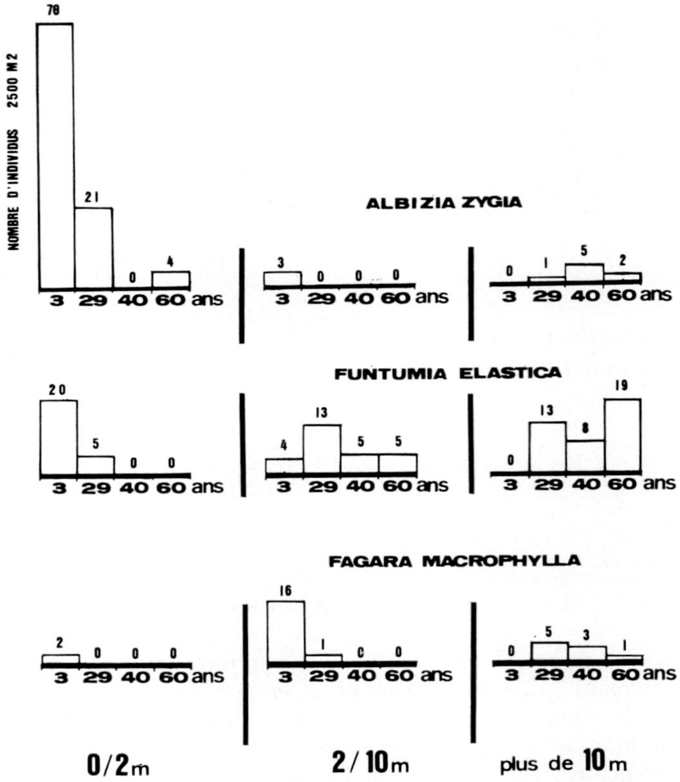

phase de dégénérescence des peuplements arbustifs pionniers, elles surciment la végétation ; elles se développent et s'épanouissent durant le stade pré-climacique. A 60 ans, les grands *Albizia zygia* meurent, se cassent et tombent marquant la fin de ce stade.

Nous qualifierons ces espèces de pré-climaciques car elles constituent de fait le stade pré-climacique.

Les espèces pré-climaciques constituent les ensembles d'avenir (Prophyse) dans les jeunes stades puis deviennent les ensembles du présent (Propaliphyse puis Paliphyse) des parcelles plus âgées.

Ainsi, le tableau 9 (page ci-contre) montre que *Fagara macrophylla*, *Funtumia elastica*, *Bridelia grandis*, *Terminalia superba*, *Albizia zygia* et *Xylopia aethiopica* sont sous forme d'avenir dans les jeunes stades, puis du présent dans les stades âgés, de même *Terminalia ivorensis*, grand arbre des forêts pré-climaciques est un constituant du peuplement d'avenir à 11 ans (Annexe IV).

Ces espèces se retrouvent citées dans tous les travaux traitant des forêts secondaires de la Côte d'Ivoire humide (GUILLAUMET, 1967 ; VAN DOORN, 1973 ; NAMUR et GUILLAUMET, 1978), parmi d'autres, peu fréquentes dans nos relevés : *Ceiba pentandra*, *Triplochiton scleroxylon*, *Croton aubrevillei*, *Phyllanthus discoideus*, *Ficus exasperata*, *Albizia adianthifolia*, *Discoglypremna caloneura* ; d'autres espèces comme *Samanea dinklagei* et *Anthocleista vogelii* sont originellement ripicoles ; enfin plusieurs espèces comme *Piptadeniastrum africanum*, *Uapaca esculenta*, *Canarium schweinfurthii* appartiennent à la forêt climacique, leur situation écologique dans les stades de reconstitution sera envisagée dans le prochain paragraphe.

Nous n'avons pas considéré les palmiers à huile, *Elaeis guineensis*, espèce très fréquente et caractéristique des stades de reconstitution, conservée ou implantée par l'homme lors de la mise en culture.

Si de nombreuses espèces forestières constituent les ensembles d'avenir des forêts pré-climaciques, les espèces pré-climaciques sont rares, voire absentes en forêt climacique :

TABLEAU 9

Développement des espèces arborescentes au cours du stade pré-climacique

15 ans	Prophyse	*Funtumia elastica, Fagara macrophylla, Homalium aylmeri, Bridelia grandis, Phyllanthus discoideus, Samanea dinklagei.*
28 ans	Prophyse	*Fagara macrophylla, Parinari excelsa, Piptadeniastrum africanum, Homalium patoklaense.*
	Propaliphyse	*Xylopia aethiopica, Albizia zygia, Uapaca esculenta.*
	Paliphyse	*Anthocleista vogelii.*
29 ans	Prophyse	*Funtumia elastica, Xylopia aethiopica, Canarium schweinfurthii, Uapaca esculenta.*
	Propaliphyse	*Fagara macrophylla, Bridelia grandis.*
33 ans	Prophyse	*Erythrophleum ivorense, Terminalia superba, Xylopia aethiopica.*
	Propaliphyse	*Erythrophleum ivorense, Terminalia superba, Ceiba pentandra, Xylopia aethiopica.*
	Paliphyse	*Anthocleista vogelii.*
38 ans	Prophyse	*Piptadeniastrum africanum, Uapaca esculenta.*
	Propaliphyse	*Uapaca esculenta.*
	Paliphyse	*Funtumia elastica, Fagara macrophylla, Uapaca esculenta, Cynometra ananta.*
40 ans	Prophyse	*Uapaca esculenta, Calpocalyx brevibracteatus, Piptadeniastrum africanum.*
	Propaliphyse	*Entandrophragma angolense, Canarium schweinfurthii.*
	Paliphyse	*Croton aubrevillei, Bridelia grandis, Fagara macrophylla, Albizia zygia.*
45 ans	Prophyse	*Albizia zygia, Albizia adianthifolia, Funtumia elastica.*
	Paliphyse	*Phyllanthus discoideus, Ficus exasperata, Funtumia elastica, Bridelia grandis, Albizia adianthifolia, Ficus mucoso, Sterculia tragacantha, Albizia zygia, Terminalia ivorensis.*
55 ans	Prophyse	*Funtumia elastica, Bridelia grandis, Dialium aubrevillei, Drypetes klainei.*
	Propaliphyse	*Funtumia elastica, Strombosia glaucescens.*
	Paliphyse	*Samanea dinklagei, Bridelia grandis, Amphimas pterocarpoides, Terminalia ivorensis.*
60 ans	Prophyse	*Funtumia elastica, Ficus exasperata.*
	Propaliphyse	*Triplochiton scleroxylon, Piptadeniastrum africanum.*
	Paliphyse	*Funtumia elastica, Albizia zygia, Terminalia superba, Terminalia ivorensis.*

GUILLAUMET (1967) signale l'absence de *Triplochiton scleroxylon* et de *Terminalia superba* dans ses relevés en forêt primaire, par contre leur présence exclusive dans les forêts secondarisées du Sud-Ouest ivoirien. Nous avons également constaté que *Fagara macrophylla*, *Terminalia superba* et *Albizia zygia* étaient absents des relevés présentés par HUTTEL (1977) pour la zone forestière de Tai.

(2) les formes arbustives

. du stade arbustif pionnier

Il ressort des travaux de NAMUR (1978a) et NAMUR et GUILLAUMET (1978) que les espèces arbustives les plus fréquentes du Sud-Ouest ivoirien sont *Macaranga hurifolia*, *Macaranga barteri* et *Harungana madagascariensis*. Elles constituent des peuplements à tendance quasi-monospécifique où se mêlent, plus ou moins abondants, des *Musanga cecropioides*, *Anthocleista nobilis* qui ne forment qu'exceptionnellement des peuplements étendus. Vers Soubré, on rencontre des peuplements à *Harungana madagascariensis* et *Vismia guineensis*, plus rarement à *Trema guineensis*.

NAMUR et GUILLAUMET (1978) relient les peuplements à *Macaranga hurifolia* au type fondamental de la forêt dense humide à *Eremospatha macrocarpa* et *Diospyros mannii*, ils s'enrichissent en *Musanga cecropioides* et *Harungana madagascariensis* dans les zones plus arrosées à *Diospyros spp* et *Mapania spp*, tandis que l'association *Macaranga hurifolia* et *Solanum verbascifolium* correspond à la forêt à *Uapaca esculenta*, *U. guineensis* et *Chidlowia sanguinea*, enfin, *Macaranga hurifolia*, *Musanga cecropioides* et *Trema guineensis* s'associent dans la zone du climax à *Tarrietia utilis* et *Chrysophyllum perpulchrum*.

TABLEAU 10

Les espèces arbustives du stade pré-climacique

15 ans :		
H13 : 5/7 m	Propaliphyse (1er)	: *Mareya micrantha**, *Myrianthus libericus*.
29 ans :		
H11 : 2,5/3,5 m	Propaliphyse (1er)	: *Microdesmis puberula**.
H12 : 3,5/5,5 m	Propaliphyse (1er)	: *Myrianthus libericus*.
40 ans :		
H10 : 2/3 m	Propaliphyse (2e)	: *Microdesmis puberula**, *Napoleona leonensis**, *Ptychopetalum anceps**.
H12 : 4/7 m	Paliphyse (phase)	: *Myrianthus libericus*, *Rauvolfia vomitoria*.
45 ans :		
H9 : 1,8/3,5 m	Paliphyse (1er)	: *Microdesmis puberula**, *Rothmannia longiflora**.
H11 : 4,5/7 m	Propaliphyse (1er)	: *Myrianthus libericus*, *Trichilia heudelotii**, *Oxyanthus racemosus**, *Rauvolfia vomitoria*.
55 ans :		
H12 : 2,2/2,8 m	Propaliphyse (1er)	: *Ptychopetalum anceps**.
H13 : 2,8/4 m	Propaliphyse (2e)	: *Pleiocarpa mutica**, *Rinorea longicuspis**.
H14 : 4/6 m	Paliphyse (adj.)	: *Rinorea longicuspis**, *Cuviera acutiflora**.
H15 : 6/8 m	Propaliphyse (1er)	: *Baphia nitida**, *Baphia bancoensis**, *Trichilia heudelotii**.
60 ans :		
H9 : 2,5/3,5 m	Propaliphyse (2e)	: *Microdesmis puberula**.
H10 : 3,5/5 m	Propaliphyse (2e)	: *Baphia nitida**, *Baphia bancoensis**.

(Entre parenthèses figure le niveau quantitatif de chaque élément de diagnose qui représente son importance spatiale relative au sein de l'hoplexol.)

* L'astérisque marque les espèces communes du sous-bois des forêts climaciques.

. *du stade pré-climacique*

Le tableau 10 (ci-dessus) présente les espèces qui, au cours du stade pré-climacique, constituent les ensembles arbustifs du présent, réalisés ou en voie de réalisation (Paliphyse et Propaliphyse). Nous constaterons :

— la fréquence des *Myrianthus* dont le rôle a été précédemment considéré. Cette espèce ne se rencontre que très rarement dans la forêt pré-climacique réalisée, de même que *Rauvolfia vomitoria*, moins fréquente dans nos relevés, espèce commune des brousses secondaires ;

— les autres espèces citées sont fréquentes en forêt climacique (7). Les *Microdesmis puberula*, très abondants, jouent un rôle important dans la formation d'un premier sous-bois (cf. parcelle de 15 ans). La composition floristique des arbustes du sous-bois des parcelles de 45, 55 et 60 ans approche celle d'une forêt climacique : on notera particulièrement la régression des *Myrianthus* au cours du temps qui se rencontrent encore de place en place, mais qui ne constituent plus l'élément majeur de l'ensemble du présent entre 4 et 7 m ;

— le faible nombre d'espèces pour ces ensembles du présent réalisés ou en cours de réalisation est typique d'un sous-bois forestier. En effet, le sous-bois de la forêt climacique se caractérise par un faisceau d'espèces peu nombreuses mais très abondantes qui s'épanouissent entre 3 et 10 m. Ainsi, en forêt de Tai, les *Diospyros chevalieri*, *Ptychopetalum anceps*, *Ouratea duparquetiana*, *O. morsonii*, *O. schoenleiniana*, *Rothmannia spp* sont abondants entre 1 et 4 m, *Memecylon guineense*, *M. golaense Microdesmis puberula*, *Rinorea longicuspis*, *Napoleona leonensis*, *Drypetes gilgiana* vers 4-7 m et *Baphia nitida*, *B. bancoensis*, *Maesobotrya barteri*, *Cola spp* vers 7-10 m.

---

(7) Selon MANGENOT (1955), AUBREVILLE (1957), GUILLAUMET (1967), HUTTEL (1977) et nos propres observations.

De ces faits, il ressort qu'un sous-bois de nature climacique se met progressivement en place au cours du 4e stade et constitue, pour l'essentiel, le sous-bois des forêts pré-climaciques. Cette installation précoce d'un sous-bois primaire est constatée par AUBREVILLE (1947, p. 27).

(3) les formes lianescentes

Les espèces lianescentes peuvent se regrouper en trois catégories :

— 1. les lianes qui envahissent la végétation dès les premiers stades de reconstitution et principalement lors de la phase de dégénérescence des peuplements arbustifs pionniers, et qui peuvent être (fig. 28 LS) :

— des lianes vraies comme *Acacia pennata*, *Sabicea discolor*, *Mussaenda tristigmatica*, *Dioscorea burkilliana*, *Piper guineense*, *Cissus polyantha*, *C. gracilis*... ;

— des arbustes sarmenteux dont le port devient lianescent : *Alchornea cordifolia* et *A. floribunda* ;

— des herbacées lianescentes : *Trachyphrynium braunianum*, *Scleria barteri* qui sont les principales composantes des massifs lianescents et qui, avec les espèces du groupe précédent, monopolisent l'espace et retardent le déroulement de la reconstitution.

Les espèces de cette catégorie se raréfient au fur et à mesure que les structures arborescentes du stade pré-climacique se développent, elles ne se rencontrent que rarement dans les parcelles âgées, généralement à la suite de perturbations ;

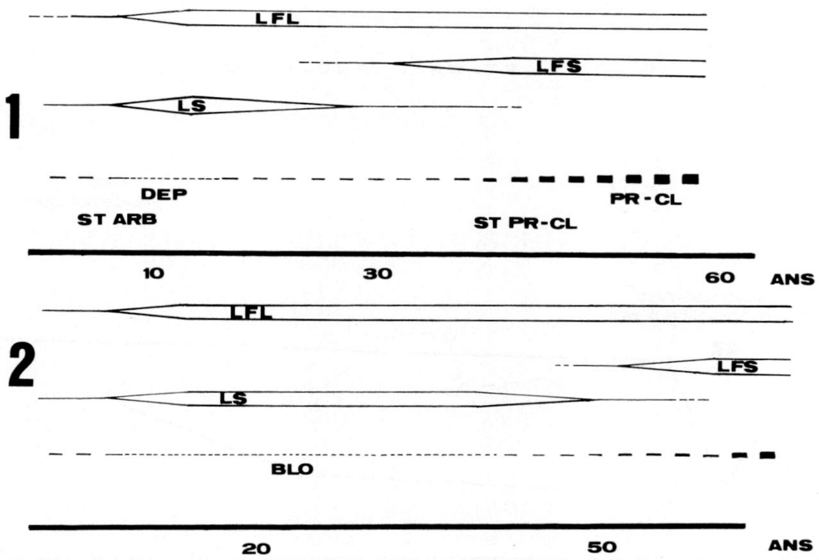

Fig. 28. — Évolution du cortège lianescent. (ST.ARB : stade arbustif pionnier ; DEP : phase de dépérissement ; ST. PR-CL : stade pré-climacique ; PR-CL : forêt pré-climacique ; BLO : blocage.

1. Reconstitution normale de la forêt — LS : Les lianes caractéristiques des végétations de recrûs, héliophiles, s'installent durant le stade arbustif pionnier et se développent considérablement lors de sa dégénérescence ; elles régressent au cours du stade pré-climacique au fur et à mesure que le peuplement arborescent se met en place — LFL : Les lianes forestières héliophiles au large spectre écologique se rencontrent à tous les stades de reconstitution et en forêt climacique où elles régénèrent naturellement à la faveur des chablis — LFS : Les lianes strictement forestières dont l'installation et la croissance nécessitent une phase sciaphile prononcée, s'installent durant le stade pré-climacique et ne s'épanouissent que dans la voûte de la forêt climacique.

2. Reconstitution bloquée — Les lianes héliophiles secondaires (LS) et forestières (LFL) monopolisent l'espace durant une période importante : elles bloquent les processus de reconstitution pendant une trentaine d'années.

— 2. les lianes qui sont présentes dans les stades de reconstitution, jeunes et âgés, et en forêt (fig. 28 LFL) : *Manniophyton fulvum*, *Griffonia simplicifolia*, *Strophanthus sarmentosus*... ;

— 3. enfin, les lianes et formes lianescentes typiquement forestières (fig. 28 LFS) : *Neuropeltis spp*, *Dichapetalum spp*, *Iodes liberica*, *Agelaea pseudobliqua*... Ces espèces ne se rencontrent dans les stades de reconstitution que sous forme de plantules ou de jeunes plantes (Néophytion ou Prophyse).

Nous entrevoyons déjà, au travers de ces trois groupes, des formes écologiques variées aux rôles différents répartis au cours de la reconstitution.

(4) les formes herbacées

La seule évolution remarquable porte sur la disparition d'espèces comme *Panicum brevifolium* et *Paspalum conjugatum*, espèces rudérales qui ne sont présentes que dans les tout premiers stades. Le cortège floristique herbacé est, dès le départ, composé d'espèces forestières, mais il varie beaucoup d'une station à l'autre ; plus que tout autre catégorie floristique, l'ensemble herbacé semble dépendre de la station (Namur, 1978a).

2. Évolution structurale et richesse floristique

La figure 29 présente la variation du nombre d'espèces forestières au cours de la reconstitution, nous avons exclu les espèces caractéristiques des stades de reconstitution.

Afin de comparer les différentes parcelles, nous avons décompté les espèces entre 0 et 5 m qui est la hauteur maximale de la plus jeune friche. Chaque relevé s'étend sur 225 m².

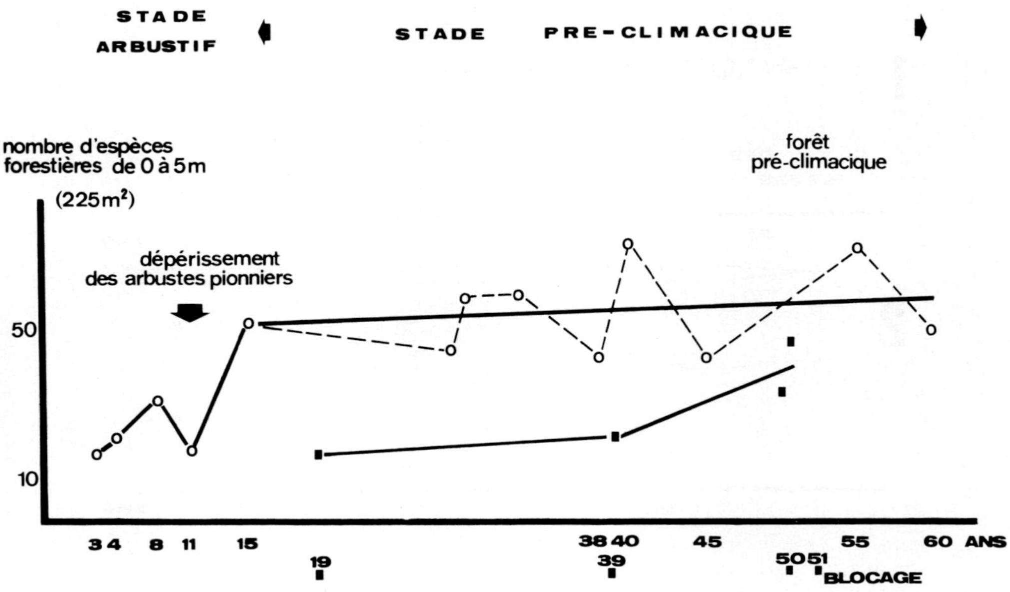

Fig. 29. — Variation du nombre d'espèces forestières au cours de la reconstitution

Cette courbe appelle quatre remarques :

— un appauvrissement vers 10 ans, période de dépérissement des peuplements arbustifs pionniers, qui est principalement dû à l'accroissement des surfaces envahies par les lianes, conséquence de l'affaissement massif des arbustes ;

— la pauvreté floristique des parcelles de la chronoséquence bloquée (19, 39, 50 et 51 ans) ;

— à partir de 15 ans, la relative constance du nombre des espèces forestières qui traduit l'installation précoce du cortège forestier. En effet, dès 15 ans, les premières structures permettant l'installation des espèces ombrophiles sont constituées (nous avons souligné le rôle de *Myrianthus* et des lianes) ;

— le nombre d'espèces forestières varie d'une forêt pré-climacique à l'autre. Il semble corrélatif de l'abondance des palmiers à huile et des lianes en sous-bois qui monopolisent un espace important et limitent d'autant le champ d'installation des autres espèces. Ainsi, les parcelles de 45 et 60 ans sont plus pauvres que celle de 55 ans : à 45 ans, les palmiers à huile abondent en sous-bois, à 60 ans, ce sont les lianes qui s'étendent à la faveur des nombreux chablis.

Au total, il ressort que l'évolution de la richesse floristique en espèces forestières est directement conditionnée par l'évolution structurale de la végétation où arbustes pionniers, lianes et espèces arbustives pré-climaciques jouent les rôles majeurs. Il apparaît également que, dans les meilleurs cas, le cortège floristique forestier est mis en place précocement, alors qu'une période de stagnation de l'évolution structurale retarde considérablement son installation.

Comportements des essences commercialisées dans les stades de reconstitution

Au cours de la reconstitution les espèces arborescentes se comportent différemment. Nous avons analysé le comportement des arbres qui constituent la forêt pré-climacique, nous tenterons maintenant de définir et de nuancer les comportements des essences commercialisées rencontrées dans les stades de reconstitution.

Nous nous sommes limités à la liste des essences commercialisées établie pour la Côte d'Ivoire par la SODEFOR qui les répartit en trois classes selon leur importance commerciale actuelle, toutes ces espèces pouvant être systématiquement exploitées (tableau 11, p. 58) (8).

Nous avons prospecté les parcelles âgées de 4, 8, 11, 15, 40 et 55 ans (Soubré I), de 60 ans (Soubré II), de 3 et 38 ans (Grabo), de 33 ans (Tai) et quatre nouvelles parcelles du stade arbustif pionnier respectivement âgées de 1, 2, 3 et 8 ans (Tai).

Pour chaque parcelle la surface du relevé a été de 2500 m² (50 × 50 m).

1. Bilan des essences commercialisées

40 essences de valeur économique ont été rencontrées (tableau 12, p. 59) :

— 21 espèces du groupe I (sur 37)
— 7 espèces du groupe II (sur 17)
— 12 espèces du groupe III (sur 19)

Les espèces les plus fréquemment rencontrées (rapportées au nombre de parcelles) sont (tableau 13, p. 60) : *Fagara macrophylla* (14/15), *Piptadeniastrum africanum* (14/15), *Combretodendron africanum* (11/15), *Sterculia tragacantha* (10/15), *Canarium schweinfurthii* (10/15), *Parinari excelsa* (9/15), *Ceiba pentandra* (9/15), *Dacryodes klaineana* (9/15), *Scottelia chevalieri* (8/15), *Anopyxis klaineana* (8/15), *Lovoa trichilioides* (8/15), *Chlorophora excelsa* (8/15), *Albizia zygia* (7/10).

(8) Document SODEFOR, Direction des inventaires et de l'aménagement : Aménagement expérimental. Méthodologie. Périmètres Mopri, Téné, Irobo, du 23 novembre 1977, rédigé conjointement par la SODEFOR et le CTFT.

Tableau 11

Liste des essences exploitées de Côte d'Ivoire (SODEFOR-CTFT)

CLASSE I

Aboudikro
(Entandrophragma cylindricum)
Acajou
(Khaya ivorensis, K. anthotheca)
Aiele
(Canarium schweinfurthii)
Akatio
(Gambeya africana)
Ako
(Antiaris africana)
Akossika
(Scottelia chevalieri)
Amazakoue
(Guibourtia ehia)
Aniegre blanc
(Aningeria robusta)
Aniegre rouge
(Aningeria altissima)
Assamela
(Pericopsis elata)
Avodire
(Turreanthus africanus)
Azobe
(Lophira alata)
Azodau
(Afzelia bella)

Bahia
(Mitragyna ciliata)
Badi
(Nauclea diderrichii)
Bete
(Mansonia altissima)
Bosse
(Guarea cedrata)
Dibetou
(Lovoa trichilioides)
Difou
(Morus mesozygia)
Faro
(Daniellia klainei)
Fraké
(Terminalia superba)
Framiré
(Terminalia ivorensis)
Fromager
(Ceiba pentandra)
Ilomba
(Pycnanthus africanus)
Iroko
(Chlorophora excelsa)
Kondroti
(Bombax brevicuspe)

Kosipo
(Entandrophragma candollei)
Kotibe
(Nesogordonia papaverifera)
Koto
(Pterygota macrocarpa)
Lingue
(Afzelia bipindensis)
Makore
(Tieghemella heckelii)
Movingui
(Distemonanthus benthamianus)
Niangon
(Tarrietia utilis)
Samba
(Triplochiton scleroxylon)
Sipo
(Entandrophragma utile)
Tali
(Erythrophleum ivorense)
Tiama
(Entandrophragma angolense)

CLASSE II

Abale
(Combretodendron africanum)
Ba
(Celtis mildbraedi)
Bahe
(Fagara macrophylla)
Bi
(Sterculia oblonga)
Bodioa
(Anopyxis klaineana)
Dabema
(Piptadeniastrum africanum)

Eho
(Ricinodendron africanum)
Emien
(Alstonia congensis)
Etimoe
(Copaifera salikoundo)
Iatandza
(Albizia ferruginea)
Kroma
(Klainedoxa gabonensis)
Lohonfe
(Celtis adolfi-friderici)

Lotofa
(Sterculia rhinopetala)
Melegba
(Berlinia confusa)
Oba
(Bombax buonopozense)
Pouo
(Funtumia africana)
Vaa
(Gilbertiodendron taiense)

CLASSE III

Adjouaba
(Dacryodes klaineana)
Adomonteu
(Anthonotha fragrans)
Aribanda
(Trichilia lanata)
Asan
(Celtis zenckeri)
Bodo
(Detarium senegalense)
Dabe
(Erythroxylum mannii)
Kekele
(Holoptelea grandis)

Kodabema
(Aubrevillea kerstinguii)
Koframire
(Pteleopsis hylodendron)
Lati
(Amphimas pterocarpoides)
Lo
(Parkia bicolor)
Loloti
(Lannea welwitschii)
Ouochi
(Albizia zygia)
Pocouli
(Berlinia occidentalis)

Pore pore
(Sterculia tragacantha)
Rikio
(Uapaca guineensis)
Sougue
(Parinari excelsa)
Tchebuessain
(Xylia evansii)
Zaizou
(Gymnostemon zaizou)

TABLEAU 12

Listes des essences commercialisées rencontrées dans les parcelles étudiées

Groupe I	Groupe II
Khaya anthotheca (Acajou)	*Combretodendron africanum* (Abale)
Canarium schweinfurthii (Aiele)	*Fagara macrophylla* (Bahe)
Scottelia chevalieri (Akossika)	*Anopyxis klaineana* (Bodioa)
Lophira alata (Azobé)	*Piptadeniastrum africanum* (Dabema)
Afzelia bella (Azadau)	*Alstonia congensis* (Emien)
Nauclea diderrichii (Badi)	*Klainedoxa gabonensis* (Kroma)
Mitragyna ciliata (Bahia)	*Sterculia rhinopetala* (Lotofa)
Guarea cedrata (Bossi)	
Lovoa trichilioides (Dibetou)	**Groupe III**
Terminalia superba (Fraké)	*Dacryodes klaineana* (Adjouaba)
Terminalia ivorensis (Framiré)	*Anthonotha fragrans* (Adomonteu)
Ceiba pentandra (Fromager)	*Detarium senegalense* (Bodo)
Pycnanthus angolensis (Ilomba)	*Erythroxylum mannii* (Bade)
Chlorophora excelsa (Iroko)	*Amphimas pterocarpoides* (Lati)
Bombax brevicuspe (Kondroti)	*Parkia bicolor* (Lo)
Nesogordonia papaverifera (Kotibe)	*Lannea welwitschii* (Loloti)
Distemonanthus benthamianus (Movingui)	*Albizia zygia* (Ouochi)
Tarrietia utilis (Niangon)	*Sterculia tragacantha* (Pore pore)
Triplochiton scleroxylon (Samba)	*Uapaca guineensis* (Rikio)
Erythrophleum ivorense (Tali)	*Parinari excelsa* (Sougue)
Entandrophragma angolense (Tiama)	*Gymnostemon zaizou* (Zaizou)

2. Comportements des essences commercialisées

De nombreuses espèces trouvent, dans les stades de reconstitution, un milieu favorable à leur installation, mais toutes ne s'y développent pas.

Ainsi, la confrontation du recensement des essences à tous stades de développement (tableau 13, p. 60) à celui limité aux individus ayant dépassé une hauteur de 10 m (tableau 14, p. 61) permet de les répartir en deux catégories :

— les espèces qui n'atteignent jamais la hauteur de 10 m au cours du stade pré-climacique ; elles s'installent dans les végétations secondaires mais ne semblent pas s'y développer : *Anthonotha fragrans*, *Klainedoxa gabonensis*, *Detarium senegalense*, *Distemonanthus benthamianus*, *Gymnostemon zaizou*, *Lophira alata*, *Mitragyna ciliata*, *Nesogordonia papaverifera*, *Sterculia rhinopetala*, *Tarrietia utilis*, elles peuvent y être fréquentes comme *Dacryodes klaineana* et *Parinari excelsa*. Toutefois, Guillaumet (1967) signale *Lophira alata* et *Distemonanthus benthamianus* dans la strate arborée supérieure d'une forêt secondaire âgée de l'arrière région de Tabou ;

— les espèces, au-dessus de 10 m, qui se développent totalement ou partiellement dans les stades de reconstitution.

Bon nombre d'espèces ne se développent que partiellement durant la reconstitution, elles ne réalisent pas d'édifice arborescent mais constituent, au-dessus de 10 m, les ensembles d'avenir de la forêt pré-climacique ; elles représentent le potentiel en essences utiles de la forêt climacique : *Combretodendron africanum*, *Bombax brevicuspe*, *Lannea welwitschii*, *Sterculia tragacantha*, *Anopyxis klaineana*, et rencontrées une seule fois, *Parkia bicolor*, *Afzelia bella*, *Pycnanthus angolensis*, *Scottelia chevalieri*, *Guarea cedrata*, *Lovoa trichilioides*, *Alstonia congensis*, *Chlorophora excelsa*, *Nauclea diderrichii* (tableau 14).

Le développement total d'une espèce aboutit à la réalisation de l'édifice arborescent durant le stade pré-climacique. Nous avons ainsi rencontré *Fagara macrophylla* (à 29, 38 et 40 ans), *Terminalia*

TABLEAU 13

Présence des essences commercialisées à toutes tailles (2 500 m² par parcelle)
(*) présence — (.) absence — (/) espèce non prospectée

	TAI					GRABO		SOUBRE							
	1	2	3	8	33	3	38	4	8	11	15	29	40	55	60
Afzelia bella	.	.	.	.	.	.	.	.	.	.	.	.	.	.	*
Albizia zygia	/	/	/	/	/	*	*	.	*	.	*	*	*	.	*
Alstonia congensis	.	.	*	.	.	.	.	.	.	*	.	.	*	.	.
Amphimas pterocarpoides	.	.	.	.	.	.	*	.	.	.	*	.	.	*	*
Anopyxis klaineana	.	.	*	*	*	*	*	.	.	*	.	.	.	*	*
Anthonotha fragrans	.	.	*	*	.	.	.	*	.	.	.	*	.	.	*
Bombax brevicuspe	.	.	*	.	.	.	.	.	.	*	.	.	*	*	*
Canarium schweinfurthii	*	*	*	*	.	*	.	*	.	*	.	*	*	*	.
Ceiba pentandra	*	*	*	*	*	*	.	*	.	*	.	.	.	.	*
Chlorophora excelsa	*	*	*	*	.	*	.	*	.	*	.	.	*	.	.
Combretodendron africanum	.	*	*	*	.	*	*	.	*	*	.	*	*	*	*
Dacryodes klaineana	.	.	*	*	.	.	*	*	*	*	*	.	*	*	.
Detarium senegalense	.	.	.	*	.	.	.	.	.	.	.	.	.	.	.
Distemonanthus benthamianus	.	.	.	.	.	.	.	*	.	*	.	.	*	.	.
Entandrophragma angolense	.	.	.	.	.	.	.	.	.	.	*	.	*	*	.
Erythrophleum ivorense	*	*	.	*	*	.	.	.	*	.	.	*	.	.	.
Erythroxylum mannii	.	*	*	*	.	*	*	.	.	.	.	.	.	.	.
Fagara macrophylla	*	*	*	*	.	*	*	*	*	*	*	*	*	*	*
Guarea cedrata	.	.	.	*	.	.	*	.	.	.	*	.	*	*	*
Gymnostemon zaizou	*	.	.	.	.	.	.	.	.	.	.	.	.	.	.
Khaya anthotheca	.	.	.	.	.	.	.	.	.	*	.	.	.	.	.
Klainedoxa gabonensis	.	.	.	*	.	.	.	.	*	.	.	.	.	.	.
Lannea welwitschii	*	.	.	*	.	.	.	.	*	*	*	.	*	.	*
Lophira alata	.	.	.	.	*	.	.	.	.	.	.	.	.	.	.
Lovoa trichilioides	*	.	*	*	.	*	.	*	.	.	*	*	.	*	.
Mitragyna ciliata	.	.	.	.	*	.	.	.	.	.	.	.	.	.	.
Nauclea diderrichii	.	.	.	.	.	*	.	.	.	.	.	*	.	.	.
Nesogordonia papaverifera	.	.	.	.	.	.	.	.	*	.	.	.	*	*	.
Parinari excelsa	*	*	*	*	.	.	.	*	*	*	.	.	*	*	.
Parkia bicolor	*	.	*	*	.	.	.	.	.	.	.	.	*	.	*
Piptadeniastrum africanum	*	*	*	*	.	*	*	*	*	*	*	*	*	*	*
Pycnanthus angolensis	.	.	.	.	.	*	*	.	.	.	.	.	.	.	*
Scottelia chevalieri	.	*	*	*	*	.	.	.	*	.	*	.	*	*	*
Sterculia rhinopetala	.	*	*	.	.	.	.	.	.	.	.	.	*	.	.
Sterculia tragacantha	.	.	*	*	.	*	*	.	*	*	*	*	*	*	.
Tarrietia utilis	*	.	*	*	.	*	.	.	.	.	.	.	.	.	.
Terminalia ivorensis	.	.	.	*	.	*	.	.	.	*	.	.	.	*	*
Terminalia superba	.	.	*	.	*	.	.	.	*	*	.	.	.	.	*
Triplochiton scleroxylon	.	.	.	.	.	.	.	.	.	*	.	.	.	.	*
Uapaca guineensis	.	.	.	.	.	*	*	.	.	.	.	*	*	.	*

superba (à 33, 45 (9) et 55 ans), *Terminalia ivorensis* (à 55 et 60 ans), *Ceiba pentandra* (à 33 et 60 ans), *Albizia zygia* (à 45 (9) et 60 ans), *Uapaca guineensis* (à 38 ans), *Piptadeniastrum africanum* (à 60 ans), représentées par plusieurs individus dans chaque parcelle, et une seule fois *Canarium schweinfurthii*,

(9) La parcelle de 45 ans n'a pu être analysée sur 2 500 m² et ne figure pas dans les tableaux, nous nous référons ici à l'Annexe VIII.

TABLEAU 14

Présence des essences commercialisées au-dessus de 10 m (pour 2 500 m²)
(Le signe * marque la présence, le signe = la réalisation de l'édifice arborescent)

	11	15	29	33	38	40	55	60
Afzelia bella	.	.	.	.	.	.	.	*
Albizia zygia	.	.	*	.	.	*	.	= *
Alstonia congensis	.	.	.	.	.	*	.	.
Amphimas pterocarpoides	.	.	.	.	.	.	= *	*
Anopyxis klaineana	.	.	.	*	.	.	*	*
Bombax brevicuspe	.	.	.	.	.	*	.	*
Canarium schweinfurthii	*	.	*	.	.	= *	.	.
Ceiba pentandra	.	.	.	= *	.	.	.	= *
Chlorophora excelsa	.	.	.	.	.	*	.	.
Combretodendron africanum	.	.	.	.	*	.	*	*
Entandrophragma angolense	.	.	.	.	.	= *	.	.
Erythrophleum ivorense	.	.	.	= *	.	.	.	.
Erythroxylum mannii	.	.	.	.	= *	.	.	.
Fagara macrophylla	*	*	= *	.	= *	= *	*	*
Guarea cedrata	.	.	.	.	.	.	.	*
Khaya anthotheca	*	.	.	.	.	.	.	.
Lannea welwitschii	.	*	.	.	.	*	.	*
Lovoa trichilioides	.	.	.	.	.	.	*	.
Nauclea diderrichi	.	.	*	.	.	.	.	.
Parkia bicolor	.	.	.	.	.	.	.	*
Piptadeniastrum africanum	*	.	*	.	*	*	*	= *
Pycnanthus angolensis	.	.	.	.	.	.	.	*
Scottelia chevalieri	.	.	.	.	.	.	*	.
Sterculia tragacantha	.	*	*	.	*	*	*	.
Terminalia ivorensis	*	.	.	.	.	.	= *	= *
Terminalia superba	.	.	.	= *	.	.	.	= *
Triplochiton scleroxylon	.	.	.	.	.	.	.	= *
Uapaca guineensis	.	.	.	.	= *	*	.	*

Entandrophragma angolense, *Triplochiton scleroxylon*, *Amphimas pterocarpoides*, *Erythroxylum mannii* et *Erythrophleum ivorense*.

Ces espèces se comportent différemment au cours du temps : le tableau 15 représente, pour chaque parcelle, l'abondance de 6 espèces en fonction de leur développement (évalué selon trois catégories de hauteurs — 0/2 m, 2/10 m, plus de 10 m et édifice arborescent réalisé) ; il s'agit de *Canarium schweinfurthii*, *Ceiba pentandra*, *Piptadeniastrum africanum*, *Fagara macrophylla*, *Terminalia ivorensis* et *T. superba*.

Nous distinguerons trois statuts écologiques :

1. *Terminalia ivorensis*, *T. superba*, *Fagara macrophylla* et *Ceiba pentandra* apparaissent précocement, se développent avec la végétation puis constituent le peuplement arborescent de la forêt pré-climacique où elles ne régénèrent pas.

Installation précoce, développement héliophile, quasi-absence de régénération (10), leur statut naturel est typiquement pré-climacique. CARRERO (1979) a particulièrement étudié *Ceiba pentandra* et *Terminalia superba*, il a mis en évidence un comportement différent au niveau de leur installation, *Ceiba pentandra* pouvant germer sous un couvert végétal qu'elle doit rapidement surcimer.

---

(10) Les jeunes plantes ne supportent pas longtemps des conditions de faible lumière et meurent (BAUR, 1968).

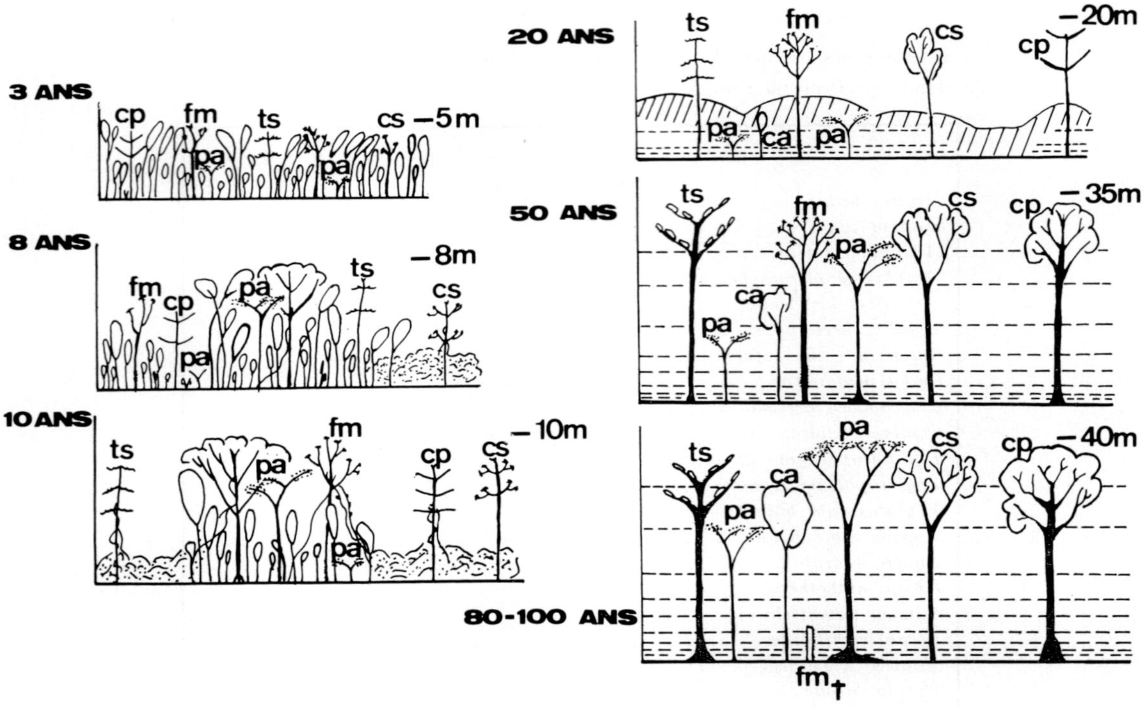

Fig. 30. — Comportements de quelques espèces utiles
— fm : *Fagara macrophylla* — ts : *Terminalia superba*
— cp : *Ceiba pentandra* — cs : *Canarium schweinfurthii*
Ces espèces sont héliophiles. (*Ceiba pentandra* peut présenter une courte phase sciaphile initiale.) Elles disposent leur feuillage parmi ceux des arbustes pionniers qu'elles surciment alors qu'ils dépérissent, elles se développent et constituent les arbres de la forêt pré-climacique. *Fagara macrophylla*, de longévité moindre, dépérit vers 50-60 ans.
— pa : *Piptadeniastrum africanum* — cette espèce est sciaphile durant son installation et la majeure partie de son développement. Elle se maintient sous les feuillages de la voûte de la forêt pré-climacique et ne devient héliophile que dans la dernière phase de son développement. Elle prend place dans la voûte de la végétation, vers 60 ans, à la faveur des premiers chablis.
— ca : *Combretodendron africanum* — Cette espèce se rencontre, au-dessus de 10 m, parmi les ensembles d'avenir de la forêt pré-climacique. Elle n'y réalise pas d'édifice arborescent mais s'y développe suffisamment pour devenir, vers 100 ans, un des grands arbres de la forêt climacique.

Ces espèces n'ont pas toutes la même longévité : les unes comme *Fagara macrophylla* et *Albizia zygia* présentent une durée de vie qui correspond à la durée du stade pré-climacique, la chute des individus morts engendrant le mécanisme des chablis, les autres comme *Ceiba pentandra*, *Terminalia superba*, *T. ivorensis*, *Triplochiton scleroxylon* se retrouvent parmi les espèces climaciques épanouies et marquent, dans le Sud-Ouest ivoirien, l'emplacement de cultures effectuées 80-100 ans auparavant.

2. *Canarium schweinfurthii* devient un arbre durant le stade pré-climacique et participe à la composition de la voûte de la végétation. Cette espèce est occasionnelle dans les stades de reconstitution, elle y régénère faiblement essentiellement à la faveur de trouées. Il en est ainsi pour *Amphimas pterocarpoides*, *Erythroxylum mannii*, *Entandrophragma angolense*, *Erythrophleum ivorense* et *Uapaca guineensis*. Ces espèces sont des héliophiles de la forêt climacique ; elles présentent de fortes longévités.

Ces deux statuts ont en commun une héliophilie quasi-totale (fig. 30). Dès leur installation, au début du stade arbustif pionnier, jusqu'à leur mort, les plantes sont en pleine exposition lumineuse. Comme le souligne Whitmore (1975), ce statut d'héliophile total caractérise les espèces pionnières, on

TABLEAU 15

Recensement de six espèces utiles au cours de la reconstitution

AGE	3	4	8	11	15	29	33	38	40	55	60	ANS
	.	1	.	.	.	.	.	.	.	1	.	0/2 m
Canarium schweinfurthii........	3	.	.	.	.	.	.	.	1	1	.	2/10 m
	.	.	.	2	.	2	.	.	=1=	.	.	+10 m
	55	1	1	4	1	3	.	.	8	7	5	0/2 m
Piptadeniastrum africanum......	1	4	.	1	1	.	.	2	2	6	3	2/10 m
	.	.	.	1	.	1	.	3	2	3	=2=	+10 m
	7	.	.	.	.	.	.	.	.	.	.	0/2 m
Terminalia ivorensis............	1	.	.	.	.	.	.	.	.	.	.	2/10 m
	.	.	.	1	.	.	.	.	.	=1=	=1=	+10 m
	.	.	.	.	.	.	.	.	.	.	.	0/2 m
Terminalia superba............	.	.	1	1	.	.	.	.	.	.	.	2/10 m
	.	.	.	.	.	.	=3=	.	.	.	=2=	+10 m
	2	2	2	1	.	.	.	.	.	.	.	0/2 m
Fagara macrophylla............	16	5	26	5	4	1	.	.	.	.	.	2/10 m
	.	.	.	1	4	5	.	=3=	=1=	=1=	=1=	+10 m
	2	2	.	1	.	.	.	.	.	.	.	0/2 m
Ceiba pentandra...............	.	.	.	.	.	.	.	.	.	.	.	2/10 m
	.	.	.	.	.	.	=1=	.	.	.	=1=	+10 m

le trouve chez les arbustes pionniers et chez les arbres pré-climaciques. En fait, durant la reconstitution, au peuplement d'arbustes pionniers succède un peuplement d'arbres que l'on peut qualifier au même titre de pionniers.

3. *Piptadeniastrum africanum* persiste, durant le stade pré-climacique, dans les niveaux sous-jacents à la voûte et n'y prend place qu'à la faveur des chablis (cf. parcelle de 60 ans). Cette espèce germe dans des conditions de faible lumière et régénère tout au long de la reconstitution (CARRERO, 1979), elle ne devient héliophile que dans la phase ultime de son développement.

Ainsi, après la série des arbustes et arbres pionniers héliophiles, une première vague d'espèces sciaphiles se développe, qui remplaceront, dans la voûte, les arbres pionniers morts. Puis d'autres espèces sciaphiles comme *Combretodendron africanum* (fig. 30), de croissance plus lente, assureront la complète substitution floristique qui mènera à la forêt climacique.

En résumé, la forêt pré-climacique est constituée essentiellement d'arbres totalement héliophiles qui sont progressivement remplacés par des essences sciaphiles devenant héliophiles dans la dernière phase de leur développement et s'étageant au cours du temps selon leur croissance plus ou moins rapide. Ces essences prennent place dans la voûte de la végétation à la faveur des trouées créées par la chute des arbres pionniers morts.

4

CONSIDÉRATIONS POUR UN AMÉNAGEMENT SYLVICOLE DES STADES DE RECONSTITUTION

En vue d'un aménagement sylvicole des stades de reconstitution, les analyses précédentes mettent en évidence deux niveaux d'interventions :

— l'un consiste à exploiter le tempérament de l'espèce ;

— l'autre à interférer sur les processus de reconstitution pour tenter d'éviter les goulots d'étranglement et d'assurer un cadre optimal au développement des essences utiles.

Bon nombre d'espèces de haute valeur économique s'installent spontanément dans les végétations secondaires. Plusieurs s'y développent totalement, d'autres à degrés plus ou moindres. Trois groupes d'espèces sont à envisager pour une gestion de la reconstitution (fig. 31) :

1. Les essences fréquentes ou occasionnelles qui deviennent les arbres de la forêt pré-climacique. Leur longévité, selon les espèces, s'étend d'une cinquantaine à une centaine d'années (fig. 31. 1 et 2). Elles peuvent être totalement héliophiles ou, comme *Ceiba pentandra*, admettre une courte phase sciaphile au départ.

2. Les essences qui se développent durant le stade pré-climacique mais qui persistent sous la voûte (fig. 31. 3). Elles ne deviennent héliophiles que dans la phase ultime de leur développement. Elles constituent les premiers grands arbres de nature climacique et se mettent en place vers 60 ans à la faveur des premiers chablis formés par la chute des espèces dégénérescentes du groupe 1.

3. Les essences qui ne réalisent pas d'édifice arborescent, mais qui constituent, au-dessus de 10 m, les ensembles d'avenir de la forêt pré-climacique. Elles se mettent en place progressivement à la faveur des chablis et ne diffèrent du groupe précédent que par un délai plus long de réalisation de la forme arborescente (fig. 31. 4).

Les arbres utiles d'un diamètre supérieur à 0,8 m ne sont pas abondants dans les forêts pré-climaciques. Pour les espèces du premier groupe, nous trouvons (pour 2500 m^2) 2 arbres à 55 ans et 5 à 60 ans, pour celles du 2e groupe, 3 à 55 ans et 2 à 60 ans, soit une densité théorique de 20 arbres exploitables par hectare à 55 ans, 28 à 60 ans... A cela, il faut ajouter le potentiel d'une 3e vague d'arbres et considérer surtout que l'**écosystème forestier est intégralement reconduit**.

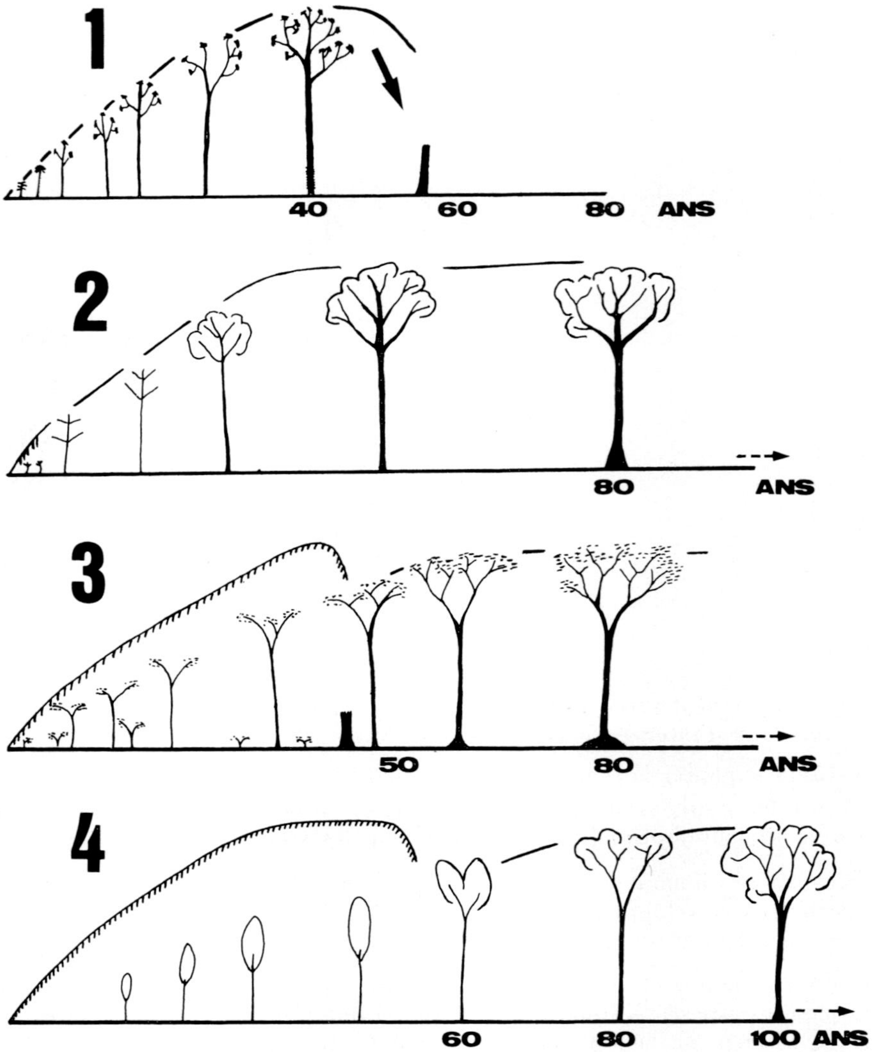

Fig. 31. — Trois groupes d'essences sont à considérer pour un aménagement sylvicole des stades de reconstitution de la forêt.

1 et 2 : Essences fréquentes ou occasionnelles qui constituent les arbres de la forêt pré-climacique. On distinguera selon la longévité :

1 : les arbres (comme *Albizia zygia* et *Fagara macrophylla*) qui dépérissent vers 50-60 ans et créent les premiers chablis dans la parcelle. 2 : les espèces de plus longue vie que l'on retrouve en forêt climacique et qui marquent les traces d'une ancienne intervention humaine comme *Ceiba pentandra, Triplochiton scleroxylon, Terminalia superba,* ou des espèces du climax comme *Canarium schweinfurthii, Erythroxylum mannii, Amphimax pterocarpoides,* qui trouvent dans les stades de reconstitution un milieu favorable à leur développement. On soulignera, ici, à quel point la composition floristique peut infléchir l'évolution structurale, si l'une ou l'autre catégorie d'espèces prédomine.

3 : les essences de forêt climacique qui succèdent, dans la voûte, aux premières essences pré-climaciques mortes : elles réalisent précocement la forme arborescente mais persistent en position sous-jacente à la voûte des forêts pré-climaciques qu'elles percent à la faveur des premiers chablis. Dès 60 ans, elles forment de grands arbres (cf. parcelle de 60 ans).

4 : des essences plus tardives qui constituent les ensembles d'avenir des forêts pré-climaciques. Elles se mettent en place à la faveur des chablis et réalisent des arbres vers 100 ans. Elles se différencient du groupe précédent par un comportement sciaphile plus tardif et une croissance plus lente.

Au total, le potentiel économique acquis (pour le seul bois-matériau) n'est pas négligeable, et nous n'avons envisagé que les résultats d'une reconstitution sauvage.

Il s'agit maintenant d'accroître ce potentiel. Il faut pour cela enrichir les parcelles en espèces utiles et favoriser leur développement en assurant à chaque espèce son cadre optimal. Ces deux interventions exigent de bien connaître initialement le tempérament de chaque espèce et d'y adapter l'architecture de la végétation.

L'analyse structurale a mis en évidence une période de la reconstitution particulièrement critique : la phase de dépérissement du stade arbustif pionnier. Les peuplements arbustifs s'affaissent et favorisent la formation d'inextricables massifs lianescents qui perturbent le développement des jeunes arbres (11) et souvent entraînent leur mort. Seul un nombre réduit d'entre eux parviennent à passer cette phase sans subir des traumatismes irréversibles, et souvent ils restent couverts de lianes qui retardent la réalisation de l'édifice arborescent (cf. parcelles de 11, 19 et 39 ans).

L'affaissement massif des arbustes pionniers est à l'origine du développement considérable des formes lianescentes, il se produit quand le peuplement arbustif est monospécifique ou composé de plusieurs espèces de même longévité. Pour éviter l'imbroglio structural et les blocages qu'il entraîne, il faut favoriser l'installation d'espèces arbustives de différentes longévités, et pour cela bien maîtriser la biologie de ces espèces.

En conclusion, il ressort que les stades de reconstitution de la forêt sont propices au développement de plusieurs espèces arborescentes de haute valeur économique et qu'il est possible de contrôler leur déroulement pour assurer un cadre optimal à la croissance et au développement de ces arbres.

Une telle gestion de la reconstitution demande encore :

— de poursuivre les bilans des essences utiles qui s'y développent ;

— de définir le tempérament de ces espèces afin de leur assurer les meilleures conditions écologiques ;

— de maîtriser la biologie des arbustes pionniers pour constituer des peuplements permettant une plus grande densité en espèces utiles et éviter les phases de dépérissement catastrophiques ;

— et, d'ores et déjà, mettre en place des terrains d'expérimentation pour normaliser les interventions aux différents niveaux de la reconstitution, c'est-à-dire élaborer une sylviculture de la reconstitution (12).

---

(11) Certains modes de croissance pourraient permettre à l'espèce de franchir plus aisément les couverts lianescents : ainsi, chez *Terminalia ivorensis*, Lamb et Ntima (1971) soulignent que les flèches orthotropes percent facilement l'écran végétal et produisent un verticille au-dessus, mais les grandes branches plagiotropes sont des supports choisis pour la progression des lianes. Carrero (1979) constate que cette espèce est très fréquemment traumatisée, si elle ne parvient pas précocement à surplomber la parcelle.

(12) Une sylviculture de la reconstitution diffère des systèmes agro-sylvicoles dont Olawoye (1975) présente un bilan pour le Nigeria, car ceux-ci n'utilisent pas les potentialités naturelles de la reconstitution. Ils consistent en effet à donner des parcelles de forêt exploitée à défricher aux cultivateurs puis à implanter des espèces arborescentes utiles parmi les plantes vivrières ; au bout de 1 ou 2 ans, les cultivateurs abandonnent les parcelles aux sylviculteurs.

5

RECONSTITUTION DES FORÊTS TROPICALES HUMIDES

LE SCHÉMA IVOIRIEN EST-IL GÉNÉRALISABLE ? — LE STADE ARBUSTIF PIONNIER — LE STADE PRÉ-CLIMACIQUE — EN CONCLUSION

Le schéma ivoirien est-il généralisable?

Peu de travaux ont été réalisés sur la reconstitution de la forêt tropicale humide. Nous les reprendrons ici, pour la plupart, afin d'en confronter les résultats à ceux obtenus dans le Sud-Ouest ivoirien.

Pour l'ensemble des tropiques humides, la forêt semble se reconstituer selon un même schéma général : « La succession présente en général dans les pluviisylves des caractéristiques semblables dans les trois régions tropicales humides du monde et, à moins d'être infléchie par le pâturage ou par l'écobuage et la culture répetée, elle tend à reconstituer le climax climacique à travers une série de biocénose : plantes herbacées, buissons, arbres de petite taille à croissance rapide et à faible longévité, grands arbres caractéristiques de la forêt secondaire généralement héliophiles et à croissance rapide et enfin les espèces de la forêt primaire » (UNESCO, 1979, p. 239).

On reconnaît au travers de cette ligne générale le schéma décrit pour la Côte d'Ivoire : stade herbacé ; stade sous-ligneux ; stade arbustif pionnier ; stade pré-climacique qui évolue vers le climax par acquisition du mécanisme de régénération par chablis mettant en place les espèces de la forêt primaire.

AUBREVILLE (1947) a décrit un schéma comparable pour l'Afrique de l'Ouest (dont la Côte d'Ivoire) où il distingue trois phases correspondant au stade arbustif pionnier, au stade pré-climacique et au passage à la forêt climacique :

— « Genèse : première phase. — ... Ces espèces sont les véritables éléments caractéristiques de la forêt secondaire. La plus remarquable, de beaucoup, est le parasolier... En une dizaine d'années les essences héliophiles typiques de la brousse secondaire s'élèvent rapidement à leur taille maximum, 15 à 20 m de haut, quelquefois plus ; c'est ce que l'on peut considérer comme l'état final de la première phase. »

— « Deuxième phase. — Un sous-bois composé des mêmes espèces arbustives qu'en forêt primaire s'est formé... Un deuxième groupe d'essences encore héliophiles, à croissance moins rapide que les premières... ce sont de plus grands arbres qui s'élèvent à 30 ou 40 mètres de haut ou plus. »

— « Reconstitution de la forêt primaire. — Dans une troisième phase, le caractère de la forêt tend encore à changer. Depuis longtemps les espèces secondaires de première phase ont disparu ; celles de la seconde phase ont atteint leur plein développement ; ce sont désormais de grands arbres. Dans le sous-bois, d'autres espèces montent patiemment... Quand elles réussissent à percer la voûte des cimes qui les dominent, elles prennent alors assez vite leur véritable place dans le peuplement, la première... Elles sont probablement plus longévives que celles qui les précédaient dans l'étage supérieur ; elles peuvent se régénérer dans le sous-bois... »

Schnell (1976) définit la reconstitution en termes descriptifs :

— « végétation herbacée basse... dès ce stade peuvent apparaître des semis d'espèces arborescentes ou arbustives... » qui correspond aux stades herbacé et sous-ligneux ;

— « fourré arbustif dense avec des arbustes et jeunes arbres héliophiles... » qui correspond au stade arbustif pionnier ;

— « forêt secondaire jeune, à voûte encore discontinue, constituée par des essences héliophiles à croissance rapide qui surciment et éliminent progressivement, en les ombrageant, les espèces héliophiles basses du stade précédent... » ;

— « forêt secondaire haute, où la voûte, encore discontinue, tend progressivement à se fermer... Les espèces de la forêt primitive deviennent de plus en plus nombreuses... »

Ces deux derniers états correspondent au stade pré-climacique.

D'autres auteurs dégagent, selon des critères physionomiques ou floristiques, des séries qui ne se juxtaposent pas aussi nettement aux quatre stades du schéma ivoirien.

Ainsi, Lebrun et Gilbert (1954) distinguent :

— « stade de nitrophytes ubiquistes post-culturaux » ;
— « stade de friche pré-forestière » ;
— « stade de jeune forêt secondaire »
— « stade de vieille forêt secondaire »
— « stade de reconstitution de la forêt initiale »

Il est délicat de bien cerner ce que représente « friche pré-forestière » et « jeune forêt secondaire » qui couvrent le stade arbustif et le début du stade pré-climacique.

Et Budowski (1970) définit selon les communautés floristiques :

— « pioneer » qui regroupe les plantes des stades herbacées, sous-ligneux et arbustif ;
— « early secondary community », essentiellement les plantes du stade arbustif ;
— « old secondary community », les plantes du stade pré-climacique ;
— « climax community ».

Chaque communauté peut être composée d'espèces épanouies et de formes jeunes qui se développeront ultérieurement. Ainsi les arbustes pionniers (*Trema* et *Cecropia*) sont classés dans les catégories « pioneer » et « early secondary communauty ». Budowski souligne, par ailleurs, la difficulté de différencier la communauté floristique de la vieille forêt secondaire de celle du climax. Ceci nécessite, comme nous l'avons vu lors de l'analyse floristique (Chap. 3), de définir le comportement de chacune des espèces.

En conclusion, l'ensemble de ces travaux traduit bien le fait que la forêt tropicale humide se reconstitue par une série de stades successifs et qu'il est toujours possible d'y reconnaître la succession : stade herbacé, stade sous-ligneux, stade arbustif pionnier et stade pré-climacique.

Chaque stade est le résultat de l'installation, du développement et du dépérissement d'un ensemble floristique qui permet l'installation et conditionne le développement de l'ensemble suivant.

A ce schéma général vient se superposer une diversité de réalisations due essentiellement à des critères floristiques, d'autant plus marquée que l'on se trouve dans des unités territoriales floristiques différentes, mais aussi à des critères écologiques, sol, climat, et historiques qui interviennent soit sur la durée du stade et du processus, soit sur la floristique. C'est en ce sens que Richards (1955) écrit : « it is necessary to say « successions » and not « succession » because they are many different secondary successions as they are types of primary forest... »

Le stade arbustif pionnier

1. Bilan

Schnell (1971) constate la grande similitude structurale et physionomique, voire floristique entre les peuplements arbustifs des régions tropicales humides.

Nous avons souligné, pour le Sud-Ouest ivoirien, la tendance à constituer des peuplements à 1, 2 parfois 3 espèces dominantes (Namur et Guillaumet, 1978) : *Macaranga hurifolia*, *Macaranga barteri*, *Harungana madagascariensis*, *Musanga cecropioides*, *Anthocleista nobilis*, *Vismia guineensis*, *Trema guineensis*, *Vernonia conferta*, et des espèces introduites comme *Solanum verbascifolium* (Porteres, 1959) et *Cecropia peltata*.

Ces espèces se retrouvent citées pour l'Afrique de l'Ouest par Aubreville (1938, 1947 et 1959), Lebrun et Gilbert (1954), Richards (1952, 1955), Gérard (1960), Schnell (1976), Nicolas (1977), UNESCO (1979).

En Asie dominent les genres *Macaranga*, *Trema*, *Mallotus*... (Whitmore, 1975). Le genre *Macaranga* y est particulièrement développé.

En Amérique du Sud et centrale, les peuplements arbustifs pionniers sont principalement composés des genres *Cecropia*, *Vismia*, *Trema*, *Miconia*, *Inga*, *Didymopanax*... (Kenoyer, 1929 à Panama ; Schulz, 1960 au Suriname ; Budowski, 1963, 1965 à Panama et au Costa Rica ; Sastre, 1975 en Amazonie colombienne ; Oldeman 1974a, Lescure, 1978 en Guyane française).

Le tableau 16 présente une liste des travaux traitant des caractéristiques des arbustes pionniers de différents genres et espèces.

Tableau 16

Liste des principaux travaux traitant des caractéristiques des arbustes pionniers.
On trouvera également une large bibliographie dans Whitmore (1975) et UNESCO (1979)

Musanga cecropioides........	Lebrun et Gilbert (1954)	Zaire
	Ross (1954)	Nigeria
	Taylor (1960)	Ghana
	Coombe et Hadfield (1962) Étude de la croissance	
	Leroy Deval (1967) Étude en rapport aux plantations d'Okoumés	
Trema guineensis...........	Taylor (1960)	Ghana
	Alexandre (1978)	Côte d'Ivoire
	Coombe (1960) Étude de la croissance	
Genre *Macaranga*...........	Whitmore (1967, 1969)	Malaisie
	Whitmore et Airy Shaw (1971)	Malaisie
Macaranga tanarius.........	Symington (1933)	Malaisie
Macaranga gigantea.........	Kochummen (1966)	Malaisie
Macaranga hurifolia.........	Kahn (1978a et b)	Côte d'Ivoire
	Namur (1978b)	Côte d'Ivoire
	Kahn et Namur (1978)	Côte d'Ivoire
Genre *Cecropia*.............	Berg (1978)	Amazonie brésilienne (étude systématique avec de nombreuses notes écologiques)
Cecropia peltata.............	Greig-Smith (1952)	Trinidad
Didymopanax morototoni.....	Hladik (1970)	Amérique tropicale

2. Biologie des arbustes pionniers

Tous ces arbustes présentent des caractéristiques communes qui en font des espèces pionnières. Gomez-Pompa et Yanes-Vasquez (1974) en schématisent le cycle de vie : héliophilie, croissance rapide, floraison précoce, dissémination des diaspores efficace, anémochorie et zoochorie, faible longévité, grégarisme. Ces aspects sont largement traités par Richards (1952), Baur (1968), Schnell (1971, 1976), Whitmore (1975), UNESCO (1979).

Deux aspects sont peu abordés dans la littérature : le dépérissement des peuplements arbustifs et les comportements racinaires et aériens qui caractérisent les formes pionnières.

(1) dépérissement des arbustes pionniers

Baur (1968) constate que rares sont les espèces arbustives pionnières qui dépassent 20 ans. Il importe cependant de distinguer la longévité de l'espèce isolée de sa durée de vie en peuplement dense beaucoup plus courte.

Musanga cecropioides, en peuplement, disparaît entre 12 et 15 ans, ce qui correspond à la durée donnée par Lebrun et Gilbert (1954). Ross (1954) constate la disparition de cette espèce entre une parcelle de 14 ans et une autre de 17 ans, enfin, Taylor (1960) évalue à une vingtaine d'année sa longévité.

Les peuplements de *Macaranga hurifolia* disparaissent entre 7 et 10 ans.

L'âge de *Trema guineensis* est évalué à une dizaine d'années par Taylor (1960). Alexandre (1978) limite à 6 ans la durée de vie en peuplement de cette espèce.

Dans le genre *Cecropia*, les espèces semblent différemment longévives : *Cecropia oblusa* en peuplement vit 7 ans selon Boerboom (1974). En Amazonie centrale, des peuplements de *Cecropia sciadophylla* et *C. purpurascens* peuvent dépasser 30 ans selon les cultivateurs, dans la même région, les formations à *C. concolor* et *C. palmata*, espèces de plus petite taille, seraient de vie plus brève.

Enfin, Lescure (1978) décrit des parcelles dominées, jusqu'à 25-30 ans, par plusieurs espèces du genre *Inga* qui se raréfient dans les parcelles plus âgées.

L'une des phases cruciales de l'évolution décrite pour la Côte d'Ivoire est celle du dépérissement du peuplement arbustif pionnier. Tous les individus dépérissent à la même période et le peuplement s'affaisse sur l'ensemble de la parcelle.

Les modalités et les causes du dépérissement n'ont été que rarement traitées. Ross (1954) signale la disparition des *Musanga cecropioides* qu'il attribue à la sénescence.

La disparition des peuplements de *Macaranga hurifolia* est liée à quatre faits principaux (Kahn et Namur, 1978) :

1. Une installation massive de l'espèce qui entraîne une forte compétition interindividuelle accusée par la formation d'anastomoses racinaires.

Ces anastomoses se produisent entre les macrorhizes latéraux des *Macaranga hurifolia*, elles se forment dès 3 ans, se développent et se multiplient au cours du temps. Elles interviennent dans la compétition entre les individus du peuplement : certains arbustes drainent les racines de leurs voisins, provoquent souvent la dégénérescence de ces derniers et augmentent leur propre rhizosphère en annexant la souche qui reste fonctionnelle (Kahn, 1978b).

2. Un mode d'occupation de l'espace-sol rapide et intense.

La stratégie d'enracinement du *Macaranga hurifolia* comprend deux phases complémentaires (fig. 32) :

— d'une part la production d'axes latéraux plagiotropes en faible nombre à partir d'une phase orthotrope racinaire : ces axes explorent le milieu et produisent de nombreux chevelus racinaires ; au cours de leur croissance, ils éloignent les zones d'exploitation du tronc ;

— d'autre part, la production de racines échasses, à partir de la tige, qui exploitent l'espace proximal délaissé par les macrorhizes issus du pivot.

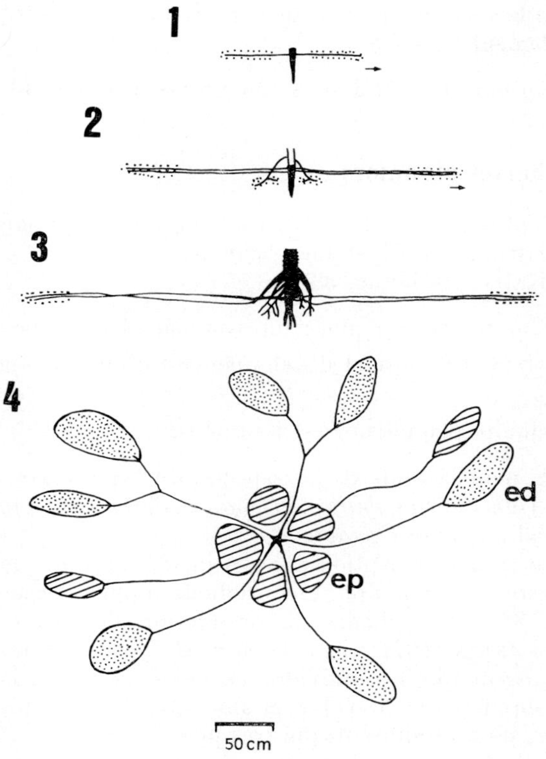

Fig. 32.

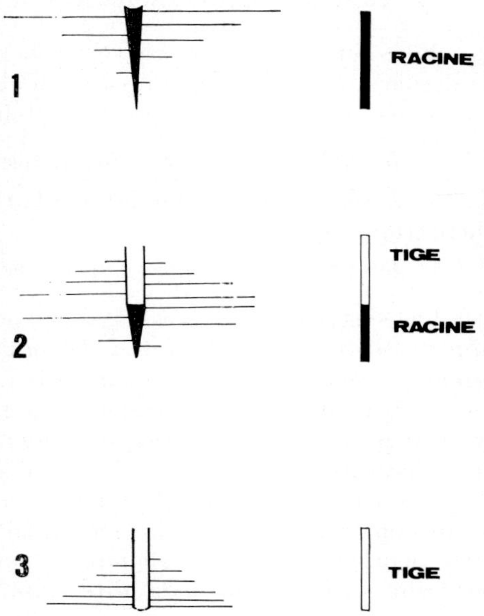

Fig. 33.

Fig. 32. — Comportement racinaire de *Macaranga hurifolia*.
1 : Production des premiers macrorhizes plagiotropes à partir d'une phase orthotrope racinaire. 2 : Développement de ces axes qui, progressivement, éloignent les zones d'exploitation du tronc. La production de nouveaux axes latéraux est quasiment nulle. 3 : Les nouveaux macrorhizes plagiotropes sont produits à partir de la tige et exploitent l'espace proximal du tronc. 4 : Représentation en surface des zones d'exploitation. Ep : espace proximal ; Ed : espace distal ; les hachures marquent les zones exploitées par les racines échasses.

Fig. 33. — Les types de systèmes racinaires.
1 : Le type primaire : une phase orthotrophe racinaire produit les macrorhizes plagiotropes. 2 : Le type mixte : résorption du système primaire et production de macrorhizes plagiotrophes à partir de la tige. 3 : Le type secondaire : le système primaire avorte très tôt, l'enracinement est assuré par les racines issues de tige.

Une telle stratégie limite l'occupation du sol par les systèmes racinaires :

— la production en axes plagiotropes à partir du pivot est limitée ; en effet, entre 3 et 7 ans, on assiste à un accroissement des axes plagiotropes mais non à la production de nouveaux axes ;

— l'espace proximal du tronc ainsi libéré est conquis secondairement par les échasses, mais la production considérable en axes racinaires de chaque échasse d'une part, la formation d'anastomoses entre les racines d'autre part aboutissent à une occupation rapide et complète de cet espace et s'opposent ainsi à la réalisation de nouvelles échasses.

Le pivot initial ne produit plus de racines latérales plagiotropes et les échasses n'ont plus de place pour s'épanouir : en 7 ans, l'espace-sol est totalement occupé par le peuplement arbustif. Les arbustes ne pouvant accroître leur rhizosphère sont condamnés à dépérir.

3. Conséquence de l'intense compétition qui s'établit entre les individus du peuplement, l'accrois-

sement, dès 3 ans, du nombre des arbres morts perturbant la structure globale de la parcelle et favorisant l'expansion des lianes, et l'affaissement massif du peuplement vers 7-8 ans.

4. L'absence quasi totale de régénération du *Macaranga hurifolia* sous son propre peuplement.

(2) comportements racinaires et aériens des arbustes pionniers

Nous tenterons de mieux cerner la nature de ces plantes en considérant leurs modes d'occupation de l'espace. Nous envisagerons tout d'abord les caractéristiques des systèmes racinaires.

Nous avons défini 3 types de systèmes racinaires (Kahn, 1977) (fig. 33) :

— *le système primaire* : une phase orthotrope racinaire met en place un système plagiotrope ;

— *le système mixte* : tendance à la résorption du système primaire et développement d'un système plagiotrope issu de tige ;

— *le système secondaire* : l'ensemble du système racinaire plagiotrope est issu de tige.

Les systèmes racinaires des arbustes pionniers sont, pour la plupart des espèces, du type mixte : *Macaranga hurifolia*, *M. barteri*, *Musanga cecropioides*, *Anthocleista nobilis*, *Vernonia conferta*, *Cecropia peltata*, *C. sciadophylla*, *C. purpurascens*, il semble général au genre *Cecropia*.

Ce type de système racinaire présente selon les espèces une résorption plus ou moins marquée du système primaire. Ainsi, *Cecropia peltata* diffère de *Macaranga hurifolia* par une production plus précoce de macrorhizes plagiotropes à partir de la tige (fig. 34). Par ailleurs, la production de racines échasses semble dépendre du milieu comme le remarque Jenik (1971) chez *Anthocleista nobilis* ; nous avons constaté chez *Cecropia sciadophylla* et *C. purpurascens* que les individus en peuplement, où la matière organique est très abondante, présentent de nombreuses racines échasses alors que les individus poussant sur les remblais de piste, pour une même taille, n'en produisent que très peu.

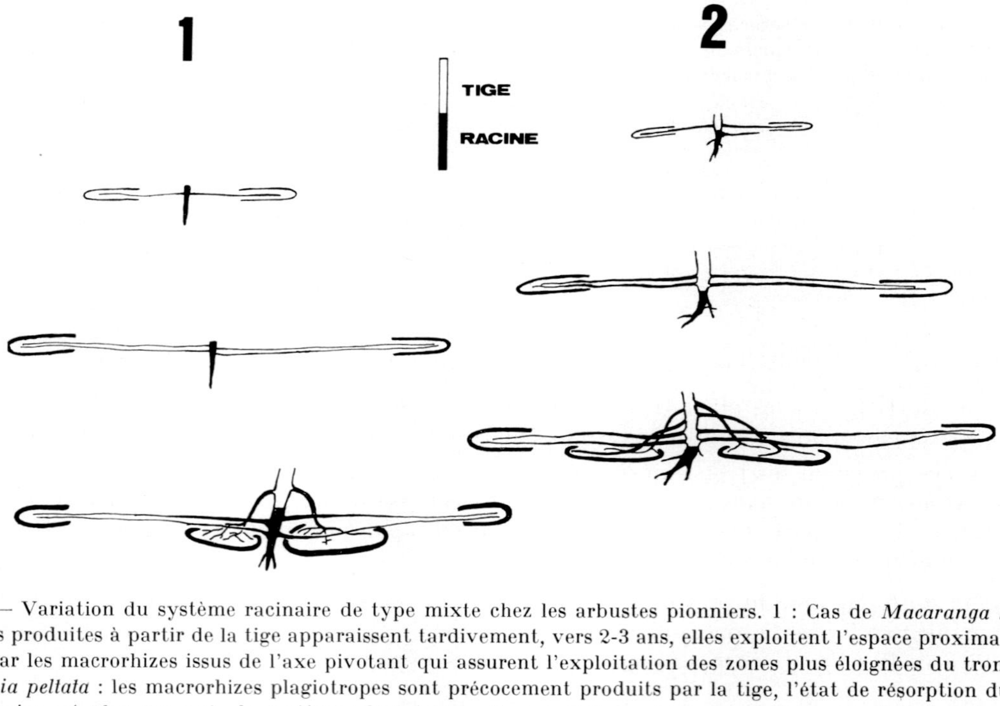

Fig. 34. — Variation du système racinaire de type mixte chez les arbustes pionniers. 1 : Cas de *Macaranga hurifolia* : les racines produites à partir de la tige apparaissent tardivement, vers 2-3 ans, elles exploitent l'espace proximal du tronc délaissé par les macrorhizes issus de l'axe pivotant qui assurent l'exploitation des zones plus éloignées du tronc. 2 ; Cas de *Cecropia peltata* : les macrorhizes plagiotropes sont précocement produits par la tige, l'état de résorption du système primaire est plus marqué ; le système plagiotrope est essentiellement composé d'axes produits par la tige.

Quelques espèces pionnières présentent un système racinaire de type primaire : *Trema guineensis*, *Harungana madagascariensis*, *Vismia spp.*

Ces deux types de systèmes racinaires, mixte et primaire, correspondent à des architectures différentes mais offrent une même dynamique d'enracinement qui aboutit à une occupation du sol superficielle, intense et rapide.

Chez ces espèces arbustives, nous distinguerons trois phases d'enracinement :

— élaboration d'une phase orthotrope racinaire qui produit rapidement des macrorhizes plagiotropes ;

— pour les espèces du type primaire : croissance importante et rapide des macrorhizes plagiotropes issus de l'axe orthotrope initial ; pour celles de type mixte : croissance des macrorhizes du système primaire ou production précoce et développement des macrorhizes issus de tige lorsque l'état de résorption du système primaire est marqué ;

— enfin, pour le type mixte, l'occupation secondaire de l'espace proximal du tronc est assurée par les échasses, et pour le type primaire, par des macrorhizes plagiotropes issus du pivot ou de la base des principaux axes latéraux.

Qu'il présente le type primaire ou le type mixte, l'arbuste pionnier actualise rapidement son potentiel racinaire. Il se caractérise par la production précoce de macrorhizes plagiotropes et par leur développement rapide assurant ainsi une exploitation immédiate du milieu.

Au niveau aérien, ces plantes ne réitèrent pas par vagues successives (notion définie par OLDEMAN, 1974a), leur développement se limite à la production des axes séquentiels du modèle de croissance (au sens de HALLÉ et OLDEMAN, 1970, dont nous reprenons les définitions ci-dessous). Chez les arbustes pionniers que nous avons considérés, 4 modèles ont été rencontrés :

— le modèle de RAUH : *Musanga cecropioides*, *Macaranga hurifolia*, *Macaranga barteri*, *Cecropia peltata*, *Cecropia sciadophylla*,. *Cecropia purpurascens*, *Cecropia concolor*. « Le tronc est un monopode dont la croissance rythmique confère aux branches une disposition verticillée ou subverticillée. Les branches sont orthotropes, donc morphologiquement identiques au tronc. Chaque branche est un monopode dont la croissance rythmique confère, aux branches latérales qu'elle porte, une disposition verticillée ou subverticillée. » (fig. 35. 1, p. 77) ;

— le modèle de LEEUWENBERG : *Anthocleista nobilis*, *Vernonia conferta*, *Solanum verbascifolium*, *Didymopanax morototoni*. « Modèle à structure articulée : chaque article donne naissance à plusieurs articles fils de même nature » (fig. 35. 2).

Ces deux modèles peuvent être schématisés comme des emboîtements d'axes de même nature, chaque nouvel axe formé répète la séquence du modèle.

De nombreuses formes forestières présentent ces deux modèles, mais chez les arbustes pionniers, le comportement de la branche séquentielle est caractéristique : elle accuse un déploiement important qui isole dans l'espace les feuillages des branches et les répartit selon une hémisphère plus ou moins aplatie (photo 1 et 2).

Les arbustes pionniers réalisent aussi des modèles moins souples lorsque les axes latéraux sont différenciés et constituent des complexes plagiotropes à symétrie dorsi-ventrale marquée :

— le modèle de ROUX : *Trema guineensis*. « Le tronc est un monopode orthotrope sur lequel les branches sont insérées de façon continue ou diffuse ; les branches sont plagiotropes ». Ce modèle est fréquent chez les plantes des endroits défrichés (HALLE *et al.*, 1978) : *Vismia angusta*, *Trema micrantha*, *Casearia spp.*, *Xylopia aethiopica*...

Chez *Trema guineensis*, les plus anciennes branches formées se dédifférencient, produisent à leur tour des touffes d'axes plagiotropes et se déploient amenant leurs feuillages à la hauteur des derniers rameaux produits par le tronc (fig. 35. 3 ; photo 3) et restituant ainsi la stratégie observée chez les espèces du modèle de RAUH ;

— le modèle de TROLL : *Vismia guineensis*. « La différenciation plagiotrope atteint tous les axes aériens » (fig. 35. 4). Notons que HALLÉ et OLDEMAN (1970) soulignent les liens existant entre le modèle de TROLL et celui de ROUX, plusieurs genres présentant les deux modèles (cas du genre *Vismia* où *Vismia angusta* est du modèle de ROUX).

Photo 1 et 2. — Respectivement : ports de *Cecropia sciadophylla* (modèle de Rauh) et de *Anthocleistha nobilis* (modèle de Leeuwenberg) qui se caractérisent par une extension verticale de l'axe séquentiel disposant les feuilles selon une coupole aplatie

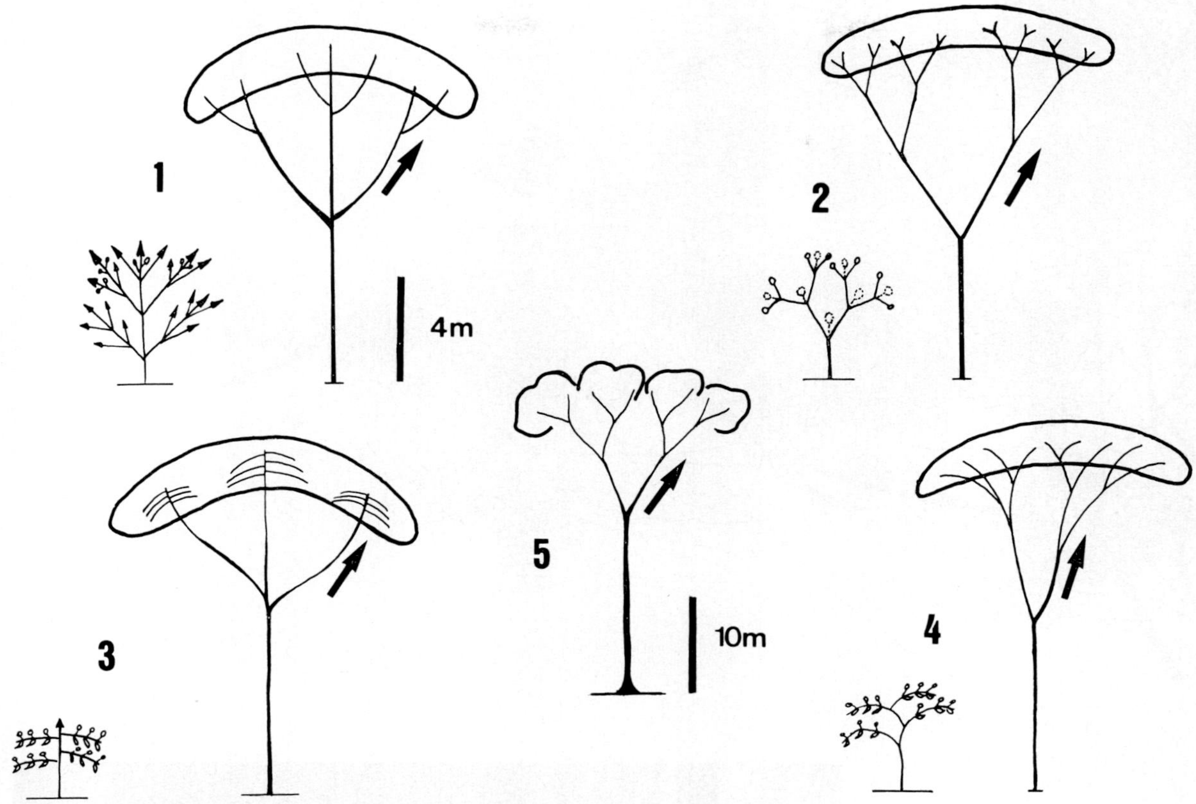

Fig. 35. — Modèle architectural et réalisation spatiale de l'arbuste pionnier. 1 : modèle de Rauh — 2 : modèle de Leeuwenberg — 3 : modèle de Roux — 4 : modèle de Troll — 5 : réalisation spatiale de l'arbre : l'édifice arborescent résulte, pour la plupart des arbres de la voûte forestière, d'une succession de vagues de réitérations (Oldeman, 1974a) qui isole, dans l'espace, le feuillage des branches principales. L'arbuste pionnier réalise la même disposition à une échelle plus réduite par le comportement de la branche séquentielle du modèle de croissance qui se déploie et répartit les feuillages selon une hémisphère plus ou moins aplatie exposant ainsi un maximum de feuilles à la lumière

Dans tous les cas, il résulte une disposition du feuillage en dôme plus ou moins plat ou en cône très évasé qui expose directement un maximum de feuilles à la lumière. Comme le soulignent Lebrun et Gilbert (1954) chez *Musanga cecropioides*, cette disposition permet à la plante de recevoir une énergie maximale, tandis qu'au fur et à mesure de la croissance, les feuilles surcimées qui reçoivent moins d'énergie mais constituent des surfaces d'évaporation sont éliminées.

Cette disposition des feuillages rappelle celle des grands arbres de la forêt (fig. 35. 5) qui, comme les arbustes pionniers, réalisent une surface maximale de réception de la lumière. Mais chez les arbustes pionniers, l'occupation de l'espace est totalement réalisée par les axes séquentiels du modèle, alors que chez la plupart des grands arbres, l'édifice arborescent résulte d'une succession de vagues de réitérations du modèle.

Les rapports entre les parties aériennes et souterraines sont remarquables : toutes les espèces pionnières du modèle de Rauh considérées présentent un système racinaire de type mixte ; certaines espèces du modèle de Leeuwenberg comme *Anthocleista nobilis* et *Vernonia conferta* sont également du type mixte ; les espèces pionnières des modèles de Roux et Troll sont du type primaire.

Photo 3. — Comportement aérien de *Trema guineensis* (modèle de Roux). Un axe latéral séquentiel se déploie et se dédifférencie amenant ses rameaux plagiotropes au niveau des derniers rameaux formés par l'axe primaire. On retrouve ainsi la disposition en coupole aplatie réalisée par les espèces pionnières des modèles de Rauh et Leeuwenberg

Photo 4. — Parcelle de 3 ans, environs de Manaus, Brésil. Accumulation au sol des grandes feuilles digitées de *Cecropia sciadophylla*

Photo 5. — Mort et élimination des feuilles surcimées chez *Cecropia sciadophylla* qui persistent un court temps accrochées au tronc

Photo 6. — L'abondance de branches mortes sur le sol de la parcelle marque la disparition des *Cecropia sciadophylla* qui dépérissent progressivement sur pied, perdant d'abord les branches des premiers verticilles formés

3. Variation du stade arbustif pionnier

Si le stade arbustif pionnier se retrouve dans toutes les successions, sa dynamique ne paraît pas toujours identique à celle décrite pour le Sud-Ouest ivoirien.

Les parcelles de Grabo et de Tai nous ont conduit à envisager l'évolution du stade arbustif sans formation de peuplement où tous les individus dépérissent simultanément et s'affaissent sur l'ensemble de la parcelle.

La figure 27 (p. 50) présente l'évolution d'un ensemble de jeunes formes arbustives et arborescentes forestières héliophiles assurant un premier couvert végétal pour l'installation des espèces sciaphiles. Les formes arbustives représentées pour la parcelle de Tai par *Anthocleista vogelii*, espèce forestière ripicole, sont progressivement surcimées et dépérissent sur une période assez longue, se cassant par fragments. Une telle évolution n'entraîne pas d'importantes perturbations de la structure de la végétation.

Un exemple amazonien (région de Manaus, Brésil) va nous permettre de suivre une évolution semblable du stade arbustif pionnier. Il s'agit de peuplements constitués principalement par *Cecropia sciadophylla* avec *C. purpurascens* moins nombreux.

Dans cette région d'Amazonie centrale, les cultures sont tôt envahies par des *Solanum spp.* (stade sous-ligneux) et par les premiers éléments arbustifs largement dominés par les *Cecropia.*

A 3 ans (fig. 36), la parcelle est constituée par un peuplement de jeunes arbustes atteignant une hauteur de 8-9 m. Les *Cecropia* forment la voûte de la végétation, la plupart des individus produisent leur premier verticille de branches. Sous eux, entre 3 et 6 m, abondent des arbustes des genres *Vismia*, *Casearia* et *Bellucia.*

Fig. 36. — Parcelle de **3 ans**, environs de Manaus, Brésil. Stade arbustif pionnier. Le peuplement arbustif est principalement composé de *Cecropia sciadophylla*

Dès qu'elles sont surcimées, les feuilles des *Cecropia* meurent rapidement et constituent une litière volumineuse (photo 4), elles persistent un court temps accrochées au tronc avant de tomber (photo 5). Ce mécanisme d'élimination précoce des surfaces foliaires surcimées se retrouve chez *Harungana madagascariensis* et *Macaranga hurifolia* qui perdent progressivement leurs branches basses au fur et à mesure que la voûte du peuplement arbustif s'élève.

La plupart des arbustes possèdent déjà plusieurs racines échasses.

Vers une quinzaine d'années, les *Cecropia sciadophylla* et *C. purpurascens* atteignent une hauteur de 14 m. Ils ont élaboré en moyenne 3 verticilles de ramifications. Les branches du premier, formées vers 4-5 m, sont cassées et gisent sur le sol de la parcelle parmi les nombreuses feuilles digitées ; les branches se brisent par morceaux n'excédant pas 1,5 m de longueur pour un diamètre de 5 à 7 cm, elles ne traumatisent pratiquement pas les végétaux sous-jacents. Les trous ainsi réalisés dans la voûte de la friche sont comblés par le développement de jeunes formes arborescentes qui disposent leur feuillage parmi ceux des parasoliers (fig. 37), mais aussi par des arbustes *(Bellucia, Vismia)* précédemment sous les parasoliers.

Fig. 37. — Parcelle de **15 ans**, environs de Manaus, Brésil. Le peuplement arbustif pionnier, dominé par *Cecropia sciadophylla,* est bien développé. Quelques jeunes arbres disposent leur feuillage parmi ceux des arbustes

Une autre parcelle montre l'accentuation du dépérissement des *Cecropia* dont la plupart des branches se sont cassées comme en témoigne l'abondance au sol (photo 6).

L'évolution de ces peuplements arbustifs se caractérise ainsi par un dépérissement progressif, la différence majeure avec les peuplements de *Macaranga hurifolia* décrits pour la Côte d'Ivoire tient en deux faits :

— les *Cecropia* se cassent par petits morceaux, d'abord les premières branches formées, puis celles des verticilles supérieurs. Ce processus intervient assez tôt et s'étend sur plusieurs années, il enrichit de façon continue la litière en matière végétale morte ;

— tous les individus ne meurent pas simultanément, la voûte est colmatée au fur et à mesure par des espèces immédiatement sous-jacentes et qui réalisent leur expansion maximale vers 20-25 ans quand le dépérissement des *Cecropia* est bien amorcé, constituant pour ainsi dire une deuxième vague arbustive ; les trouées permettent également à de jeunes arbres de traverser le couvert arbustif.

Une parcelle âgée d'environ 30 ans (fig. 38) permet d'appréhender l'évolution ultérieure. De jeunes arbres épars (des genres *Hymenea*, *Couratari*, *Tachigalia*) ont traversé et surciment une voûte continue vers 12 m, composée de *Vismia spp*, *Inga spp*, de quelques *Cecropia sciadophylla* dégénérescents et également de nombreux jeunes arbres. Plusieurs souches mortes de *Cecropia* témoignent du peuplement disparu.

L'évolution de ces parcelles correspond dans ses grandes lignes à l'esquisse proposée pour les parcelles de Tai et de Grabo du Sud-Ouest ivoirien (cf. fig. 27).

Il faut souligner ici l'emboîtement de plusieurs vagues arbustives héliophiles correspondant à des espèces différemment longévives, certaines étant sciaphiles lors de leur installation.

4. Sur l'origine des espèces arbustives pionnières

Le stade arbustif pionnier en Amazonie centrale ne présente pas une phase de dépérissement massif du peuplement arbustif ; de même les parcelles des régions de Tai et de Grabo du Sud-Ouest ivoirien, de structure remarquablement homogène, ne semblaient pas être passées par une telle phase.

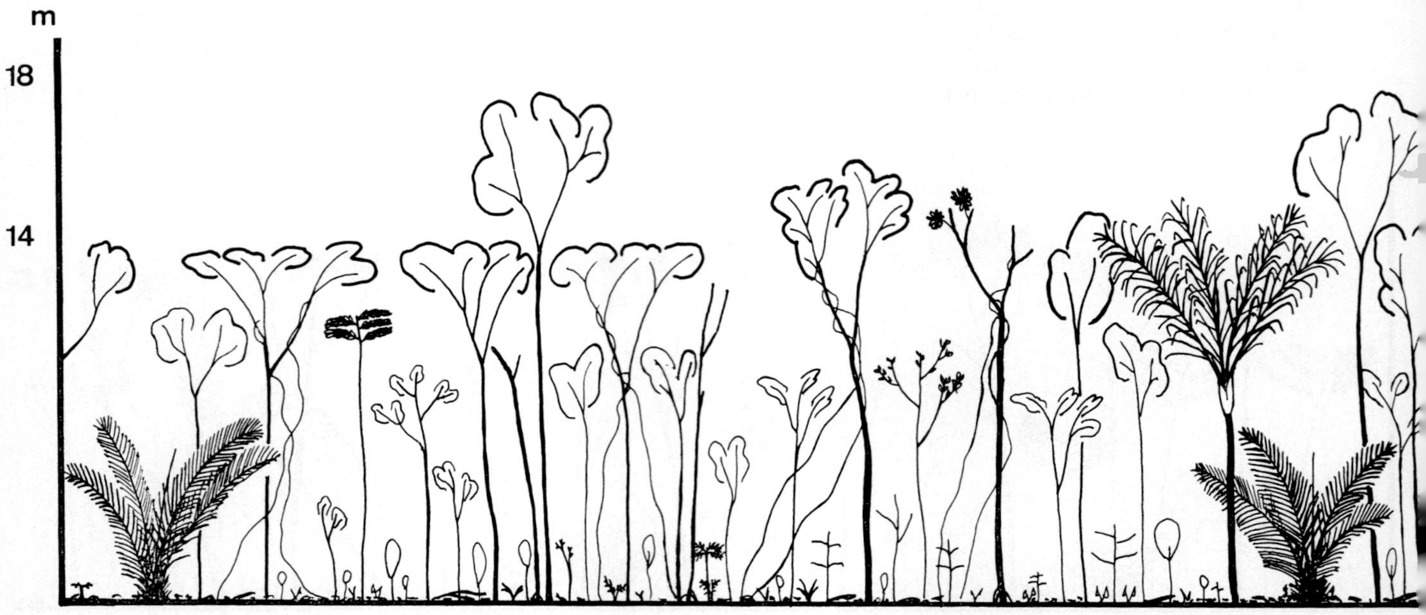

Fig. 38. — Parcelle de **30 ans**, environs de Manaus, Brésil. Installation du stade pré-climacique
Les *Cecropia* spp. ont dépéri sur pied et ont progressivement été remplacés dans la voûte de la végétation par de jeunes arbres et des arbustes de plus grande longévité qui maintiennent un couvert végétal continu déjà surcimé par quelques jeunes arbres. Le passage du stade arbustif pionnier au stade pré-climacique s'effectue progressivement sans les bouleversements structuraux décrits pour la reconstitution de la forêt ivoirienne

Deux faits sont communs à ces parcelles africaines et américaines :

— elles se situent dans des secteurs où la pression humaine est faible, les cultures peu nombreuses sont noyées dans le massif forestier ;

— les espèces arbustives qui les envahissent se rencontrent en forêt primaire dans les trouées naturelles, il s'agit d'espèces nomades au sens de Van Steenis (1958) ou d'espèces ripicoles.

Contrairement, dans les milieux plus fortement humanisés du Sud-Ouest ivoirien (région de Soubré), les espèces constituant des peuplements denses à dégénérescence massive comme *Macaranga hurifolia, Harungana madagascariensis, Trema guineensis* ne se rencontrent jamais dans les clairières naturelles de la forêt primaire (sauf lorsqu'il s'agit d'îlots forestiers entourés de cultures).

Ces espèces spécifiquement adaptées aux milieux humanisés semblent bien être issues de taxons forestiers.

Aubréville (1947) confère à certaines une origine ripicole. Pour la majorité, elles trouvent leur origine dans les groupes « nomades » forestiers que les caractéristiques biologiques de fructification, dissémination, germination, croissance et développement prédisposent à l'occupation des zones défrichées.

Le genre *Macaranga* présente en Malaisie des espèces qui, des ouvertures naturelles de la forêt, ont envahi les milieux humanisés (Whitmore, 1969, Whitmore et Airy Shaw, 1971), ce genre a considérablement étendu sa répartition en fonction des impacts humains sur le milieu forestier.

En Amazonie centrale, le genre *Cecropia* comprend, selon Berg (1978) des espèces qui ne se rencontrent principalement que dans les trouées forestières naturelles (*C. distachya* qui peut atteindre 25-30 m de haut), des espèces qui conquièrent les bords de pistes et les champs abandonnés (*C. sciadophylla, C. purpurascens*) et des espèces que l'on trouve surtout dans des zones très cultivées (*C. palmata, C. concolor*).

Les espèces arbustives pionnières sortiraient de leur forêt d'origine, où elles jouent un rôle de pionnier dans la cicatrisation des trouées naturelles, pour envahir les espaces défrichés, s'y spécialisant et pouvant donner naissance à de nouveaux taxons.

Le stade pré-climacique

1. Les arbres pionniers

Les espèces rencontrées dans le Sud-Ouest ivoirien se retrouvent pour l'Afrique de l'Ouest comme en témoignent de nombreux travaux (Aubréville, 1947 ; Richards, 1952 et 1955 ; Lebrun et Gilbert, 1954 ; Ross, 1954 ; Gérard, 1960 ; Schnell, 1976 et Nicolas, 1977).

Dans leur étude phyto-sociologique, Lebrun et Gilbert dégagent pour les forêts secondaires du Congo un ordre — *Fagaro-Terminalietalia* (à partir de *Fagara spp* et de *Terminalia superba*) — où ils distinguent deux alliances :

— *Pycnantho-Fagarion* (*Pycnanthus angolensis* et *Fagara macrophylla*) pour le secteur ombrophile sempervirent ;

— *Triplochito-Terminalion* (*Triplochiton scleroxylon* et *Terminalia superba*) pour le secteur semi-caducifolié.

Nous avons vu que, pour le Sud-Ouest ivoirien, secteur ombrophile sempervirent, les parcelles étaient caractérisées par *Fagara macrophylla*, *Terminalia superba*, *Terminalia ivorensis* et plus rarement *Triplochiton scleroxylon.*

Comme le remarque Budowski (1970), « the largest part of the dominant trees of the old secondary communities is typically deciduous, even in area of high rainfall », il est indéniable que la plupart des espèces de la forêt pré-climacique sont des espèces de forêt semi-caducifoliée. Outre les essences citées ci-dessus, c'est le cas de *Albizia zygia*, *A. adianthifolia*, *Sterculia tragacantha*, *Chlorophora excelsa*... pour l'Afrique de l'Ouest, et de *Swietenia macrophylla*, *Cavanillesia palatanifolia*, *Ochroma lagopus*... pour l'Amérique du Sud où Schulz (1960) souligne que les forêts secondaires constituent le milieu naturel de *Goupia glabra.*

Les travaux sur les espèces caractéristiques des forêts pré-climaciques sud-américaines sont plus rares. Peut-être est-ce dû à ce que les forêts pré-climaciques africaines renferment de nombreuses essences utiles qui, très tôt, ont attiré les forestiers, ce qui amena Aubréville (1947) à écrire : « Au point de vue de la valeur de la forêt, faut-il se plaindre de ces modifications dues à l'homme qui sont intervenues depuis longtemps dans la composition de la forêt. Certainement non, puisque, en fait, ce sont des espèces de lumière qui sont aujourd'hui souvent les plus recherchées... ; alors que nous ne savons comment employer ces innombrables bois très durs que fournissent les indiscutables forêts primaires. N'en proclamons pas que, puisque les défrichements entraînent de si heureux effets : « vive la hâche du défricheur ». »

Nous avons considéré ces espèces comme des arbres pionniers car elles sont héliophiles et se caractérisent par une croissance rapide et une très faible régénération. Elles peuvent germer à l'ombre mais les plantules et jeunes plantes ne supportent que peu de temps de telles conditions et dépérissent rapidement (Baur, 1968 ; UNESCO, 1979).

Ces espèces qui s'installent parmi les arbustes pionniers et constituent les arbres de la forêt pré-climacique, présentent différentes longévités et réalisent des arbres dont la durée de vie s'étend de 60 à plus de 100 ans, certaines se retrouvant parmi les arbres du climax.

Comme le souligne Schnell (1976), la plupart d'entre elles sont anémochores. L'abondance d'espèces anémochores dans la forêt africaine témoigne de l'importance de l'activité humaine (Letouzey, 1968) (13), contrairement, l'anémochorie est peu fréquente en forêt sud-américaine où l'homme est peu intervenu.

(13) Soulignons que Huttel (1977) interprète, pour la zone de Tai, les arbres anémochores héliophiles comme

Il semble qu'il n'y ait pas, en Amazonie centrale, de grands arbres pionniers comme les fraké, framiré, samba qui, en Afrique de l'Ouest, reconstituent l'architecture forestière en 30 à 40 ans : le stade pré-climacique paraît bien être constitué par les espèces arborescentes du climax, la forêt pré-climacique n'en diffère alors que par son dynamisme, tant qu'elle n'a pas acquis le mécanisme de régénération par chablis.

2. La forêt secondaire agée

Richards (1952) constate la quasi-impossibilité de distinguer une vieille forêt secondaire de la forêt climacique.

Sur le plan dynamique, nous avons situé la « fin » des processus de reconstitution par l'acquisition du mécanisme de régénération par chablis qui met en place les essences forestières et les régénère. Selon leur longévité, les essences pré-climaciques persistent plus ou moins tardivement, mais ne pouvant régénérer sous elles-mêmes, elles ne modifient pas la composition floristique du climax.

Sur le plan structural, la comparaison est délicate, elle dépend du degré de développement des édifices arborescents et, pour les très vieilles parcelles, de l'acquisition plus ou moins marquée du dynamisme de régénération par chablis.

Pour différencier la forêt secondaire âgée de la forêt climacique, Budowski (1970) retient trois critères majeurs pour l'Amérique centrale :

— une haute concentration en espèces semi-caducifoliées dans le domaine sempervirent ;

— l'abondance de lianes de faibles diamètres.

Ces deux critères sont également les plus caractéristiques des forêts secondaires âgées de l'Afrique de l'Ouest ;

— la pauvreté relative en épiphytes des forêts secondaires âgées. Ceci dépend, dans une certaine mesure, de l'âge des arbres, les très grands édifices arborescents de la forêt sont généralement couverts d'abondants épiphytes : pour une même fréquence d'installation de la forme épiphyte, un arbre très âgé sera plus recouvert.

L'auteur complète ces trois critères par une série de données dont la plupart sont des caractéristiques des arbres pionniers : faible taille des fruits et des graines, dissémination par le vent, absence de régénération des arbres dominants, distribution naturelle en zone plus sèche.

Pour l'Afrique de l'Ouest, la nature floristique des ensembles arborescents dominants avec certains marqueurs comme les palmiers à huile sont les critères les plus significatifs pour caractériser les végétations secondaires âgées du domaine forestier sempervirent ; la présence de fraké, samba, framiré, fromager... témoigne d'une ancienne intervention de l'homme dans le Sud-Ouest ivoirien.

Un autre aspect a été peu abordé : comment caractériser l'âge des formations secondaires? Pour le stade arbustif pionnier, connaissant l'espèce dominante et l'état structural de la parcelle, il est possible d'avoir une bonne approximation de l'âge. Pour les forêts secondaires âgées, c'est plus difficile, seule une enquête auprès des cultivateurs permet de connaître la date du défrichement de la forêt. La mesure du diamètre des plus grands arbres donne un ordre de grandeur, si l'on en connaît la vitesse de croissance moyenne. D'après Briane (1975), il semblerait qu'à chaque âge corresponde une classe de diamètres caractéristique dans des parcelles d'Amazonie colombienne, l'échantillonnage en ce sens devant cependant être poursuivi.

« reliques d'une forêt mise en place lors de périodes plus sèches ». Si l'homme n'est pas à l'origine de la présence de ces espèces dans le domaine sempervirent, il a permis leur maintien par ses interventions sur un milieu forestier naturellement peu favorable à leur régénération et entraîné leur abondance actuelle.

En conclusion

Les processus de reconstitution sont communs dans leurs grandes lignes à toutes les régions tropicales humides. On y retrouve la succession : stade herbacé, stade sous-ligneux, variables selon les modes culturaux, stade arbustif pionnier et stade pré-climacique.

Le stade arbustif pionnier varie en fonction de la nature des arbustes :

— ainsi, dans les régions où la pression humaine sur le milieu forestier reste faible, ce stade est assuré par les arbustes forestiers pionniers « nomades » qui colonisent les trouées naturelles de la forêt. Ces arbustes présentent des durées de vie variables et certains peuvent constituer des peuplements à tendance quasi-monospécifique. Leur dépérissement est progressif, les arbustes meurent sur pied et se brisent par morceaux altérant peu les végétaux sous-jacents. Ils sont remplacés au fur et à mesure par des espèces arbustives de longévité supérieure présentant souvent une phase sciaphile initiale. La structure globale de ces peuplements reste homogène ;

— dans les zones où la pression humaine est intense et ancienne, certaines espèces arbustives se sont inféodées aux milieux anthropisés et ne se rencontrent pas dans les forêts environnantes. Ces espèces qui ont acquis le statut de rudérales, constituent des peuplements denses, de 1 ou 2 espèces dominantes, dont la durée de vie n'excède pas 10 ans. Le dépérissement de tels peuplements est rapide et massif, il affecte l'ensemble de la parcelle entraînant le développement des formes lianescentes. La structure de ces parcelles est extrêmement perturbée.

Le stade pré-climacique varie également en fonction de la nature de ses constituants :

— en Afrique de l'Ouest, le stade pré-climacique est réalisé par des arbres à croissance rapide qui reconstituent une charpente forestière en 30 à 40 ans. Ces espèces sont originaires des forêts semi-décidues, elles prospèrent dans le domaine sempervirent à la faveur des interventions humaines ;

— en Amazonie centrale, les jeunes arbres héliophiles émergent des niveaux arbustifs vers 30 ans. Il s'agit d'espèces climaciques qui constituent les arbres dominants de la forêt. Leur développement est lent comparé à celui des arbres pré-climaciques africains.

Nous assistons, en Amazonie centrale, à une reconstitution où la structure des peuplements arbustifs est toujours homogène, la substitution avec le stade pré-climacique s'effectuant sans perturbation structurale importante, un individu de durée de vie courte étant remplacé par un individu de longévité plus grande.

Bien que moins chaotique, la reconstitution du peuplement arborescent semble nécessiter plus de temps que pour la forêt ivoirienne où l'évolution des peuplements arbustifs aboutit à des imbroglios structuraux qui peuvent bloquer toute évolution mais qui favorisent cependant l'installation des essences sciaphiles, et surtout, où les arbres pré-climaciques se développent rapidement.

En Afrique de l'Ouest, l'intervention de l'homme continue et intense sur le milieu forestier a entraîné la spécialisation des espèces arbustives et arborescentes pionnières qui, en un demi-siècle, restituent la forêt dans son architecture et sa dynamique.

En Amazonie centrale, où la pression humaine reste encore faible, le stade arbustif pionnier est assuré par des espèces qui se rencontrent dans les trouées naturelles de la forêt et le stade pré-climacique, par des espèces du climax. Nous voyons cependant déjà s'inféoder aux milieux humanisés plusieurs espèces de *Cecropia* et de *Vismia* et, comme le souligne BUDOWSKI (1970) pour l'Amérique centrale, des essences de forêt semi-décidue pénètrent le milieu sempervirent pour y constituer le stade pré-climacique.

CONCLUSION

Selon les estimations de la SODEFOR, 450 à 500 000 hectares de forêt disparaissent chaque année de Côte d'Ivoire dont la majeure partie est défrichée par les cultivateurs.

Le cadre traditionnel, qu'il s'agisse des ethnies du Sud-Ouest ivoirien ou des Amérindiens d'Amazonie, permet la reconstitution des potentialités écologiques initiales.

Les normes traditionnelles sont bouleversées par une pression humaine croissante sur le milieu qui ne laisse pas le temps à la végétation de se reconstituer. La régression de la forêt est chaque année plus importante. SPEARS (1979), comme tant d'autres, s'interroge sur la survie de cet ensemble végétal. N'oublions pas que si le rythme de la déforestation n'est pas réduit en Côte d'Ivoire, il n'y aura plus de forêt en 1985 ! (sources SODEFOR)

La destruction intensive et irréversible de la forêt a pour première conséquence la disparition d'un milieu méconnu pour ne pas dire inconnu mais dont on peut aisément entrevoir les richesses volatilisées : ce milieu renferme de nombreuses espèces utiles connues ou à découvrir qui sont sources d'aliments, de matériaux, de divers produits comme essences, résines, gommes, principes pharmaceutiques actifs, etc., la destruction de la forêt entraîne d'une part la raréfaction de ces essences et réduit d'autre part le capital génétique utilisable en amélioration des plantes sauvages ou des plantes cultivées. GOMEZ-POMPA *et al.* (1972) lancent un cri d'alarme devant la régression de ce considérable ensemble génétique dont les potentialités ne seront jamais utilisées.

CATINOT (1978) avertit des dangers de la déforestation incontrôlée. Les conséquences, bien que fort mal connues, apparaissent déjà catastrophiques. Si, au niveau climatique, la relation déforestation et désertification est controversée, il est net qu'au niveau faunistique les ouvertures forestières favorisent la propagation des parasites des cultures, mais aussi des vecteurs de maladies comme la fièvre jaune, le paludisme, la leishmaniose..., et présente un réel danger pour les populations locales.

Ainsi les bénéfices tirés d'une exploitation irraisonnée de la forêt sont considérablement dévalués par l'appauvrissement du milieu, les potentialités initiales ne pouvant être intégralement reconduites, et par une série de conséquences nuisibles qu'il faut endiguer et qui, au bilan, coûtent très chers. L'exploitation forestière telle qu'elle est le plus souvent pratiquée est plus proche du pillage que de la gestion raisonnée, elle aboutit, trop souvent, à un appauvrissement de la région concernée.

Un aménagement des stades de reconstitution de la forêt présente le double avantage de régénérer les potentialités écologiques du milieu tout en enrichissant son potentiel économique. De nombreuses essences utiles y trouvent leurs conditions naturelles de germination, croissance et développement. Une intervention limitée de l'homme peut assurer le devenir de ces arbres, augmenter leur densité, conditionner l'évolution de la végétation.

L'utilisation des stades de reconstitution doit s'inclure dans un aménagement régional du milieu forestier aboutissant à un système en damier composé de zones forestières protégées, d'autres exploitées, de zones cultivées, aménagées en vergers plurispécifiques..., et de vastes zones vouées à la reconstitution de l'écosystème forestier qui pourront être enrichies en essences utiles.

Comme nous l'avons écrit avec GUILLAUMET (inéd.) pour un aménagement global du milieu forestier tropical humide, « c'est en terme d'écodéveloppement (14), qu'il faut réfléchir, un effort d'imagination doit être fait pour se sortir de nos structures techniques ainsi que de nos systèmes de planification et de société qui s'avèrent totalement inadaptés au milieu forestier tropical humide ».

C'est dans cette optique que nous avons étudié la reconstitution de la forêt après culture traditionnelle en nous efforçant de cerner l'évolution globale du milieu et de définir les comportements des espèces utiles.

Seule la connaissance préalable du tempérament de ces essences, des caractéristiques de chaque stade et de leur évolution au cours des processus de reconstitution de la forêt permettra d'entreprendre des aménagements sylvicoles avec toute chance de succès.

---

(14) « Forme de croissance planifiée qui fait appel aux ressources localement disponibles et qui tient compte des contraintes de l'environnement. Cette forme de croissance cherche à maximiser les aptitudes locales de la biosphère. » SCOPE RAPPORT (1977).

Bibliographie

Alexandre (D. Y.), 1978. — Observations sur l'écologie de *Trema guineensis* en Basse Côte d'Ivoire. *In* : Observations sur les premiers stades de reconstitution de la forêt (Sud-Ouest de la Côte d'Ivoire). *Cah. O.R.S.T.O.M., sér. Biol,*. Vol. XIII, (3) : 261-266.

Alexandre (D. Y.), Guillaumet (J.-L.), Kahn (F.), Namur (C. de), 1978. — Caractéristiques des premiers stades de reconstitution. In : Observations sur les premiers stades de reconstitution de la forêt (Sud-Ouest de la Côte d'Ivoire). *Cah. O.R.S.T.O.M., sér. Biol.*, Vol. XIII, (3) : 267-270.

Aubréville (A.), 1938. — La forêt coloniale : les forêts de l'Afrique occidentale française. *Ann. Acad. Sci. colon.*, t. 9 : 1-245.

Aubréville, 1947. — Les brousses secondaires en Afrique équatoriale. *Bois et Forêts des Tropiques*, n° 2 : 24-49.

Aubréville, 1959. — La flore forestière de Côte d'Ivoire. CTFT, Nogent-sur-Marne, 3 Vol. : 372 p., 342 p. 334 p.

Baur (G. N.), 1968. — The ecological basis of the rain forest management. Forestry commission of New South Wales, Australia, 1961-62. Rome FAO. André Meyer Fellowship Programm Report, 499 p.

Berg (C. C.), 1978. — Especies de *Cecropia* da Amazônia brasileira. *Acta amazonica*, 8, (2) : 149-182.

Boerboom (J. H. O.), 1974. — Succession studies in the humid tropical lowlands of Surinam. Proc. First. Intern. Congress of Ecology, The Hague : 349-357.

Briane (J.-P.), 1975. — La distribution de la circonférence des troncs comme indice de l'évolution de la forêt secondaire. In : Culture sur brûlis et évolution du milieu forestier en Amazonie du Nord-Ouest. *Bull. Soc. Suisse, Ethnol.*, Coll. Inst. Ethnol., Neuchâtel, 6-8 nov. 1975 : 45-52.

Budowski (G.), 1963. — Forest succession in tropical lowlands. *Turrialba*, 13, (1) : 42-44.

Budowski (G.), 1965. — Distribution of tropical american rain forest species in the light of successional processes. *Turrialba*, 15 : 40-42.

Budowski (G.), 1970. — The distinction between old secondary and climax species in tropical central american forest. *Trop. Ecol.*, 11 : 44-48.

Carrero (O.), 1979. — Comportements naturels de trois essences commercialisées dans les stades de reconstitution de la forêt (Sud-Ouest de la Côte d'Ivoire) : *Ceiba pentandra* (L.) Gaernt., *Piptadeniastrum africanum* Brenan, *Termanalia superba* Engl. & Diels. *Multigr.* O.R.S.T.O.M. Abidjan, 27 p., 11 fig., 25 graph., 6 ph.

Catinot (R.), 1978. — L'utilisation intégrale des forêts tropicales est-elle possible ? *Bois et Forêts des Tropiques*, n° 189: 3-14.

Coombe (D. E.), 1960. — An analysis of the growth of *Trema guineensis*. *J. Ecol.*, 48 : 219-231.

Coombe (D. E.) et Hadfield (W.), 1962. — An analysis of the growth of *Musanga cecropioides*. *J. Ecol.*, 50 : 221-234.

Cousens (J. E.), 1965. — Some reflexions on the nature of malayan lowland forest. *Malay. For.*, Vol. 28, (2) : 122-128.

Dosso (H.), Guillaumet (J.-L.), 1977. — Projet Tai, motivations, finalités, méthodologie. Trans. of the inter. MAB/IUFRO workshop tropical rain forest ecosystems. Hamburg, Reinbeck, 12-17 may 1977. Final report ed. by E. F. Brunig, Hamburg, Reinbeck : 93-103.

Gérard (Ph.), 1960. — Étude écologique de la forêt dense à *Gilbertiodendron dewevrei* dans la région de l'Uele. Publ. INEAC, n° 97, 159 p.

Gomez-Pompa (A.), Yanes-Vasquez (C.), 1974. — Studies on the secondary succession of tropical lowlands : the life cycle of secondary species. Proc. Intern. Congr. Ecology, La Haye : 336-342.

Gomez-Pompa (A.), Yanes-Vasquez (C.), Guevara (S.), 1972. — The tropical rain forest : A nonrenewable resource. *Science*, 177 : 762-765.

Greig-Smith (P.), 1952. — Ecological observations on degraded and secondary forest in Trinidad, British West Indies, I et II. *J. Ecol.*, 40 : 283-330.

GUILLAUMET (J.-L.), 1967. — Recherches sur la végétation et la flore de la région du Bas-Cavally (Côte d'Ivoire). *Mém. O.R.S.T.O.M.*, n° 20, Paris, 247 p.

GUILLAUMET (J.-L.), 1976. — Le Projet de la forêt de Tai. 2. Programmes de recherches, progrès et perspectives. *Nature et Ressources*, 12, (2) : 3-5.

GUILLAUMET (J.-L.), 1978. — Observations sur les premiers stades de reconstitution de la forêt (Sud-Ouest de la Côte d'Ivoire). I. Présentation. *Cah. O.R.S.T.O.M., sér. Biol.*, Vol. XIII, (3) : 189-190.

GUILLAUMET (J.-L.), ADJANOHOUN (E.), 1971. — La végétation de la Côte d'Ivoire. *In* : Le milieu naturel de la Côte d'Ivoire, pp. 157-263, *Mém. O.R.S.T.O.M.*, n° 50, Paris.

GUILLAUMET (J.-L.), KAHN (F.), 1978. — Les diagnoses de la végétation. *In* : Recherche d'un langage transdisciplinaire pour l'étude du milieu naturel (Tropiques humides). O.R.S.T.O.M., *Travaux et Documents*, n° 91, Paris, pp. 43-53.

GUILLAUMET (J.-L.), KAHN (F.), 1979. — Description des végétations forestières tropicales. Approche morphologique et structurale. *Candollea*, 34, (1) : 109-131.

HALLE (F.), OLDEMAN (R. A. A.), 1970. — Essai sur l'architecture et la dynamique de croissance des arbres tropicaux. Masson, Paris, 178 p.

HALLE (F.), OLDEMAN (R. A. A.), TOMLINSON (P. B.), 1978. — Tropical trees and forest. An architectural analysis. Springer Verlag, Berlin, Heidelberg, New-York, 441 p.

HLADIK (A.), 1970. — Contribution à l'étude biologique d'une Araliaceae d'Amérique tropicale, *Didymopanax morototoni*. *Adansonia*, sér. 2, 10, (3) : 383-407.

HUTTEL (C.), 1977. — Étude de quelques caractéristiques structurales de la végétation du bassin versant de l'Audrenisrou (Côte d'Ivoire). *Multigr.* O.R.S.T.O.M. Abidjan, 24 p.

JENIK (J.), 1971. — Root system of tropical trees 7. The facultative peg roots of *Anthocleista nobilis* G. Don. *Preslia*, 43 : 97-104.

KAHN (F.), 1977. — Analyse structurale des systèmes racinaires des plantes ligneuses de la forêt tropicale dense humide. *Candollea*, 32, (2) : 321-358.

KAHN (F.), 1978a. — Étude dynamique des végétations forestières tropicales. Application aux friches du Sud-Ouest ivoirien. *In* : Recherche d'un langage transdisciplinaire pour l'étude du milieu naturel (Tropiques humides). O.R.S.T.O.M., *Travaux et Documents*, n° 91, Paris, pp. 117-126.

KAHN (F.), 1978b. — Évolution structurale du peuplement de *Macaranga hurifolia*. *In* : Observations sur les premiers stades de reconstitution de la forêt (Sud-Ouest de la Côte d'Ivoire). *Cah. O.R.S.T.O.M., sér. Biol.*, Vol. XIII, (3) : 223-238.

KAHN (F.), 1978c. — Occupation spatiale du sol par les peuplements de *Macaranga hurifolia*. *In* : Observations sur les premiers stades de reconstitution de la forêt (Sud-Ouest de la Côte d'Ivoire). *Cah. O.R.S.T.O.M., sér. Biol.*, Vol. XIII, (3) : 239-254.

KAHN (F.), NAMUR (C. de), 1978. — Le stade à *Macaranga hurifolia* : installation, développement et disparition. *In* : Observations sur les premiers stades de reconstitution de la forêt (Sud-Ouest de la Côte d'Ivoire). *Cah. O.R.S.T.O.M., sér. Biol.*, Vol. XIII, (3) : 255-260.

KENOYER (C.A.), 1929. — General and successional ecology of the lower tropical rain forest at Barro Colorado Islands, Panama. *Ecology*, 10, (2) : 201-222.

KOCHUMMEN (K. M.), 1966. — Natural plant succession after farming in Sungei Keoh. *Malay. For.*, Vol. 29 ; n° 3 : 170-281 (citée *in* WHITMORE, 1975).

LAMB (A. F. M.), NTIMA (O. O.), 1971. — *Terminalia ivorensis*. Fast growing timber trees of the lowland tropics. N° 5. Commonwealth forestry Institut. Univ. of Oxford. 72 p.

LEBRUN (J.), GILBERT (G.), 1954. — Une classification écologique des forêts du Congo. Publ. INEAC, n° 63, 89 p.

LEROY-DEVAL (J.), 1967. — Vie et mort des parasoliers *(Musanga cecropioides)*. *Bois et Forêts des Tropiques*, 112 : 265-274.

LESCURE (J.-P.), 1978. — An architectural study of vegetation's regeneration in french Guyana. *Vegetatio*, Vol. 37, n° 1 : 53-60.

LETOUZEY (R.), 1968. — Étude phytogéographique du Cameroun. Lechevalier, Paris, 508 p.

LOROUGNON (J.-G.), 1976. — Le Projet de la forêt de Tai en Côte d'Ivoire. 1. Recherche et développement écologiques. *Nature et Ressources*, 12, (2) : 2-3.

MANGENOT (G.), 1955. — Étude sur les forêts des plaines et plateaux de la Côte d'Ivoire. *Étude éburnéennes*, IFAN, t. 4 : 5-61.

MOREAU (R.), NAMUR (C. de), 1978. — Le système cultural des Oubis de la région de Tai. *In* : Observations sur les premiers stades de reconstitution de la forêt (Sud-Ouest de la Côte d'Ivoire). *Cah. O.R.S.T.O.M., sér. Biol.*, Vol. XIII, (3) : 191-196.

NAMUR (C. de), 1978a. — Étude floristique. *In* : Observations sur les premiers stades de reconstitution de la forêt (Sud-Ouest de la Côte d'Ivoire). *Cah. O.R.S.T.O.M., sér. Biol.*, Vol. XIII, (3) : 203-210.

NAMUR (C. de), 1978b. — Quelques caractéristiques du développement d'un peuplement ligneux au cours d'une succession secondaire. *In* : Observations sur les premiers stades de reconstitution de la forêt (Sud-Ouest de la Côte d'Ivoire). *Cah. O.R.S.T.O.M., sér. Biol.*, Vol. XIII, (3) : 211-233.

NAMUR (C. de), GUILLAUMET (J.-L.), 1978. — Les grands traits de la reconstitution dans le Sud-Ouest ivoirien. *In* : Observations sur les premiers stades de reconstitution de la forêt (Sud-Ouest de la Côte d'Ivoire). *Cah. O.R.S.T.O.M., sér. Biol.*, Vol. XIII, (3) : 197-202.

NICOLAS (P.), 1977. — Contribution à l'étude phytogéographique de la forêt du Gabon. Thèse 3e cycle, *multigr.* Univ. Paris I.

OLAWOYE (O. O.), 1975. — The agri-cultural system in Nigeria. *Commonw. For. Rev.* (London), Vol. 54 (3-4), nos 161-162 : 229-236.

OLDEMAN (R. A. A.), 1974a. — L'architecture de la forêt guyanaise. *Mém. O.R.S.T.O.M.*, no 73, Paris, 204 p.

OLDEMAN (R.A.A.), 1974b. — Écotopes des arbres et gradients écologiques verticaux en forêt guyanaise. *La Terre et la Vie*, 28 : 487-520.

PORTERES (R.), 1959. — Une plante pionnière américaine dans l'Ouest africain (*Solanum verbascifolium* L.). *Journ. Agr. trop. Bot. appl.*, 6 (11) : 598-600.

RICHARDS (P. W.), 1952. — The tropical rain forest. An ecological study. Univ. Press Cambridge, 450 p.

RICHARDS (P. W.), 1955. — The secondary succession in the tropical rain forest. *Science Progress*, 43, (169) : 45-57.

ROSS (R.), 1954. — Ecological studies on the rain forest of southern Nigeria. III. Secondary succession in the Sasha reserve forest. *J. Ecol.*, Vol. 42, (2) : 259-282.

ROUW (A. de), 1979. — La culture traditionnelle dans le Sud-Ouest de la Côte d'Ivoire (région de Tai) : le système oubi confronté aux pratiques des baoulés immigrés. *Multigr.* O.R.S.T.O.M. Abidjan, 41 p.

SANTOS (A. CASTRO), 1980. — Tentative de classification des arbres selon leur capacité de réitération. *Biotropica*, 12, (3) : 187-194.

SASTRE (C.), 1975. — La végétation du haut et moyen Igara Parana et les modifications apportées par les cultures sur brûlis. *In* : Culture sur brûlis et évolution du milieu forestier en Amazonie du Nord-Ouest. *Bull. Soc. Suisse Ethnol.*, Coll. Inst. Ethn., Neuchâtel, 6-8 novembre 1975 : 31-44.

SCHNELL (R.), 1971. — Introduction à la phytogéographie des pays tropicaux. Les milieux, les groupements végétaux. Vol. 2, Gauthier-Villars, Paris.

SCHNELL, 1976. — Introduction à la phytogéographie des pays tropicaux. La flore et la végétation de l'Afrique tropicale. Vol. 3, 1re partie. Gauthier-Villars, Paris.

SCHULZ (J.-P.), 1960. — Ecological studies on rain forest in northern Suriname. North Holland publishing Company. amsterdam, 267 p.

SCOPE RAPPORT, no 5, 1977. — Évaluation des impacts sur l'environnement. Principes et méthodes. ICSU-SCOPE, 102 p.

SOMMER (A.), 1976. — Aménagement et mise en valeur de la forêt tropicale humide. *Unasylva*, nos 112-113 : 5-25.

SPEARS (J. S.), 1979. — Can the wet tropical forest survive? *Commonw. For. Rev.*, 58, (3).

SYMINGTON (C. F.), 1933. — The study of the secondary growth of rain forests sites. *Malay. For.*, 2 : 107-117.

TAYLOR (C. J.), 1960. — Synecology and silviculture in Ghana. Th. Nelson and Sons, Edinbourg et Londres, 418 p.

U.N.E.S.C.O., 1979. — Ecosystèmes forestiers tropicaux. UNESCO, 740 p.

VAN DOORN (J.), 1973. — Étude de la structure et de la floristique des stades de succession secondaire après défrichement de la forêt sur sables tertiaires (région d'Adiopodoumé). *Multigr.* O.R.S.T.O.M. Abidjan, 52 p.

VAN STEENIS (C. G. G. J.), 1958. — Rejunevation as a factor for judjing the status of vegetation types : the biological nomad theory. UNESCO, *Proc. Symp. Hum. Trop. Res.*, Kandy : 212-215.

VOOREN (A. P.), 1979. — Essai sur la voûte forestière et sa régénération. Analyse structurale et numérique d'une toposéquence en forêt de Tai, Côte d'Ivoire. *Multigr.* O.R.S.T.O.M. Abidjan, 93 p.

WHITMORE (T. C.), 1967. — Studies in *Macaranga* I. An easy genus of malayan wayside trees. *Malay. Nat. J.*, 20 : 89-99.

WHITMORE (T. C.), 1969. — Studies in *Macaranga* III. First thoughts on species evolution in malayan *Macaranga*. *Biol. J. Linn. Soc.*, 1 : 223-231.

WHITMORE (T. C.), 1975. — Tropical rain forest of the far east. Clarendon Press, Oxford, 278 p.

WHITMORE (T. C.), 1978. — Gaps in the canopy. *In :* Tropical trees as living Systems, ed. by TOMLINSON and ZIMMERMAN, Cambridge Univ. Press : 639-655.

WHITMORE (T. C.), AIRY SHAW (H. K.), 1971. — Studies in *Macaranga* IV. New and notable records for Malaya. *Kew Bull.*, 25 : 237-242.

ANNEXES

ANNEXE I

Parcelle de 3 ans (GRABO)

Hoplexol 1 : 0/0,03 m.

Nécrophytion (foliacé et ligneux) — Stylagé, à phases phorophytique, néophytique, néokortodée.

Cléisto-stomaphique.

Phase néophytique : *Cissus polyantha, Bridelia micrantha, Adenia lobata.*
Phase phorophytique : *Geophila afzelii.*
Phase néokortodée : *Pteris atrovirens, Piper umbellatum, Costus deistelii.*

Hoplexol 2 : 0,03/0,10 m.

Nécrophytion (ligneux) — Stylagé, à phases néokortodée, néophytique, à stigme graméen.

Aérophique.

Phase néophytique : *Canthium hispidum, Microdesmis puberula, Pauridiantha hirtella.*
Phase néokortodée : *Desmodium adscendens, Cercestis afzelii, Virectaria procumbens, Tristemma coronatum.*
Stigme graméen : *Paspalum conjugatum.*

Hoplexol 3 : 0,10/0,30 m.

Stylagé, nécrophytique (ligneux), à phases néophytique, nécrophytique (foliacée), kortodée et graméenne.

Stomaphique.

Phase néophytique : *Albizia zygia, Dichapetalum angolense, Epinetrum mangenotii, Dichapetalum pallidum, Alchornea floribunda, Xylopia aethiopica, Ouratea affinis, Chlorophora excelsa.*
Phase kortodée : *Cercestis afzelii, Nephrolepis bisserata, Piper umbellatum.*
Phase graméenne : *Paspalum conjugatum, Oplismenus hirtellus.*

Hoplexol 4 : 0,30/0,50 m.

Stylagé, nécrophytique (ligneux), à phases nécrophytique (foliacée), kortodée, néophytique, pléiograméenne et pléiophysée.

Iso-Stomaphique.

Phase néophytique : *Albizia zygia, Microdesmis puberula, Erythrococca anomala, Uvaria afzelii, Agelaea pseudobliqua, Xylopia aethiopica, Cnestis ferruginea, Dichapetalum cymulosum, Ficus capensis.*
Phase kortodée : *Piper umbellatum, Cercestis afzelii, Costus deistelii, Pteris atrovirens, Trachyphrynium braunianum.*
Phase pléiograméenne : *Scleria barteri.*
Phase pléiophysée : *Manniophyton fulvum, Dichapetalum angolense.*

Hoplexol 5 : 0,50/0,80 m.

Stylagé, prophysé, nécrophytique (ligneux), à phases nécrophytique (foliacée), pléiograméenne, kortodée et pléiophysée.

Aérostomaphique.

Prophyse : *Cola caricaefolia, Agelaea pseudobliqua, Microdesmis puberula, Clerodendrum capitatum, Myrianthus libericus, Dichapetalum angolense, Cnestis ferruginea, Albizia zygia, Xylopia aethiopica, Ceiba pentandra, Funtumia elastica, Hugonia afzelii.*
Phase pléiograméenne : *Scleria barteri.*
Phase pléiophysée : *Manniophyton fulvum, Dichapetalum angolense.*

Hoplexol 6 : 0,8/1,6-2 m.

Stylagé, nécrophytique, à phases pléiophysée, prophysée et stigme kortodé.

Aérophique.

Phase pléiophysée : *Cnestis ferruginea, Manniophyton fulvum, Alchornea cordifolia, Dichapetalum angolense.*
Phase prophysée : *Albizia zygia, Combretodendron africanum* (rejet de souche), *Tabernaemontana crassa, Piptadeniastrum africanum, Carapa procera, Myrianthus libericus.*
Stigme kortodé : *Palisota hirsuta.*

Hoplexol 7 : 1,6-2/4 m.

Pléio-Stylagé, (micro) dendrigé, à phases prophysée et pléiograméenne.

Isophique.

Pléiophyse : *Sabicea discolor, Cissus polyantha, Adenia lobata, Dioscorea burkilliana, Manniophyton fulvum.*
Phase prophysée : *Combretodendron africanum* (rejet de souche), *Macaranga hurifolia, Funtumia elastica, Vernonia conferta, Ficus capensis.*
Phase pléiograméenne : *Scleria barteri.*

Hoplexol 8 : 4/6 m.

Prophyse, pléiophysé, à phase (micro) dendrigée (jusqu'à 5 m).

Cléistophique.

Prophyse : *Macaranga hurifolia, Harungana madagascariensis.*
Pléiophyse : *Cissus polyantha, Dioscorea burkilliana.*

ANNEXE II

Parcelle de 4 ans (SOUBRE I)

Hoplexol 1 : 0/0,03-0,05 m.

Nécrophytion (foliacé et ligneux) — Stylagé, à phases suprarhizagée, phorophytique, à stigmes néophytique et néokortodé (15).

Cléisto-Isophique.

Phase phorophytique : *Geophila afzelii, Geophila hirsuta.*
Stigme néophytique : *Microdesmis puberula, Cissus gracilis.*
Stigme néokortodé : *Culcasia liberica, Ctenitis variabilis.*

Hoplexol 2 : 0,03-0,05/0,12 m.

Nécro(ligneux) — Stylagé, néophytique, à phases nécrunécrophytique, kortodée et suprarhizagée.

Aérostomaphique.

Néophytion : *Massularia acuminata, Ficus exasperata, Ptychopetalum anceps, Dialium aubrevillei, Morinda longiflora, Cissus gracilis, Strombosia glaucescens, Baphia nitida, Microdesmis puberula, Whitfieldia lateritia, Hugonia planchonii, Funtumia elastica, Diospyros vignei.*
Phase kortodée : *Marantochloa filipes, Costus afer.*

Hoplexol 3 : 0,12/0,40 m.

Nécro-Stylagé, à phases ophiagée, suprarhizagée, kortodée et néophytique, à stigme néomonophysé.

Aérostomaphique.

Phase néophytique : *Piper umbellatum, Mareya micrantha, Polyceratocarpus parviflorus, Manniophyton fulvum, Chytranthus talbotii, Dichapetalum angolense, Diospyros chevalieri, Alchornea floribunda, Rhaphiostylis beninensis, Tetracera potatoria.*

---

(15) Suprarhizagé se rapporte aux racines échasses.

Phase kortodée : *Aframomum daniellii, Marantochloa filipes, Dracaena ovata, Palisota hirsuta.*
Stigme néomonophysé : *Elaeis guineensis.*

Hoplexol 4 : 0,40/0,80 m.

Stylagé, à phases ophiagée, prophysée et kortodée.

Aérostomaphique.

Phase prophysée : *Rhaphiostylis beninensis, Strombosia glaucescens, Manniophyton fulvum, Discoglypremna caloneura, Strephonema pseudocola, Ptychopetalum anceps, Baphia nitida, Craterispermum caudatum, Dichapetalum angolense, Uvaria baumannii.*
Phase kortodée : *Marantochloa filipes, Sarcophrynium brachystachys.*

Hoplexol 5 : 0,80/1,1 m.

Stylagé, à phases ophiagée, kortodée et prophysée.

Aérostomaphique.

Phase prophysée : *Uvaria baumannii, Maesobotrya barteri, Strombosia glaucescens, Discoglypremna caloneura, Strychnos aculeata, Alchornea floribunda, Milletia zechiana.*
Phase kortodée : *Sarcophrynium brachystachys, Trachyphrynium braunianum, Costus afer.*

Hoplexol 6 : 1,1/2,5 m.

Pléio-Stylagé, prophysé, à phases ophiagée et (micro) dendrigée, à stigmes kortodé et pléiomonophysé.

Aérostomaphique à phase isophique.

Pléiophyse : *Manniophyton fulvum, Cissus gracilis, Sabicea discolor, Uvaria baumannii.*
Prophyse : *Canarium schweinfurthii, Uapaca esculenta, Alchornea floribunda, Desplatsia chrysochlamys, Macaranga hurifolia, Scottelia chevalieri* (rejet), *Myrianthus arboreus, Myrianthus libericus* (rejet), *Scytopetalum tieghemii* (rejet).
Stigme kortodé : *Trachyphrynium braunianum, Marantochloa purpurea.*
Stigme pléiomonophysé : *Eremospatha macrocarpa.*

Hoplexol 7 : 2,5/3,5 m.

Styla-Pléiophyse, (micro) dendrigé, prophysé, à stigme pléiomonophysé.

Isophique.

Pléiophyse : cf. H6.
Prophyse : cf. H8.

Hoplexol 8 : 3,5/5 m.

Prophyse à phase pléiophysée.

Cléistophique à phase stomaphique.

Prophyse : *Macaranga hurifolia, Musanga cecropioides, Bridelia micrantha* (rejet).
Phase pléiophysée : *Cissus gracilis, Iodes liberica.*

ANNEXE III

Parcelle de 8 ans (SOUBRE I)

Hoplexol 1 : 0/0,04-0,05 m.

Nécrunécro-Nécrophytion (foliacé et ligneux) — Stylagé, à phases suprarhizagée, phorophytique, à stigmes néophytique et néokortodé.

Cléistophique.

Phase phorophytique : *Geophila afzelii.*
Stigme néophytique : *Cissus gracilis, Vismia guineensis.*
Stigme néokortodé : *Marantochloa filipes, Ctenitis variabilis.*

Hoplexol 2 : 0,04-0,05/0,20 m.

Néo-Stylagé, à phases pléiograméenne, suprarhizagée, néokortodée, ophiagée, nécrophytique (ligneuse), à stigme graméen.

Stomaphique.

Néophytion : *Dicranolepis persei, Oldfieldia africana, Caloncoba brevipes, Combretum hispidum, Xylopia quintasii, Cissus gracilis, Erythrococca anomala, Xylopia parviflora, Strombosia glaucescens, Xylopia aethiopica.*

Phase néokortodée : *Marantochloa filipes, Cercestis afzelii.*

Stigme graméen : *Floscopa africana, Panicum brevifolium.*

Hoplexol 3 : 0,20/0,35 m.

Stylagé, kortodé et néophytique, à phases suprarhizagée, pléiograméenne, nécrophytique (ligneuse), graméenne, à stigme promonophysé.

Stomaphique.

Néophytion : *Microdesmis puberula, Xylopia quintasii, Sphenocentrum jollianum, Hugonia afzelii, Salacia erecta, Vismia guineensis, Xylopia vilosa, Carpolobia lutea, Mezoneuron benthamianum.*

Kortode : *Marantochloa filipes, Palisota barteri.*

Phase pléiograméenne : *Scleria barteri.*

Phase graméenne : *Panicum brevifolium.*

Stigme promonophysé : *Eremospatha macrocarpa, Elaeis guineensis.*

Hoplexol 4 : 0,35/0,45 m.

Stylagé, kortodé et néophytique, à phases pléiograméenne, nécrophytique (ligneuse) et pléiophysée.

Aérostomaphique.

Néophytion : *Cephaelis peduncularis, Ixora laxiflora, Diospyros chevalieri, Monodora tenuifolia, Tiliacora dinklagei, Chytranthus talbotii, Ochthocosmus africanus, Manotes longiflora.*

Kortode : *Palisota hirsuta, Marantochloa filipes.*

Phase pléiophysée : *Manniophyton fulvum, Landolphia dulcis.*

Phase pléiograméenne : *Scleria barteri.*

Hoplexol 5 : 0,45/0,70 m.

Stylagé, pléiograméen, ophiagé, à phases nécrophytique (ligneuse), néophytique, kortodée, nécrophytique (foliacée), à stigme promonophysé.

Aérostomaphique.

Pléiogramen : *Scleria barteri.*

Phase néophytique : *Diospyros chevalieri, Ouratea duparquetiana, Leea guineensis, Xylopia parviflora, Dicranolepis persei, Piptadeniastrum africanum, Chytranthus talbotii, Robynsia glabrata.*

Phase kortodée : *Marantochloa filipes, Palisota hirsuta, Thaumatococcus daniellii.*

Stigme promonophysé : *Ancistrophyllum opacum.*

Hoplexol 6 : 0,70/1,40 m.

Stylagé, pléiograméen, ophiagé, à phases pléiophysée, kortodée, prophysée, nécrophytique (foliacée).

Stomaphique à phases isophique et aérophique.

Pléiogramen : *Scleria barteri.*

Phase prophysée : *Canthium hispidum, Klainedoxa gabonensis, Baphia nitida, Dicranolepis persei, Ptychopetalum anceps, Anthonotha macrophylla, Manotes longiflora, Vismia guineensis, Caloncoba brevipes, Ochthocosmus africanus.*

Phase pléiophysée : *Manniophyton fulvum, Triclisia macrophylla, Cissus gracilis.*

Phase kortodée : *Palisota hirsuta, Aframomum daniellii, Trachyphrynium braunianum.*

Hoplexol 7 : 1,40/3 m.

Styla-Pléiophyse, pléiograméen, à phases ophiagée, pléiomonophysée et prophysée.

Cléisto-Isophique à phase aérophique.

Pléiophyse : *Triclisia macrophylla, Cissus gracilis, Manniophyton fulvum, Landolphia dulcis, Dioscorea burkilliana, Acacia pennata, Trachyphrynium braunianum, Leptoderris fasciculata.*

Phase prophysée : *Baphia nitida, Vismia guineensis, Myrianthus libericus.*

Phase pléiomonophysée : *Ancistrophyllum opacum.*

Hoplexol 8 : 3/5-6 m.

Pro-Paliphyse, pléiophysé, à phases ophiagée, pléiograméenne et (micro) dendrigée.

Cléistophique à phase aérophique.

Paliphyse	: *Macaranga hurifolia, Vismia guineensis, Harungana madagascariensis.*
Prophyse	: *Blighia sapida, Discoglypremna caloneura, Fagara macrophylla.*
Pléiophyse	: cf. H7.
Phase pléiograméenne	: *Scleria barteri.*

Hoplexol 9 : 5-6/7 m.

Pro-Paliphyse, à phase pléiophysée, à stigme pléiomonophysé.

Isostomaphique à phase aérophique.

Paliphyse	: *Macaranga hurifolia, Harungana madagascariensis.*
Prophyse	: *Albizia zygia, Terminalia superba, Erythrophleum ivorense, Musanga cecropioides.*
Stigme pléiomonophysé	: *Ancistrophyllum opacum.*

Hoplexol 10 : 7/8 m.

Prophyse.

Aérophique.

Prophyse	: *Terminalia superba, Musanga cecropioides.*

Secteurs envahis par les *Trachyphrynium braunianum* :

0 à 1 m	: *Nécrophiagé.*
1 et 3 m	: *Pléiophyse à phase nécrophytique ligneuse.*

Cette phase nécrophytique ligneuse correspond aux troncs morts et cassés des *Macaranga hurifolia.*

ANNEXE IV

Parcelle de 11 ans (SOUBRE I)

Hoplexol 1 : 0/0,10-0,20 m.

Nécrunécro-Nécrophytion (foliacé et ligneux), stylagé, à phases néophytique et suprarhizagée.

Cléistophique.

Phase néophytique	: *Dioscorea burkilliana, Cissus gracilis, Baissea leonensis, Cephaelis yapoensis, Bridelia grandis, Neuropeltis acuminata, Myrianthus libericus, Combretum hispidum, Aningeria robusta, Oldfieldia africana, Microdesmis puberula, Calpocalyx brevibracteatus, Piper guineense, Crossostemma laurifolium.*

Hoplexol 2 : 0,10-0,20/0,40 m.

Ophia-Nécrunécrophytion, pléiophysé, à phases néophytique, kortodée et suprarhizagée.

Cléistophique à phase stomaphique.

Pléiophyse	: *Cissus gracilis, Piper guineense, Dioscorea burkilliana, Manniophyton fulvum.*
Phase néophytique	: *Oldfieldia africana, Salacia zenkeri, Rinorea oblongifolia, Manniophyton fulvum, Napoleona leonensis, Pentadesma butyracea, Dialium aubrevillei, Ptychopetalum anceps, Mareya micrantha, Diospyros soubreana.*
Phase kortodée	: *Marantochloa filipes, Marantochloa purpurea, Aframomum daniellii, Trachyphrynium braunianum.*

Hoplexol 3 : 0,40/1,5-2 m.

Ophia-Pléiophyse, nécrophytique (ligneux), à phases stylagée, suprarhizagée, nécrunécrophytique, kortodée, prophysée, à stigme promonophysé.

Stoma-Cléistophique.

Pléiophyse : *Cissus gracilis, Dioscorea burkilliana, Manniophyton fulvum, Neuropeltis acuminata, Trachyphrynium braunianum, Alchornea floribunda.*
Phase kortodée : *Costus afer, Aframomum daniellii, Thaumatococcus daniellii.*
Phase prophysée : *Funtumia elastica, Ptychopetalum anceps, Ficus vogelii, Xylopia aethiopica, Dichapetalum angolense.*
Stigme promonophysé : *Calamus deërratus.*

Hoplexol 4 : 1,5-2/4-5 m.

Pro-Pléiophyse, ophiagé, à phases nécrophytique (foliacée) et stylagée.

Stoma-Cléistophique.

Pléiophyse : *Alchornea floribunda, A. cordifolia, Manniophyton fulvum, Neuropeltis prevosteoides, Neuropeltis acuminata, Bertiera bracteolata, Sabicea discolor.*
Prophyse : *Cleistopholis patens, Trichoscypha oba, Rauvolfia vomitoria, Xylopia aethiopica, Baphia nitida, Parinari excelsa, Ficus capensis, Piptadeniastrum africanum, Calpocalyx brevibracteatus.*

Hoplexol 5 : 5/8 m.

Prophyse, à phases dendrigée et paliphysée.

Aérophique.

Prophyse : *Sterculia tragacantha, Fagara macrophylla, Canarium schweinfurthii.*
Phase paliphysée : *Musanga cecropioides.*

Hoplexol 6 : 8/10 m.

Paliphyse à phase prophysée.

Aérophique.

Paliphyse : *Musanga cecropioides.*
Phase prophysée : *Fagara macrophylla, Terminalia ivorensis, Phyllanthus discoideus, Calpocalyx brevibracteatus.*

Secteurs envahis par les lianes.

Hoplexol 1′ : 0/0,03 m.

Nécrunécrophytion, nécrophytique (foliacé), à stigmes phorophytique et stylagée.

Aérophique.

Hoplexol 2′ : 0,03/0,15 m.

Nécrophytion (foliacée et ligneux), nécrunécrophytique, ophiagé, à stigmes stylagé, néophytique, néokortodé.

Stomaphique.

Nécrophytion : surtout des lianes mortes.
Stigme néophytique : *Microdesmis puberula, Xylopia aethiopica, Cissus gracilis, Desmodium adscendens.*
Stigme néokortodé : *Aframomum daniellii.*

Hoplexol 3′ : 0,15/0,5-1 m.

Nécro-Ophiagé, nécrophytique (foliacé), à phase pléiophysée, à stigmes stylagé, kortodé, prophysé, promonophysé.

Stomaphique.

Stigme kortodé : *Dracaena ovata, Aframomum daniellii.*
Stigme promonophysé : *Eremospatha macrocarpa.*
Stigme prophysé : *Ptychopetalum anceps, Soyauxia floribunda, Diospyros chevalieri.*

Hoplexol 4′ : 0,5-1/2-3 m.

Pléiophyse, à phases nécrophytique (foliacée), nécrophytique (ligneuse), pléiograméenne, à stigme prophysé.

Cléistophique.

Pléiophyse : *Manniophyton fulvum, Mussaenda tristigmatica, Alchornea cordifolia, Alchornea floribunda, Leptoderris fasciculata, Landolphia owariensis, Neuropeltis acuminata.*
Phase pléiograméenne : *Scleria barteri.*
Stigme prophysé : rejets de *Macaranga hurifolia.*

Hoplexol 5′ : 2-3/5 m.

Prophyse, pléiophysé.

Aérophique.

Prophyse : *Cleistopholis patens, Bombax brevicuspe.*

Dans ces secteurs envahis par les lianes, quelques massifs de rotins : *Ancistrophyllum opacum.*

ANNEXE V

Parcelle de 15 ans (SOUBRE I)

Hoplexol 1 : 0/0,04 m.

Phoro-Nécrophytion (foliacé à phase ligneuse) — Stylagé, nécrunécrophytique, ophiagé, à phase stipiagée, à stigme suprarhizagé.

Cléistophique.

Phorophytion : *Geophila hirsuta, G. afzelii.*

Hoplexol 2 : 0,04/0,10-0,12 m.

Nécrunécro-Stylagé, phorophytique, nécrophytique (ligneux), ophiagé, à phases néophytique, néokortodée et stipiagée, à stigme suprarhizagé.

Stomaphique.

Phorophytion : *Geophila afzelii, G. hirsuta.*

Phase néokortodée : *Cercestis afzelii, Pteris atrovirens, Marantochloa filipes.*

Phase néophytique : *Whitfieldia colorata, Microdesmis puberula, Heinsia crinita, Neuropeltis prevosteoides, Erythrococca anomala, Baissea breviloba, Maesobotrya barteri, Agelaea pseudobliqua, Antiaris welwitschii, Triclisia macrophylla.*

Hoplexol 3 : 0,10-0,12/0,20 m.

Néo-Stylagé, nécrunécrophytique, ophiagé, à phases graméenne, nécrophytique (ligneuse), kortodée et à stigme suprarhizagé.

Stomaphique.

Néophytion : *Uvaria afzelii, Baissea breviloba, Leptoderris fasciculata, Newtonia aubrevillei, Microdesmis puberula, Oxyanthus racemosus, Pycnanthus angolensis, Salacia erecta, Allophylus africanus, Dialium aubrevillei, Agelaea pseudobliqua, Salacia erecta, Tetracera potatoria, Cissus polyantha, Griffonia simplicifolia, Myrianthus libericus, Massularia acuminata.*

Phase kortodée : *Marantochloa filipes, Cercestis afzelii, Ctenitis variabilis.*

Phase graméenne : *Streptogyna crinita.*

Hoplexol 4 : 0,20/0,30 m.

Néo-Stylagé, ophiagé, nécrunécrophytique, graméen, à phases kortodée, nécrophytique (ligneuse) et stipiagée, à stigmes suprarhizagé et promonophysé.

Stomaphique à phase isophique.

Néophytion : *Cnestis ferruginea, Afrosersalisia afzelii, Iodes liberica, Agelaea pseudobliqua, Griffonia simplicifolia, Salacia nitida, Cola caricaefolia, Neuropeltis prevosteoides, Dichapetalum angolense, Diospyros chevalieri, Xylopia aethiopica, Mareya micrantha, Baphia nitida, Ouratea schoenleiniana.*

Gramen : *Streptogyna crinita.*

Phase kortodée : *Marantochloa filipes, Ctenitis variabilis, Pteris atrovirens, Eulophia guineensis.*

Stigme promonophysé : *Eremospatha macrocarpa.*

Hoplexol 5 : 0,30/0,50 m.

Néo-Stylagé, ophiagé et nécrunécrophytique, à phases graméenne, kortodée et stipiagée, à stigme suprarhizagé.

Stomaphique à phase isocléistophique.

Néophytion : *Sphenocentrum jollianum, Ouratea schoenleiniana, Ptychopetalum anceps, Agelaea pseudoblica, Microdesmis puberula, Salacia erecta, Strophanthus sarmentosus, Neuropeltis prevosteoides, Tiliacora dinklagei, Myrianthus libericus, Canthium hispidum, Morinda longiflora, Grewia barombiensis.*

Phase graméenne : *Streptogyna crinita.*

Phase kortodée : *Eulophia guineensis, Marantochloa filipes, Pteris atrovirens, Ctenitis variabilis.*

Hoplexol 6 : 0,50/0,70 m.

Pro-Stylagé, ophiagé, à phases nécrophytique (foliacée), nécrunécrophytique et stipiagée, à stigmes suprarhizagé et kortodé.

Stomaphique à phase isophique.

Prophyse : *Rothmannia whitfieldii, Funtumia elastica, Oricia suaveolens, Soyauxia floribunda, Microdesmis puberula, Octoknema borealis, Strophanthus sarmentosus, Tiliacora dinklagei, Ouratea schoenleiniana, Ptychopetalum anceps, Pycnanthus angolensis, Hugonia planchonii, Griffonia simplicifolia, Allophylus africanus, Rothmannia longiflora, Agelaea pseudobliqua, Mareya micrantha, Baphia nitida, Cnestis ferruginea.*

Stigme kortodé : *Sarcophrynium brachystachys, Cercestis afzelii, Pteris atrovirens.*

Hoplexol 7 : 0,70/0,90 m.

Pro-Stylagé, ophiagé, à phases nécrophytique (foliacée) et stipiagée, à stigme promonophysé.

Aérostomaphique à phase isophique.

Prophyse : *Agelaea pseudobliqua, Mareya micrantha, Microdesmis puberula, Dichapetalum martineaui, Griffonia simplicifolia, Albizia zygia, Diospyros chevalieri, Maesobotrya barteri, Soyauxia floribunda, Ptychopetalum anceps, Tiliacora dinklagei, Myrianthus arboreus, Neuropeltis prevosteoides, Cnestis ferruginea.*

Stigme promonophysé : *Eremospatha macrocarpa.*

Hoplexol 8 : 0,90/1,20 m.

Pro-Stylagé, ophiagé, à phase stipiagée, à stigme promonophysé.

Aérostomaphique.

Prophyse : *Ptychopetalum anceps, Microdesmis puberula, Diospyros chevalieri, Baphia nitida, Dacryodes klaineana, Agelaea pseudobliqua, Soyauxia floribunda, Cuviera acutiflora, Griffonia simplicifolia.*

Stigme promonophysé : *Eremospatha macrocarpa.*

Hoplexol 9 : 1,20/1,50 m

Pro-Stylagé, ophiagé, à phases (micro) dendrigée, nécrophytique (ligneuse), pléiophysée et stipiagée, à stigme kortodé.

Aérostomaphique.

Prophyse : *Agelaea pseudobliqua, Baphia bancoensis, Hugonia planchonii, Ouratea schoenleiniana, Oricia suaveolens, Ptychopetalum anceps, Microdesmis puberula, Mareya micrantha, Landolphia hirsuta, Guarea cedrata, Rothmannia whitfieldii, Guarea thompsonii, Dichapetalum angolense, Funtumia elastica, Diospyros chevalieri.*

Phase pléiophysée : *Griffonia simplicifolia.*

Stigme kortodé : *Dracaena surculosa.*

Hoplexol 10 : 1,5/2 m.

Pro-(micro)Dendrigé, ophiagé, à phases stylagée et stipiagée.

Isophique.

Prophyse : *Microdesmis puberula, Funtumia elastica, Soyauxia floribunda, Baphia nitida, Grewia barombiensis, Nauclea diderrichii, Ochthocosmus africanus.*

Hoplexol 11 : 2/4 m.

Prophyse, ophiagé, à phases stylagée, stipiagée et (micro)dendrigée.

Cléistophique à phase stomaphique.

Prophyse : *Funtumia elastica, Baphia bancoensis, Microdesmis puberula, Ouratea schoenleiniana, Cuviera acutiflora, Xylopia vilosa, Anthonotha fragrans.*

Hoplexol 12A : 4/5 m.

Pro-Pléiophyse, paliphysé, ophiagé, à phases stylagée, stipiagée, nécrophytique (foliacée) et (micro)dendrigée.

Stoma-Cléistophique.

Paliphyse : *Macaranga hurifolia.*
Prophyse : *Myrianthus libericus, Xylopia aethiopica, Vitex rivularis.*
Pléiophyse : *Iodes liberica, Tetracera potatoria, Strophanthus sarmentosus, Neuropeltis prevosteoides, Neuropeltis acuminata, Agelaea pseudobliqua, Tiliacora dinklagei.*

Hoplexol 12B : 4/5 m, limite supérieure.

Pléiophyse, ophiagé, à phases stylagé et stipiagée, à stigme nécrophytique (ligneux).

Cléistophique.

Hoplexol 13 : 5/7 m.

Pléio-Propaliphyse, ophiagé, prophysé, à phases nécrophytique (foliacée), stylagée, stipiagée, pléiomonophysée.

Stoma-Cléistophique.

Propaliphyse : *Myrianthus libericus, Mareya micrantha.*
Prophyse : *Vitex micrantha, Xylopia aethiopica, Dialium aubrevillei, Anthonotha fragrans, Aidia genipiflora.*

Hoplexol 14 : 7/11 m.

Prophyse, à phases pléiophysée, stipiagée.

Stoma-Isophique.

Prophyse : *Xylopia aethiopica, Funtumia elastica, Distemonanthus benthamianus, Caloncoba brevipes.*
Phase pléiophysée : *Neuropeltis acuminata, Manniophyton fulvum.*

Hoplexol 15 : 11/15 m.

Pro-Monophyse, à *phase (méso)dendrigée.*

Stomaphique.

Prophyse : *Funtumia elastica, Fagara macrophylla, Homalium aylmeri.*
Monophyse : *Elaeis guineensis.*

Hoplexol 16 : 15/18 m.

Prophyse.

Stomaphique à phase aérophique.

Prophyse : *Cleistopholis patens, Funtumia elastica, Fagara macrophylla, Bridelia grandis, Phyllanthus discoideus, Samanea dinklagei.*

ANNEXE VI

Parcelle de 29 ans (SOUBRE I)

Hoplexol 1 : 0/0,02 m.

Styla-Nécrunécrophytion, nécrophytique (ligneux et foliacé), à phases suprarhizagée, ophiagée, à stigme stipiagé.

Isophique.

Hoplexol 2 : 0,02/0,07 m.

Nécro-Phoro-Stylagé, nécrunécrophytique, à phases suprarhizagée, ophiagée et néophytique, à stigmes graméen et stipiagé.

Aérostomaphique.

Phorophytion : *Geophila afzelii.*
Phase néophytique : *Neuropeltis prevosteoides, Combretum hispidum, Microdesmis puberula, Albizia zygia, Baissea breviloba, Cissus gracilis.*
Stigme graméen : *Streptogyna crinita.*

Hoplexol 3 : 0,07/0,15 m.

Phoro-Stylagé, néophytique et nécrophytique (ligneux), à phases kortodée, suprarhizagée, ophiagée, nécrunécrophytique. à stigmes graméen, néomonophysé et stipiagé.

Aérostomaphique à phase isophique.

Phorophytion : *Geophila afzelii.*

Néophytion : *Chrysophyllum welwitschii, Cissus gracilis, Scaphopetalum amoenum, Grewia barombiensis, Rothmannia whitfieldii, Calycobolus heudelotii, Microdesmis puberula, Blighia welwitschii, Neuropeltis prevosteoides, Desmodium adscendens, Xylopia aethiopica, Ouratea affinis, Albizia zygia, Landolphia membranacea, Combretum hispidum, Myrianthus libericus, Hugonia planchonii, Bertiera bracteolata, Dicranolepis persei.*

Phase kortodée : *Pteris atrovirens, Cercestis afzelii, Culcasia saxatilis, Dracaena surculosa, Marantochloa filipes.*

Stigme néomonophysé : *Elaeis guineensis, Eremospatha macrocarpa.*

Stigme graméen : *Scleria barteri, Streptogyna crinita.*

Hoplexol 4 : 0,15/0,25 m.

Néo-Stylagé, kortodé, à phases suprarhizagée, ophiagée et graméenne, à stigmes néomonophysé et stipiagé.

Stomaisophique à phase aérostomaphique.

Néophytion : *Heisteria parvifolia, Ptychopetalum anceps, Uvaria afzelii, Griffonia simplicifolia, Salacia erecta, Cnestis ferruginea, Canthium setosum, Desmodium adscendens, Hugonia planchonii, Neuropeltis prevosteoides, Desplatsia chrysochamys, Tetracera alnifolia, Diospyros chevalieri, Iodes liberica, Tetracera potatoria, Massularia acuminata, Myrianthus libericus, Clerodendrum volubile.*

Kortode : *Culcasia saxatilis, Sarcophrynium brachystachys, Cercestis afzelii, Pteris atrovirens, Aframomum sceptrum.*

Phase graméenne : *Streptogyna crinita.*

Stigme néomonophysé : *Eremospatha macrocarpa, Elaeis guineensis.*

Hoplexol 5 : 0,25/0,35 m.

Néo-Stylagé, kortodé, graméen et ophiagé, à phases suprarhizagée, nécrophytique (ligneuse), nécrunécrophytique, à stigmes stipiagé et néomonophysé.

Isophique à phase aérostomaphique.

Néophytion : *Ouratea duparquetiana, Xylopia aethiopica, Morinda longiflora, Griffonia simplicifolia, Agelaea pseudobliqua, Strombosia glaucescens, Desplatsia chrysochlamys, Dicranolepis persei, Cissus gracilis, Canthium rubens, Maesobotrya barteri, Cnestis ferruginea, Microdesmis puberula, Scaphopetalum amoenum, Enantia polycarpa, Grewia barombiensis, Pycnanthus angolensis, Tricalysia macrophylla.*

Kortode : *Cercestis afzelii.*

Stigme néomonophysé : *Eremospatha macrocarpa.*

Hoplexol 6 : 0,35/0,50 m.

Korto-Néophytion-Stylagé, ophiagé, à phases graméenne, néomonophysée et suprarhizagée, à stigme stipiagé.

Stomaphique à phase cléistophique.

Néophytion : *Baphia nitida, Funtumia elastica, Baissea breviloba, Dacryodes klaineana, Afrosersalisia afzelii, Lovoa trichilioides, Bertiera bracteolata, Microdesmis puberula, Cnestis ferruginea, Maesobotrya barteri, Tricalysia macrophylla, Desplatsia chrysochlamys, Strombosia glaucescens, Tetracera alnifolia, Rhaphiostylis beninensis, Cuviera acutiflora, Agelaea pseudobliqua.*

Kortode : *Marantochloa filipes, Sarcophrynium brachystachys, Cercestis afzelii, Aframomum sceptrum, Dracaena surculosa.*

Phase graméenne : *Streptogyna crinita.*

Hoplexol 7 : 0,50/0,80 m.

Stylagé, prophysé et ophiagé, à phases suprarhizagée, pléiophysée, nécrophytique (ligneuse et foliacée), kortodée et promonophysée, à stigme stipiagé.

Iso-Aérophique.

Stylagé à phase hémiépiphytique.

Prophyse : *Microdesmis puberula, Tetracera alnifolia, Agelaea pseudobliqua, Desplatsia chrysochlamys, Scaphopetalum amoenum, Canthium setosum, Baphia nitida, Myrianthus libericus, Funtumia elastica, Landolphia owariensis, Manotes longiflora, Afzelia bella.*
Phase promonophysée : *Eremospatha macrocarpa, Elaeis guineensis, Ancistrophyllum opacum, Raphia hookeri.*
Phase pléiophysée : *Canthium rubens, Grewia barombiensis.*
Phase kortodée : *Sarcophrynium brachystachys, Sarcophrynium prionogonium.*
Phase hémiépiphytique sur le Stylagé : *Cercestis afzelii.*

Hoplexol 8 : 0,80/1,4 m.

Pro-Stylagé, ophiagé et pléiophysé, à phases promonophysé, nécrophytique (ligneuse et foliacée), kortodée, à stigme suprarhizagé et stipiagé.

Aérostomaphique à phase isophique.

Prophyse : *Uapaca esculenta, Dichapetalum angolense, Canthium hispidum, Amphimas pterocarpoides, Piptadeniastrum africanum, Rothmannia whitfieldii, Baphia bancoensis, Pycnanthus angolensis, Placodiscus leptostachys, Microdesmis puberula, Canthium setosum, Scaphopetalum amoenum, Myrianthus libericus.*
Phase kortodée : *Thaumatococcus daniellii, Sarcophrynium prionogonium, Sarcophrynium brachystachys.*
Phase promonophysée : *Elaeis guineensis, Eremospatha macrocarpa.*
Pléiophyse : *Agelaea pseudobliqua, Hugonia planchonii, Landolphia owariensis, Grewia barombiensis, Manotes longiflora, Combretum hispidum.*

Hoplexol 9 : 1,4/2 m.

Pro-Stylagé, pléiophysé et ophiagé, à stigmes pléiomonophysé, kortodé, graméen, stipiagé.

Aérophique à phases isophique et cléistophique.

Phase hémiépiphytique sur le stylagé.

Prophyse : *Pauridiantha hirtella, Scaphopetalum amoenum, Baphia nitida, Microdesmis puberula, Eugenia calophylloides, Cnestis ferruginea, Ochthocosmus africanus.*
Pléiophyse : cf. H8.
Stigme pléiomonophysé : *Ancistrophyllum opacum.*
Stigme kortodé : *Sarcophrynium prionogonium.*
Phase hémiépiphytique sur le Stylagé : *Cercestis afzelii.*

Hoplexol 10 : 2/2,5 m,

Pléio-Prophyse, ophiagé et stylagé, à phase (micro)dendrigée, à stigmes pléiomonophysé, stipiagé et promonophysé.

Phase hémiépiphytique sur le Stylagé.

Aérostomaphique à phase cléistophique.

Prophyse : *Rothmannia whitfieldii, Diospyros chevalieri, Microdesmis puberula, Scaphopetalum amoenum, Ptychopetalum anceps, Maesobotrya barteri, Ochthocosmus africanus, Hannoa klaineana, Uapaca esculenta.*
Stigme promonophysé : *Elaeis guineensis.*
Pléiophyse : Cf. H11.
Phase hémiépiphytique sur le Stylagé : *Cercestis afzelii.*

Hoplexol 11 : 2,5/3,5 m.

Pléio-Propaliphyse[1], *ophiagé et stylagé, à phase prophysée, (micro)dendrigée, à stigmes pléiomonophysé et stipiagé.*

Cléistophique à phase aérostomaphique.

Propaliphyse[1] : *Microdesmis puberula.*
Pléiophyse : *Griffonia simplicifolia, Grewia barombiensis, Hugonia planchonii, Sherbournia calycina, Leptoderris fasciculata, Calycobolus heudelotii.*
Phase prophysée : *Maesobotrya barteri, Baphia nitida, Uapaca esculenta, Myrianthus libericus, Cuviera acutiflora.*
Stigme pléiomonophysé : *Ancistrophyllum opacum.*

Hoplexol 12 : 3,5/5,5 m.

Pléio-Propaliphyse[2], *ophiagé, à phases prophysée, (méso)dendrigé et stylagée, à stigme stipiagé.*

Cléistophique à phase aérophique.

Propaliphyse[2] : *Myrianthus libericus.*

Phase prophysée : *Octoknema borealis, Pachypodanthium staudtii, Mareya micrantha, Scaphopetalum amoenum.*
Pléiophyse : Cf. H11.

Hoplexol 13 : 5,5/7 m.

Pléiophyse, prophysé, à phase (méso)dendrigée, à stigme monophysé.

Cléisto-Aérophique.

Prophyse : *Xylopia aethiopica, Funtumia elastica, Oricia suaveolens.*
Pléiophyse : Cf. H11.
Stigme monophysé : *Elaeis guineensis.*

Hoplexol 14 : 7/9 m.

Prophyse, à phases propaliphysée[3], pléiophysée, (méso)dendrigée à stigme monophysé.

Cléisto-Aérophique.

Prophyse : *Xylopia aethiopica, Uapaca esculenta, Canarium schweinfurthii.*
Phase propaliphysée[3] : *Tetrorchidium didymostemon.*
Phase pléiophysée : *Grewia barombiensis, Griffonia simplicifolia, Leptoderris fasciculata.*

Hoplexol 15 : 9/15 m.

Prophyse, à phase (méso)dendrigée.

Stomaphique à phase isophique.

Prophyse : *Funtumia elastica, Xylopia aethiopica.*

Hoplexol 16 : 15/20 m.

Propaliphyse[4].

Aérostomaphique.

Propaliphyse[4] : *Fagara macrophylla, Bridelia grandis.*

ANNEXE VII

Parcelle de 40 ans (SOUBRE I)

Hoplexol 1 : 0/0,03 m.

Nécrunécro-Stylagé, à phases nécrophytique (foliacée et ligneuse), stipiagée, ophiagée, suprarhizagée et phorophytique, à stigme néophytique.

Isocléistophique à phase stomaphique.

Phase phorophytique : *Geophila hirsuta* et *G. afzelii.*
Stigme néophytique : *Piper guineense.*

Hoplexol 2 : 0,03/0,10 m.

Phoro-Stylagé, nécrunécrophytique et néophytique, à phases stipiagée, suprarhizagée, ophiagée, kortodée, graméenne, nécrophytique (ligneuse et foliacée), à stigme néomonophysé.

Stomaphique à phase cléistophique.

Phorophytion : *Geophila hirsuta* et *Geophila afzelii.*
Néophytion : *Allophylus africanus, Ouratea affinis, Neuropeltis prevosteoides, Microdesmis puberula, Agelaea pseudobliqua, Albizia zygia, Uvaria afzelii.*
Phase kortodée : *Sarcophrynium brachystachys, Ctenitis variabilis, Palisota hirsuta, Eulophia guineensis, Culcasia liberica.*
Phase graméenne : *Streptogyna crinita.*
Stigme néomonophysé : *Elaeis guineensis.*

Hoplexol 3 : 0,10/0,20 m.

Néo-Stylagé, à phases ophiagée, suprarhizagée, stipiagée, kortodée, graméenne, nécrophytique (ligneuse), à stigme néomonophysé.

Stomaphique à phase isophique.

Néophytion	: *Griffonia simplicifolia, Rhaphiostylis beninensis, Guarea cedrata, Ptychopetalum anceps, Croton nigritanus, Clerodendrum volubile, Tetracera potatoria, Psychotria subobliqua, Myrianthus libericus, Microdesmis puberula, Scaphopetalum amoenum, Massularia acuminata, Calpocalyx brevibracteatus, Neuropeltis prevosteoides, Clerodendrum capitatum, Alchornea floribunda, Landolphia owariensis, Canthium hispidum, Morinda longiflora, Grewia barombiensis.*
Phase kortodée	: *Sarcophrynium brachystachys, Ctenitis variabilis, Culcasia liberica, Eulophia guineensis, Marantochloa filipes, Cercestis afzelii.*
Phase graméenne	: *Streptogyna crinita.*
Stigme néomonophysé	: *Elaeis guineensis.*

Hoplexol 4 : 0,20/0,35 m.

Néophytion-Stylagé, kortodé et graméen, à phases nécrophytique (ligneuse), suprarhizagée, stipiagée, à stigme néomonophysé.

Isophique à phase stomaphique.

Néophytion	: *Agelaea pseudobliqua, Neuropeltis prevosteoides, Hugonia afzelii, Microdesmis puberula, Diospyros chevalieri, Tricalysia macrophylla, Myrianthus libericus, Newtonia aubrevillei, Hugonia planchonii, Beilschmiedia mannii, Massularia acuminata, Scaphopetalum amoenum, Napoleona leonensis, Guarea thompsonii, Salacia erecta, Mareya micrantha, Aningeria robusta, Robynsia glabrata, Rhaphiostylis beninensis, Rothmannia whitfieldii, Chrysophyllum welwitschii.*
Kortode	: *Culcasia liberica, Eulophia guineensis, Ctenitis variabilis.*
Gramen	: *Streptogyna crinita.*
Stigme néomonophysé	: *Eremospatha macrocarpa.*

Hoplexol 5 : 0,35/0,60 m.

Néo-Stylagé, à phases ophiagée, suprarhizagée, nécrophytique (ligneuse), stipiagée, kortodée, à stigme néomonophysé.

Stomaphique à phase isophique.

Néophytion	: *Cephaelis peduncularis, Iodes liberica, Trichoscypha oba, Drypetes gilgiana, Cuviera nigrescens, Pycnanthus angolensis, Manniophyton fulvum, Sphenocentrum jollianum, Funtumia elastica, Napoleona leonensis, Dialium aubrevillei, Strychnos aculeata, Scaphopetalum amoenum, Landolphia owariensis, Chrysophyllum taiense, Griffonia simplicifolia, Uvaria afzelii, Dichapetalum angolense, Ptychopetalum anceps, Robynsia glabrata, Strombosia glaucescens, Oricia suaveolens, Placodiscus leptostachys, Morinda longiflora.*
Phase kortodée	: *Sarcophrynium brachystachys, Eulophia guineensis, Marantochloa filipes.*
Stigme néomonophysé	: *Eremospatha macrocarpa.*

Hoplexol 6 : 0,60/0,90 m.

Pro-Stylagé, à phases ophiagée, suprahizagée, stipiagée et nécrophytique (ligneuse), à stigmes kortodé et promonophysé.

Stomaphique.

Prophyse	: *Guarea cedrata, Strombosia glaucescens, Landolphia membranacea, Guarea thompsonii, Chrysophyllum welwitschii, Griffonia simplicifolia, Piptadeniastrum africanum, Octoknema borealis, Sphenocentrum jollianum, Drypetes aylmeri, Chrysophyllum taiense, Dialium aubrevillei, Calpocalyx brevibracteatus, Pycnanthus angolensis, Maesobotrya barteri, Parinari excelsa.*
stigme kortodé	: *Pteris atrovirens, Marantochloa filipes.*
Stigme promonophysé	: *Ancistrophyllum opacum.*

Hoplexol 7 : 0,90/1,20 m.

Stylagé, prophysé et ophiagé, à phases suprarhizagée, nécrophytique (ligneuse) et stipiagée, à stigmes kortodé e promonophysé.

Aérostomaphique.

Prophyse : *Agelaea pseudobliqua, Microdesmis puberula, Combretodendron africanum, Ochthocosmus africanus, Dialium aubrevillei, Scaphopetalum amoenum, Ouratea schoenleiniana, Cnestis ferruginea, Scytopetalum tieghemii, Napoleona leonensis, Strombosia glaucescens, Pycnanthus angolensis, Scottelia chevalieri.*
Stigme kortodé : *Marantochloa filipes.*
Stigme promonophysé : *Elaeis guineensis.*

Hoplexol 8 : 1,2/1,6 m.

Pro-Stylagé, ophiagé, à phases suprarhizagée, nécrophytique (ligneuse) et stipiagée.

Aérostomaphique.

Stylagé (à phase hémiépiphytique).

Prophyse : *Hugonia afzelii, Microdesmis puberula, Funtumia elastica, Aningeria robusta, Dialium aubrevillei, Parkia bicolor, Agelaea pseudobliqua, Scaphopetalum amoenum, Dicranolepis persei, Monodora myristica, Calpocalyx brevibracteatus, Calpocalyx aubrevillei, Dichapetalum angolense, Rothmannia longiflora, Xylopia quintasii.*
Phase hémiépiphytique sur le Stylagé : *Cercestis afzelii.*

Hoplexol 9 : 1,6/2 m.

Pro-Stylagé, ophiagé, à phases pléiophysée, suprarhizagée, nécrophytique (ligneuse) et stipiagée.

Stomaphique à phases isophique et cléistophique.

Stylagé (à phase hémiépiphytique).

Prophyse : *Dialium aubrevillei, Massularia acuminata, Microdesmis puberula, Parinari excelsa, Parkia bicolor, Scaphopetalum amoenum, Hugonia planchonii, Robynsia glabrata, Chrysophyllum taiense, Ochthocosmus africanus, Trichoscypha arborea, Trichoscypha oba, Oricia suaveolens, Maesobotrya barteri, Napoleona leonensis, Chrysophyllum welwitschii.*
Phase pléiophysée : *Tetracera potatoria, Griffonia simplicifolia.*
Phase hémiépiphytique sur le Stylagé : *Cercestis afzelii.*

Hoplexol 10 : 2/3 m.

Propali-Prophyse, stylagé et ophiagé, à phases stipiagée, nécrophytique (ligneuse), pléiophysée.

Stoma-Isophique.

Propaliphyse : *Microdesmis puberula, Napoleona leonensis, Ptychopetalum anceps.*
Prophyse : *Octoknema borealis, Oricia suaveolens, Calpocalyx brevibracteatus, Scaphopetalum amoenum, Monodora myristica.*

Hoplexol 11 : 3/4 m.

Prophyse, à phases ophiagée, pléiophysée, (micro)dendrigée, stylagée, monophysée, à stigme stipiagé.

Aérostomaphique.

Prophyse : *Drypetes aylmeri, Rauvolfia vomitoria, Scaphopetalum amoenum, Calpocalyx brevibracteatus, Pycnanthus angolensis, Ochthocosmus africanus.*
Phase pléiophysée : *Dioscorea burkilliana.*
Phase monophysée : *Elaeis guineensis.*

Hoplexol 12 : 4/7 m.

Prophyse, monophysé, à phase paliphysée, ophiagée, pléiophysée, (méso)dendrigée.

Isocléisto-Aérostomaphique.

Prophyse : *Beilschmiedia mannii, Scaphopetalum amoenum, Ochthocosmus africanus, Alstonia congensis, Funtumia elastica.*
Phase paliphysée : *Myrianthus libericus, Rauvolfia vomitoria.*

Hoplexol 13 : 7/10 m.

Pro-Paliphyse, pléiophysé, à phase (méso)dendrigée, monophysée, à stigme stipiagé.

Cléisto-Aérophique.

Paliphyse : *Trichilia heudelotii, Myrianthus libericus.*
Prophyse : *Mareya micrantha, Alstonia congensis, Xylopia staudtii, Funtumia elastica.*
Pléiophyse : *Manniophyton fulvum, Griffonia simplicifolia.*

Hoplexol 14 : 10/14 m.

Pléio-Propaliphyse, prophysé et monophysé, à phases (méso)dendrigée et stylagée.

Cléisto-Aérophique.

Propaliphyse	: *Uapaca esculenta, Uapaca guineensis, Allophylus africanus, Anthonotha crassifolia.*
Prophyse	: *Funtumia elastica, Piptadeniastrum africanum, Lannea welwitschii.*
Pléiophyse	: *Grewia barombiensis, Griffonia simplicifolia, Iodes liberica.*

Hoplexol 15 : 14/18 m.

Propali- (méso, macro)Dendrigé, prophysé, à stigme stylagé.

Aérophique à phase isophique.

Propaliphyse	: *Uapaca esculenta, Calpocalyx brevibracteatus.*
Prophyse	: *Uapaca esculenta, Piptadeniastrum africanum.*

Hoplexol 16 : 18/25 m.

(macro)Dendrigé, à phase paliphysée^{n}.

Aérostomaphique.

Phase paliphysée^{n} -	: *Croton aubrevillei, Bridelia grandis, Fagara macrophylla.*

Hoplexol 17 : 25/30-35 m.

Paliphyse^{n}, à phase propaliphysée.

Stomaphique.

Paliphyse^{n}	: *Croton aubrevillei, Bridelia grandis, Fagara macrophylla, Albizia zygia.*
Phase propaliphysée	: *Entandrophragma angolense, Canarium schweinfurthii.*

ANNEXE VIII

Parcelle de 45 ans (SOUBRE I)

Hoplexol 1 : 0/0,02-0,04 m.

Nécrophytion (foliacé à phase ligneuse) — Stylagé, nécrunécrophytique, à phases stipiagée, hypodendrigée, phorophytique, à stigmes pléiophysé et néophytique (16).

Cléistophique.

Phase phorophytique	: *Geophila afzelii.*
Stigme pléiophysé	: *Dioscorea burkilliana.*
Stigme néophytique	: *Albizia zygia, Neuropeltis prevosteoides, Baissea zygodioides.*

Hoplexol 2 : 0,02-0,04/0,12 m.

Néo-Stylagé, néokortodé, à phases ophiagée, nécrunécrophytique, hypodendrigée, phorophytique, stipiagée, nécrophytique foliacée, à stigmes graméen et pléiophysé.

Stomaphique à phase isophique.

Néophytion	: *Baphia nitida, Neuropeltis prevosteoides, Triclisia macrophylla, Strombosia glaucescens, Cissus gracilis, Baissea breviloba, Neuropeltis acuminata, Griffonia simplicifolia, Dialium aubrevillei, Microdesmis puberula, Iodes liberica, Cephaelis peduncularis, Pyrenacantha vogeliana.*
Néokortode	: *Dracaena surculosa, Cercestis afzelii, Palisota hirsuta, Pteris atrovirens, Aframomum daniellii.*
Stigme graméen	: *Centothoca lappacea.*
Stigme pléiophysé	: *Dioscorea burkilliana.*

(16) Hypodendrigé se rapporte aux contreforts.

Hoplexol 3 : 0,12/0,25 m.

Néo-Stylagé, kortodé, à phases stipiagée, ophiagée, hypodendrigée, nécrophytique (foliacée), graméenne et pléiophysée.

Iso-Stomaphique.

Néophytion : *Griffonia simplicifolia, Landolphia owariensis, Coffea liberica, Iodes liberica, Cnestis ferruginea, Neuropeltis prevosteoides, Albizia zygia, Albizia adianthifolia, Microdesmis puberula, Epinetrum mangenotii, Calycobolus heudelotii, Canthium hispidum, Dialium aubrevillei, Baphia nitida, Salacia erecta, Napoleona leonensis, Piptadeniastrum africanum, Pycnanthus angolensis, Funtumia elastica, Trichilia heudelotii.*

Kortode : *Aframomum daniellii, Cercestis afzelii, Pteris atrovirens.*

Phase graméenne : *Olyra latifolia.*

Phase pléiophysée : *Dioscorea burkilliana, Iodes liberica.*

Hoplexol 4 : 0,25/0,40 m.

Korto-Néo-Stylagé, à phases stipiagée, hypodendrigée, ophiagée et pléiophysée.

Stomaphique.

Néophytion : *Salacia erecta, Agelaea pseudobliqua, Coffea liberica, Griffonia simplicifolia, Aningeria robusta, Sterculia tragacantha, Tricalysia macrophylla, Baphia nitida, Uvaria afzelii, Rhaphiostylis beninensis, Iodes liberica, Sphenocentrum jollianum, Calycolobus heudelotii, Icacina mannii, Cnestis ferruginea, Leptoderris fasciculata.*

Kortode : *Cercestis afzelii, Aframomum daniellii, Draceana surculosa, Pteris atrovirens.*

Stigme pléiophysé : Cf. H3.

Hoplexol 5 : 0,40/0,70 m.

Korto-Pro-Stylagé, à phases hypodendrigée, nécrophytique (foliacée), stipiagée, pléiophysée et ophiagée.

Stomaphique à phase isophique.

Prophyse : *Cola nitida, Aningeria robusta, Microdesmis puberula, Psychotria subobliqua, Uvaria afzelii, Albizia zygia, Griffonia simplicifolia, Coffea liberica, Euadenia trifoliolata, Cnestis ferruginea, Neuropeltis prevosteoides, Whitfieldia lateritia, Vitex grandifolia, Sphenocentrum jollianum, Baphia nitida, Ouratea duparquetiana.*

Kortode : *Cercestis afzelii, Thaumatococcus daniellii, Aframomum daniellii, Trachyphrynium braunianum, Pteris atrovirens, Megaphrynium macrostachyum, Dracaena surculosa.*

Phase pléiophysée : *Iodes liberica, Neuropeltis acuminata.*

Hoplexol 6 : 0,70/0,9-1 m.

Korto-Stylagé, prophysé, à phases hypodendrigée, stipiagée, ophiagée, nécrophytique (foliacée), pléiophysée.

Aérostomaphique.

Kortode : *Thaumatococcus daniellii, Aframomum daniellii, Pteris atrovirens.*

Prophyse : *Coffea liberica, Uvaria afzelii, Baphia nitida, Sphenocentrum jollianum, Microdesmis puberula, Albizia zygia, Cola nitida, Whitfieldia lateritia, Griffonia simplicifolia, Trichilia heudelotii.*

Phase pléiophysée : *Iodes liberica, Neuropeltis acuminata.*

Phase nécrophytique foliacée : feuilles mortes captées par la base des jeunes. *Elaeis guineensis.*

Hoplexol 7 : 0,9-1/1,3-1,5 m

Stylagé, kortodé, prophysé, ophiagé, à phases stipiagée, pléiophysée, monophysée.

Aérostomaphique.

Prophyse : *Coffea liberica, Microdesmis puberula, Antiaris welwitschii, Cola nitida, Whitfieldia lateritia, Guarea cedrata, Monodora tenuifolia, Griffonia simplicifolia.*

Kortode : *Thaumatococcus daniellii, Trachyphrynium braunianum.*

Phase pléiophysée : *Neuropeltis prevosteoides, Ipomaea mauritiana.*

Phase monophysée : *Elaeis guineensis.*

Hoplexol 8 : 1,3-1,5/1,8-2 m.

Pro-Stylagé, ophiagé, monophysé, à phases stipiagée, pléiophysée, (micro)dendrigée.

Aérostomaphique à phase isophique.

Stylagé à phase hémiépiphytique.

Prophyse : *Coffea liberica, Baphia nitida, Maesobotrya barteri, Myrianthus arboreus, Monodora tenuifolia, Microdesmis puberula. Trichilia heudelotii.*
Phase pléiophysée : *Uvaria afzelii, Neuropeltis acuminata.*
Phase hémiépiphytique : *Cercestis afzelii.*

Hoplexol 9 : 1,8/3-3,5 m.

Styla-Pro-Paliphyse, pléiophysé, ophiagé, à phases monophysée, stipiagée (micro)dendrigée.

Cléisto-Isophique à phase aérophique.

Paliphyse : *Microdesmis puberula, Rothmannia longiflora.*
Prophyse : *Coffea liberica, Combretum hispidum, Baphia nitida, Trichilia heudelotii, Enantia polycarpa, Pycnanthus angolensis, Myrianthus arboreus.*
Pléiophyse : *Icacina mannii, Leptoderris fasciculata, Neuropeltis prevosteoides, Strophanthus sarmentosus, Uvaria afzelii, Griffonia simplicifolia.*

Hoplexol 10 : 3-3,5/4,5 m

Styla-Prophyse, ophiagée, à phases monophysée, stipiagée, (micro)dendrigée, pléiophysée.

Stomaphique à phase aérophique.

Prophyse : *Baphia nitida, Trichilia heudelotii, Xylopia vilosa, Myrianthus arboreus, Pycnanthus angolensis, Lovoa trichilioides, Oxyanthus racemosus.*

Hoplexol 11 : 4,5/7 m.

Propaliphyse, (méso)dendrigé, prophysé, à phases pléiophysée, monophysée, stigme stipiagé.

1. Isophique à phase stomaphique.

Propaliphyse : *Myrianthus arboreus, Trichilia heudelotii, Rauvolfia vomitoria, Oxyanthus racemosus.*
Prophyse : *Funtumia elastica.*

Hoplexol 12 : 7/15 m.

Pro-Paliphyse^{n-2} ; $^{n-1}$, *(macro)dendrigé, à phase monophysée, à stigme stylagé.*

Stomaphique à phase isophique.

Paliphyse^{n-2} : *Allophylus africanus, Spondias mombin.*
Paliphyse^{n-1} : *Ficus exasperata* (branches basses).
Prophyse : *Samanea dinklagei, Funtumia elastica, Phyllanthus discoideus.*

Hoplexol 13 : 15/25 m.

Pali^{n-1}*-Prophyse, (macro)dendrigé.*

Stomaphique à phase isophique.

Prophyse : *Albizia zygia, Albizia adianthifolia, Funtumia elastica.*
Paliphyse^{n-1} : *Phyllanthus discoideus, Ficus exasperata* (branches basses).

Hoplexol 14 : 25/30 m.

Pali^{n-1}*-(macro, méga)Dendrigé.*

Isophique.

Paliphyse^{n-1} : *Ficus exasperata, Bridelia grandis, Funtumia elastica, Phyllanthus discoideus, Albizia adianthifolia, Sterculia tragacantha, Ficus mucoso.*

Hoplexol 15 : 30/40-45 m.

Paliphyse^{n}.

Isophique.

Paliphyse^{n} : *Albizia zygia, Terminalia ivorensis.*

ANNEXE IX

Parcelle de 55 ans (SOUBRE I)

Hoplexol 1 : 0/0,02-0,03 m.

Nécrophytion (ligno-foliacé) — Stylagé, nécrunécrophytique, à stigmes hypodendrigé et ophiastipiagé.

Cléistophique.

Hoplexol 2 : 0,02-0,03/0,10 m.

Nécrunécro-stylagé, néophytique, à phases ophiagée, néokortodée, phorophytique, à stigmes ophiastipiagé et hypodendrigé.

Stomaphique.

Néophytion : *Microdesmis puberula, Strombosia glaucescens, Carpolobia lutea, Epinetrum mangenotii, Baissea breviloba, Baphia nitida.*
Phase néokortodée : *Culcasia mannii, Pteris atrovirens.*
Phase phorophytique : *Geophila afzelii.*

Hoplexol 3 : 0,10/0,16-0,20 m.

Néo-Stylagé, nécrunécrophytique, à phases ophiagée, kortodée, à stigmes pléiophysé, hypodendrigé, néomonophysé, ophiastipiagé graméen.

Aérostomaphique à phase isophique.

Stigme pléiophysé : *Iodes liberica.*
Néophytion : *Neuropeltis acuminata, Whitfieldia colorata, Rothmannia whitfieldii, Iodes liberica, Salacia erecta, Cnestis ferruginea, Leptoderris fasciculata, Hugonia afzelii, Landolphia membranacea.*
Phase kortodée : *Culcasia mannii, Culcasia saxatilis, Pteris atrovirens, Draceana elliotii, Ctenitis variabilis.*
Stigme graméen : *Streptogyna crinita.*
Stigme néomonophysé : *Eremospatha macrocarpa.*

Hoplexol 4 : 0,16-0,20/0,30 m.

Néophytion-Stylagé, à phases nécrunécrophytique, nécrophytique (ligneuse), ophiagée, kortodée, à stigmes nomonophysé, ophiastipiagé, pléiophysé, hypodendrigé, graméen.

Stomaphique à phase isophique.

Néophytion : *Mareya micrantha, Griffonia simplicifolia, Myrianthus libericus, Icacina mannii, Piptadeniastrum africanum, Microdesmis puberula, Neuropeltis acuminata, N. prevosteoides, Guarea cedrata, Cola caricaefolia, Carpolobia lutea, Maesobotrya barteri, Salacia erecta, Ptychopetalum anceps, Hugonia planchonii, Combretum hispidum, Strombosia glaucescens, Epinetrum mangenotii, Agelaea pseudobliqua, Sphenocentrum jollianum, Psychotrya vogeliana.*
Phase kortodée : *Culcasia saxatilis, Draceana surculosa, Sarcophrynium brachystachys.*
Stigme néomonophysé : *Eremospatha macrocarpa.*
Stigme pléiophysé : *Iodes liberica.*

Hoplexol 5 : 0,30/0,45-0,50 m.

Néophytion-Stylagé, à phases ophiagée, nécrophytique (ligneuse), nécrunécrophytique, à stigmes néomonophysé, hypodendrigé, ophiastipiagé.

Stomaphique, à phases isophique et cléistophique.

Néophytion : *Sphenocentrum jollianum, Griffonia simplicifolia, Strombosia glaucescens, Agelaea pseudobliqua, Cnestis ferruginea, Maesobotrya barteri, Morinda longiflora, Salacia erecta, Salacia nitida, Rinorea longicuspis, Canthium hispidum, Heisteria parvifolia, Tricalysia macrophylla, Whitfieldia colorata, Guarea cedrata, Ouratea duparquetiana, Chrysophyllum taiense, Iodes liberica, Myrianthus libericus, Soyauxia floribunda, Dicranolepis persei, Aningeria robusta, Ptychopetalum anceps, Xylopia vilosa, Cola caricaefolia, Rinorea oblongifolia.*
Stigme néomonophysé : *Eremospatha macrocarpa.*
Phase kortodée : *Draceana surculosa, Cercestis afzelii, Sarcophrynium brachystachys.*

Hoplexol 6 : 0,50/0,70 m.

Prophyse-Stylagé, à phases nécrophytique (ligneuse), ophiagée, kortodée, paliphysée, à stigmes promonophysé, ophiastipiagé, hypodendrigé.

Stomaphique.

Prophyse	: *Salacia erecta, Ptychopetalum anceps, Soyauxia floribunda, Diospyros chevalieri, Microdesmis puberula, Combretodendron africanum, Morinda longiflora, Monodora myristica, Baphia nitida, Pleiocarpa mutica, Chrysophyllum taiense, Griffonia simplicifolia, Icacina mannii, Anthonotha macrophylla, Cnestis ferruginea, Dichapetalum angolense, Napoleona leonensis, Dicranolepis persei.*
Phase kortodée	: *Sarcophrynium brachystachys, Marantochloa filipes, Draceana surculosa.*
Phase paliphysée	: *Paracoffea ebracteolata, Sphenocentrum jollianum.*
Stigme promonophysé	: *Eremospatha macrocarpa, Elaeis guineensis.*

Hoplexol 7 : 0,70/0,90 m.

Prophyse-Stylagé, à phases nécrophytique (ligneuse), ophiagée, kortodée, à stigmes promonophysé, pléiophysé, ophiastipiagé.

Isophique à phase stomaphique.

Prophyse	: *Chytranthus talbotii, Landolphia membranacea, Ouratea schoenleiniana, Rothmannia whitfieldii, Aningeria robusta, Ouratea affinis, Agelaea pseudobliqua, Morinda longiflora, Rinorea longicuspis, Antidesma membranacea, Rinorea oblongifolia, Ptychopetalum anceps, Napoleona leonensis, Salacia erecta, Tetracera potatoria, Strombosia glaucescens.*
Phase kortodée	: *Dracaena surculosa, Marantochloa filipes, Dracaena ovata, Sarcophrynium brachystachys.*
Stigme promonophysé	: *Eremospatha macrocarpa, Raphia hookeri.*
Stigme pléiophysé	: *Manniophyton fulvum.*

Hoplexol 8 : 0,90/1,10 m.

Pro-Stylagé, à phases ophiagée, nécrophytique (ligneuse), à stigmes (micro) dendrigé, pléiophysé, ophiastipiagé.

Aérostomaphique.

Prophyse	: *Myrianthus libericus, Rinorea longicuspis, Strombosia glaucescens, Icacina mannii, Griffonia simplicifolia, Hugonia planchonii, Tricoscypha arborea, Chrysophyllum taiense, Dichapetalum angolense, Piptadeniastrum africanum, Baphia nitida, Rothmannia whitfieldii, Maesobotrya barteri.*
Stigme pléiophysé	: *Manniophyton fulvum.*

Hoplexol 9 : 1,10/1,40 m.

Pro-Stylagé, à phases ophiagée, nécrophytique (ligneuse), à stigmes (micro)dendrigé, ophiastipiagé.

Aérostomaphique.

Prophyse	: *Morinda longiflora, Hugonia planchonii, Baphia bancoensis, Microdesmis puberula, Soyauxia floribunda, Drypetes gilgiana, Myrianthus libericus, Chrysophyllum taiense, Rothmannia longiflora.*

Hoplexol 10 : 1,40/1,80 m.

Pro-Stylagé, à phases ophiagée, pléiophysée, à stigme ophiastipiagé.

Stomaphique.

Prophyse	: *Rinorea longicuspis, Desplatsia chrysochlamys, Salacia erecta, Ptychopetalum anceps, Maesobotrya barteri, Diospyros chevalieri, Chrysophyllum taiense, Piptadeniastrum africanum, Microdesmis puberula, Homalium patoklaense.*
Phase pléiophysé	: *Spiropetalum heterophyllum.*

Hoplexol 11 : 1,80/2,20 m.

Pro-Stylagé, à phases pléiophysée, ophiagée, à stigme ophiastipiagé.

Stomaphique.

Prophyse	: *Drypetes aylmeri, Maesobotrya barteri, Microdesmis puberula, Combretodendron africanum, Octoknema borealis, Dialium aubrevillei, Chytranthus talbotii, Strombosia glaucescens, Rinorea oblongifolia, Napoleona leonensis, Garcinia afzelii, Aningeria robusta, Oricia suaveolens.*
Phase pléiophysée	: *Iodes liberica, Manniophyton fulvum, Landolphia hirsuta, Spiropetalum heterophyllum.*

Hoplexol 12 : 2,20/2,80 m.

Styla-Pro-Propaliphyse, à phase pléiophysée, ophiagée, à stigme ophiastipiagé.

Cléisto-Stomaphique.

Prophyse	:	*Chrysophyllum taiense, Microdesmis puberula, Vitex micrantha, Myrianthus libericus, Lovoa trichilioides, Placodiscus leptostachys, Maesobotrya barteri.*
Propaliphyse	:	*Rinorea longicuspis, Ptychopetalum anceps.*
Phase pléiophysée	:	*Cnestis ferruginea, Iodes liberica, Dichapetalum angolense, Manniophyton fulvum.*

Hoplexol 13 : 2,80/4 m.

Styla-Propaliphyse, prophysée, à phases pléiophysée, ophiagée, à stigme ophiastipiagé.

Stomaphique à phase cléistophique.

Propaliphyse	:	*Rinorea longicuspis, Pleiocarpa mutica.*
Prophyse	:	*Maesobotrya barteri, Soyauxia floribunda, Microdesmis puberula, Chrysophyllum taiense.*
Phase pléiophysée	:	*Manniophyton fulvum, Iodes liberica, Neuropeltis acuminata.*

Hoplexol 14 : 4/6 m.

Prophyse, paliphysé, pléiophysé, à phases stylagée, (méso)dendrigée, ophiagée, à stigme ophiastipiagé.

Stomaphique à phase isophique.

Prophyse	:	*Uapaca esculenta, Baphia nitida, Garcinia afzelii, Myrianthus libericus, Dialium dinklagei.*
Paliphyse	:	*Cuviera acutiflora, Rinorea longicuspis.*
Pléiophyse	:	*Manniophyton fulvum, Landolphia hirsuta, Iodes liberica, Neuropeltis acuminata.*

Hoplexol 15 : 6/8 m.

Pro-Propaliphyse, à phases pléiophysée, ophiagée, (méso)dendrigée à stigme ophiastipiagé.

Propaliphyse	:	*Baphia nitida, Baphia bancoensis, Trichilia heudelotii.*
Prophyse	:	*Funtumia elastica, Fagara macrophylla, Octoknema borealis.*

Hoplexol 16 : 8/14 m.

Dendri-Prophyse, pléiophysé, à phases paliphysée^{n-2}*, (méso)dendrigée, à stigmes stylagé, pléiomonophysé.*

Isostomaphique à phase isocléistophique.

Prophyse	:	*Enantia polycarpa, Anthonotha crassifolia, Monodora tenuifolia, Piptadeniastrum africanum, Funtumia elastica, Fagara macrophylla, Guarea cederata, Allophylus africanus.*
Pléiophyse	:	*Canthium hispidum, Landolphia hirsuta, Manniophyton fulvum, Neuropeltis acuminata.*
Phase paliphysée	:	*Oricia suaveolens.*
Stigme pléiomonophysé	:	*Eremospatha macrocarpa.*

Hoplexol 17 : 14/20 m.

Pro-(méso, macro)Dendrigé, à phase pléiophysée, stigme pléiomonophysé.

Aérostomaphique à phase isophique.

Prophyse	:	*Funtumia elastica, Bridelia grandis, Allophylus africanus, Dialium aubrevillei, Drypetes klainei.*
Phase pléiophysée	:	cf. H16.

Hoplexol 18 : 20/26 m.

(macro)Dendri-Propaliphyse, à phase paliphysée^{n-1}.

Aérostomaphique.

Propaliphyse	:	*Funtumia elastica, Strombosia glaucescens.*
Phase paliphysée^{n-1}	:	*Samanea dinklagei, Bridelia grandis.*

Hoplexol 19 : 26/35 m.

Paliphyse^{n}.

Aérostomaphique.

Paliphyse^{n}	:	*Samanea dinklagei* (jusqu'à 30 m), *Amphimas pterocarpoides, Terminalia ivorensis.*

ANNEXE X

Parcelle de 60 ans (SOUBRE II)

Hoplexol 1 : 0/0,02-0,04 m.

Nécro(foliacé et ligneux) — Stylagé, ophiagé, à phases nécrunécrophytique, hypodendrigée, stipiagée, à stigmes phorophytique, suprarhizagé.

Cléisto-Isophique, à phase stomaphique.

Stigme phorophytique : *Geophila afzelii.*

Hoplexol 2 : 0,02-0,04/0,06-0,07 m.

Ophia-Stylagé, nécrophytique (ligneux), à phases stipiagée, phorophytique, néophytique, néokortodée, nécrunécrophytique, hypodendrigée, à stigmes suprarhizagé, pléiophysé, néograméen.

Stomaphique à phase isophique.

Phase néophytique : *Funtumia elastica, Baissea zygodioides, Cissus gracilis, Neuropeltis acuminata, Neuropeltis prevosteoides, Xylopia staudtii, Craterispermum caudatum, Cnestis ferruginea, Combretum hispidum, Landolphia dulcis, Blighia sapida.*
Phase pléiophysée : *Piper guineense.*
Phase phorophytique : *Geophila hirsuta, Geophila afzelii.*
Phase néokortodée : *Cephaelis tabouensis, Dracaena ovata, Dracaena humilis, Ctenitis variabilis.*
Stigme néograméen : *Streptogyna crinita.*

Hoplexol 3 : 0,06/0,15 m.

Néo-Stylagé, ophiagé, à phases nécrophytique, graméenne, stipiagée, kortodée, nécrunécrophytique, hypodendrigée, à stigmes pléiophysé et suprarhizagé.

Stomaphique, à phase isophoque.

Néophytion : *Cnestis ferruginea, Xylopia staudtii, Combretum hispidum, Myrianthus libericus, Landolphia membranacea, Baissea zygodioides, Baphia nitida, Guarea cedrata, Canthium hispidum, Landolphia dulcis, Strombosia glaucescens, Microdesmis puberula, Lankesteria brevior, Whitfieldia colorata, Antiaris welwitschii.*
Phase graméenne : *Hypolytrum heteromorphum, Streptogyna crinita.*
Phase kortodée : *Pteris atrovirens, Draceana humilis, Culcasia parviflora.*
Stigme pléiophysé : *Piper guineense.*

Hoplexol 4 : 0,15/0,30 m.

Néo-Stylagé, ophiagé, à phases stipiagée, graméenne, kortodée, nécrophytique (ligneuse), nécrunécrophytique, hypodendrigée, à stigme suprarhizagé.

1. Stomaphique à phase isophique.

Néophytion : *Baphia bancoensis, Landolphia owariensis, Combretum hispidum, Cnestis ferruginea, Manniophyton fulvum, Microdesmis puberula, Myrianthus libericus, Monodora tenuifolia, Landolphia membranacea, Morinda longiflora, Placodiscus bijuga, Penianthus zenkeri, Uvaria afzelii, Paracoffea ebracteolata, Hugonia afzelii.*
Phase kortodée : *Dracaena surculosa, Sarcophrynium brachystachys, Dracaena humilis, Cercestis afzelii.*
Phase graméenne : *Streptogyna crinita, Hypolytrum heteromorphum.*

Hoplexol 5 : 0,30/0,50 m.

Néo-Stylagé, ophiagé, graméen, à phases stipiagée, nécrophytique (ligneuse), nécrunécrophytique, à stigmes hypodendrigé, suprarhizagé, promonophysé, pléiophysé, kortodé.

Stomaphique à phase isophique.

Néophytion : *Oxyanthus formosus, Baphia bancoensis, Salacia debilis, Baphia nitida, Mareya micrantha, Myrianthus libericus, Microdesmis puberula, Placodiscus bijuga, Landolphia owariensis, Cola humilis, Cola caricaefolia, Morinda longiflora, Dichapetalum pallidum, Landolphia membranacea, Coffea liberica, Xylopia vilosa, Cnestis ferruginea, Dacryodes klaineana.*

Stigme kortodé : *Dracaena surculosa, Dracaena humilis.*

Stigme pléiophysé : *Landolphia membranacea.*

Hoplexol 6 : 0,50/0,80 m.

Pro-Stylagé, ophiagé, à phase stipiagée, nécrophytique (ligneuse), à stigmes promonophysé, pléiophysé, nécrunécrophytique, pléiomonophysé.

Aérostomaphique, à phase isophique.

Prophyse : *Microdesmis puberula, Myrianthus arboreus, Morinda longiflora, Cnestis ferruginea, Baphia bancoensis, Dialium aubrevillei, Polyalthia oliveri, Xylopia quintasii, Landolphia membranacea, Dichapetalum pallidum, Salacia debilis, Diospyros chevalieri, Rinorea oblongifolia, Griffonia simplicifolia, Strombosia glaucescens, Octoknema borealis, Diospyros vignei, Paracoffea ebracteolata.*

Stigme pléiomonophysé : *Eremospatha macrocarpa.*

Stigme pléiophysé : *Icacina mannii, Dichapetalum pallidum.*

Hoplexol 7 : 0,80/1,2-1,4 m.

Pro-Stylagé, ophiagé, à phases stipiagée, nécrophytique (ligneuse), pléiophysée, à stigmes promonophysé, nécrunécrophytique, pléiomonophysé.

Aérophique à phase isophique.

Prophyse : *Oxyanthus formosus, Diospyros vignei, Microdesmis puberula, Dialium aubrevillei, Carpolobia lutea, Manotes longiflora, Drypetes ivorensis, Ptychopetalum anceps, Cola humilis, Rinorea oblongifolia, Piptadeniastrum africanum, Baphia nitida, Strombosia glaucescens, Myrianthus libericus, Hugonia afzelii, Dichapetalum martineaui.*

Phase pléiophysée : *Icacina mannii, Dichapetalum pallidum.*

Stigme promonophysé : *Ancistrophyllum opacum.*

Stigme pléiomonophysé : *Eremospatha macrocarpa.*

Hoplexol 8 : 1,2-1,4/2-2,5 m.

Pro-Stylagé, pléiophysé, ophiagé, à phases stipiagée, nécrophytique (ligneuse), à stigmes promonophysé, nécrunécrophytique, pléiomonophysé.

Aérophique à phase isophique.

Prophyse : *Microdesmis puberula, Maesobotrya barteri, Xylopia quintasii, Baphia bancoensis, Dacryodes klaineana, Cola humilis, Uapaca esculenta, Afrosersalisia afzelii, Tricalysia macrophylla.*

Pléiophyse : *Neuropeltis acuminata, Manniophyton fulvum, Dichapetalum angolense, Piper guineense, Icacina mannii.*

Hoplexol 9 : 2-2,5/3,5 m.

Propali — Stylagé, ophiagé, pléiophysé, à phases nécrophytique (foliacée et ligneuse), (micro)dendrigée, stipiagée, prophysée, à stigme pléiomonophysé.

1. Cléisto-Stomaphique.

Phase prophysée : *Myrianthus libericus, Dacryodes klaineana, Cola humilis, Oldfieldia africana, Glyphae brevis.*

Propaliphyse : *Microdesmis puberula.*

Pléiophyse : *Manniophyton fulvum, Griffonia simplicifolia, Dichapetalum angolense, Neuropeltis acuminata, Manotes longifolia, Iodes liberica, Icacina mannii.*

Stigme pléiomonophysé : *Eremospatha macrocarpa.*

Hoplexol 10 : 3,5/5 m.

Pléio-Propali — Stylagé, ophiagé, à phases prophysée, stipiagée, nécrophytique foliacée, (micro)dendrigée, à stigme nécrophytique (ligneux).

Cléisto-Stomaphique.

Propaliphyse : *Baphia nitida, Baphia bancoensis.*

Phase prophysée : *Desplatsia chrysochlamys, Mareya micrantha, Guarea thompsonii.*

Pléiophyse : *Manotes longiflora, Manniophyton fulvum, Icacina mannii, Dichapetalum pallidum, Strophantus sarmentosus.*

Phase nécrophytique foliacée : lianes mortes.

Hoplexol 11 : 5/7-8 m.

Pro-Pléiophyse, stylagé, ophiagé, à phase stipiagée, à stigme (méso, macro)dendrigé.

Aérophique à phase cléistophique.

Prophyse : *Mareya micrantha, Funtumia elastica, Xylopia quintasii, Uapaca esculenta, Anthonotha macrophylla, Xylopia vilosa, Strombosia glaucescens.*

Pléiophyse : cf. Hoplexols 9 et 10.

Hoplexol 12 : 7-8/14 m.

Pro-Monophyse, à phases pléiophysée, (micro)dendrigée, à stigme stylagé.

Stomaphique à phase isophique.

Prophyse : *Xylopia quintasii, Oldfieldia africana.*

Monophyse : *Elaeis guineensis.*

Hoplexol 13 : 14/20 m.

Pro-Monophyse, à phase (macro)dendrigée, à stigme stylagé.

Aérophique.

Prophyse : *Funtumia elastica, Ficus exasperata.*

Monophyse : *Elaeis guineensis.*

Hoplexol 14 : 20/25 m.

Pali^{n-1}-Dendrigé, à phase propaliphysée.

Aérostomaphique.

Paliphyse^{n-1} : *Funtumia elastica.*

Phase propaliphysée : *Albizia zygia, Terminalia superba.*

Hoplexol 15 : 25/35 m.

Propali-Paliphyse^{n}.

Isophique à phase aérophique.

Propaliphyse : *Piptadeniastrum africanum, Triplochiton scleroxylon.*

Paliphyse^{n} : *Albizia zygia, Ceiba pentandra, Terminalia superba, Terminalia ivorensis.*

ANNEXE XI

Parcelle de 50 ans (SOUBRE II)

Hoplexol 1 : 0/0,05 m.

Nécrunécro-Stylagé, nécrophytique (foliacé), ophiagé, à phases hypodendrigée, suprarhizagée, phorophytique, à stigmes néophytique et kortodé.

Stomaphique.

Phase phorophytique : *Geophila hirsuta, Geophila afzelii.*

Stigme kortodé : *Pteris atrovirens, Ctenitis variabilis.*

Hoplexol 2 : 0,05/0,15 m.

Néo-Stylagé, ophiagé, nécrunécrophytique, à phases kortodée, hypodendrigée, suprarhizagée, phorophytique, à stigme graméen.

Isophique.

Néophytion : *Salacia erecta, Cissus gracilis, Neuropeltis acuminata, Diospyros mannii, Piptadeniastrum africanum, Microdesmis puberula, Neuropeltis prevosteoides, Landophia membranacea, Tetracera alnifolia, Blighia sapida, Calycobolus heudelotii, Whitfieldia colorata.*
Phase kortodée : *Culcasia liberica, Cercestis afzelii, Ctenitis variabilis.*
Stigme graméen : *Hypolytrum heteromorphum.*

Hoplexol 3 : 0,15/0,30 m.

Néo-Stylagé, ophiagé, à phases suprarhizagée, hypodendrigée, nécrunécrophytique, kortodée, à stigme graméen.

Stomaphique.

Neophytion : *Neuropeltis acuminata, Myrianthus libericus, Rinorea illicifolia, Canthium hispidum, Diospyros mannii, Manniophyton fulvum, Connarus africanus, Uvariopsis guineensis.*
Phase kortodée : *Dracaena ovata, Cercestie afzelii.*
Stigme graméen : *Hypolytrum heteromorphum.*

Hoplexol 4 : 0,3/0,5-0,7 m.

Pro-Stylagé, ophiagé, à phases nécrunécrophytique, hypodendrigée, suprarhizagée, kortodée, à stigmes graméen et promonophysé.

Stomaphique.

Prophyse : *Paracoffea ebracteolata, Rinorea illicifolia, Griffonia simplicifolia, Manniophyton fulvum, Oxyanthus racemosus, Cola humilis, Dichapetalum pallidum, Diospyros chevalieri, Neuropeltis acuminata, Xylopia vilosa.*
Stigme graméen : *Hypolytrum heteromorphum, Mapania linderi.*
Stigme promonophysé : *Eremospatha macrocarpa.*

Hoplexol 5 : 0,7/1-1,2 m.

Pro-Stylagé, ophiagé, à phases pléiophysée, nécrunécrophytique, nécrophytique, kortodée, à stigmes hypodendrigé et promonophysé.

Stomaphique à phase isophique.

Prophyse : *Diospyros mannii, Dichapetalum pallidum, Napoleona leonensis, Microdesmis puberula, Chytranthus talbotii, Angylocalyx oligophyllus, Craterispermum caudatum, Rinorea illicifolia, Agelaea pseudobliqua, Ochthocosmus africanus.*
Phase pléiophysée : *Neuropeltis acuminata, Manniophyton fulvum, Trachyphrynium braunianum.*
Phase kortodée : *Sarcophrynium brachystachys, Marantochloa filipes, Thaumatococcus daniellii.*
Stigme monophysé : *Raphia hookeri.*
Phase nécrophytique : lianes mortes.
Phase nécrunécrophytique : Troncs en décomposition et souches en place.

Hoplexol 6 : 1-1,2/2 m.

Pro-Stylagé, ophiagé, à phases pléiophysée, nécrophytique, nécrunécrophytique, à stigmes hypodendrigé et pléiomonophysé.

Aérostomaphique.

Prophyse : *Ochthocosmus africanus, Cola humilis, Manniophyton fulvum, Diospyros mannii, Dichapetalum angolense, Trichoscypha oba.*
Phase pléiophysée : *Trachychrynium braunianum.*
Stigme pléiomonophysé : *Eremospatha macrocarpa.*

Hoplexol 7 : 2/3-4 m.

Pro-Stylagé, ophiagé, pléiophysé, à phase nécrophytique, à stigmes dendrigé et pléiomonophysé.

Iso-Stomaphique.

Prophyse : *Carapa procera, Drypetes aylmeri, Monodora myristica, Vitex micrantha* (rejet), *Microdesmis puberula, Pycnanthus angolensis, Cola humilis, Xylopia vilosa.*
Pléiophyse : *Trachyphrynium braunianum, Manniophyton fulvum, Griffonia simplicifolia, Neuropeltis acuminata.*
Stigme pléiomonophysé : *Eremospatha macrocarpa.*

Hoplexol 8 : 3-4/5-6 m.

Styla-Prophyse, pléiophysé et ophiagé, à phases nécrophytique (foliacée) et (méso)dendrigée.

Cléisto-Isophique à phase stomaphique.

Prophyse : *Baphia nitida, Albizia zygia, Beilschmiedia chevalieri, Anthonotha macrophylla, Lannea welwitschii, Myrianthus libericus, Myrianthus arboreus, Monodora myristica.*

Pléiophyse : *Trachyphrynium braunianum, Manniophyton fulvum, Neuropeltis acuminata, Griffonia simplicifolia.*

Hoplexol 9 : 6/10 m.

Pro-Stipiagé, à phases pléiophysée et stylagée.

Stomaphique à phase isophique.

Prophyse : *Ceiba pentandra, Uapaca esculenta.*

Hoplexol 10 : 10/12 m.

Stipiagé, à phases stylagée et prophysée.

Aérostomaphique.

Hoplexol 11 : 12/16 m.

Monophyse, à phase stylagée.

Isophique.

Monophyse : *Elaeis guineensis.*

Hoplexol 12 : 16/20 m.

Prophyse, à phase dendrigée.

Iso-Stomaphique.

Prophyse : *Discoglypremna caloneura, Fagara macrophylla, Funtumia elastica.*

Hoplexol 13 : 20/25 m.

Paliphyse.

Aérophique.

Paliphyse : *Albizia zygia, Uapaca esculenta.*

A proximité du bas-fond, le sous-bois est envahi, par place, par des lianes et des rotins qui modifient l'aspect général de la parcelle.

ANNEXE XII

Parcelle de 51 ans (SOUBRE II)

Hoplexol 1 : 0/0,02 m.

Nécrunécrophytion-Stylagé, nécrophytique (foliacé), ophiagé, à phases stipiagée, phorophytique, suprarhizagée, à stigme hypodendrigé.

Isophique à phase cléistophique.

Phase phorophytique : *Geophila hirsuta* et *Geophila afzelii.*

Hoplexol 2 : 0,02/0,06 m.

Nécrunécro-Stylagé, ophiagé, phorophytique, à phases stipiagée, suprarhizagée, néophytique, néokortodée, à stigmes hypodendrigé et néograméen.

Aérostomaphique à phases cléistophique et isophique.

Phase néophytique : *Oldfieldia africana, Acacia pennata, Canthium hispidum, Calycobolus africanus, Dioscorea cayenensis, Baissea zygodioides, Microdesmis puberula, Combretum hispidum.*

Phase néokortodée : *Cephaelis tabouensis, Marantochloa filipes, Ctenitis variabilis.*

Hoplexol 3 : 0,06/0,15 m.

Néo-Stylagé, ophiagé, nécrunécrophytique, à phases néokortodée, stipiagée, suprarhizagée, à stigmes graméen et hypodendrigé.

Stomaphique à phase isophique.

Néophytion : *Calycobolus heudelotii, Tetracera potatoria, Microdesmis puberula, Myrianthus libericus, Baissea leonensis, Caloncoba brevipes, Acacia pennata, Isolona campanulata, Oldfieldia africana, Baphia nitida, Leptoderris fasciculata, Lovoa trichilioides.*

Phase néokortodée : *Marantochloa filipes, Cercestis afzelii, Sarcophrynium brachystachys, Costus afer, Ctenitis variabilis.*

Stigme graméen : *Streptogyna crinita.*

Hoplexol 4 : 0,15/0,30 m.

Néophytion-Stylagé, ophiagé, à phases stipiagée, suprarhizagée, kortodée, nécrunécrophytique, à stigmes graméen et hypodendrigé.

Stomaphique à phase isocléistophique.

Néophytion : *Calycobolus heudelotii, Tetracera potatoria, Rothmannia whitfieldii, Microdesmis puberula, Myrianthus libericus, Dialium aubrevillei, Griffonia simplicifolia, Canthium hispidum, Coffea liberica, Cnestis ferruginea, Paracoffea ebracteolata, Cissus gracilis, Acacia pennata, Landolphia owariensis, Uvariopsis guineensis, Paullinia pinnata, Leptoderris fasciculata.*

Phase kortodée : *Marantochloa filipes, Dracaena ovata, Cercestis afzelii, Palisota hirsuta.*

Stigme graméen : *Leptochloa caerulescens.*

Hoplexol 5 : 0,30/0,50-0,60 m.

Prophyse-Stylagé, ophiagé, à phases stipiagée, kortodée, nécrunécrophytique, à stigmes pléiophysé, suprarhizagé, graméen et hypodendrigé.

Iso-Stomaphique.

Prophyse : *Griffonia simplicifolia, Parinari aubrevillei, Craterispermum caudatum, Baphia nitida, Cnestis ferruginea, Coffea liberica, Myrianthus arboreus, Leptoderris fasciculata, Neuropeltis acuminata, Cola humilis, Dialium aubrevillei, Agelaea pseudobliqua, Rothmannia longiflora, Monodora tenuifolia, Combretum hispidum, Hugonia afzelii, Chrysophyllum pruniforme, Piptadeniastrum africanum.*

Phase kortodée : *Marantochloa filipes, Sarcophrynium brachystachys, Thaumatococcus daniellii, Costus afer.*

Stigme monophysé : *Raphia hookeri.*

Stigme pléiophysé : *Iodes liberica.*

Stigme graméen : *Mapania linderi.*

Hoplexol 6 : 0,50-0,60/1-1,4 m.

Pro-Stylagé, ophiagé, à phases kortodée, nécrophytique (foliacée) et stipiagée, à stigme monophysé.

Stomaphique.

Prophyse : *Chrysophyllum pruniforme, Monodora tenuifolia, Strychnos aculeata, Bertiera racemosa, Microdesmis puberula, Ptychopetalum anceps, Pentaclethra macrophylla, Parinari aubrevillei, Coffea liberica, Drypetes ivorensis, Napoleona leonensis, Hugonia afzelii, Combretodendron africanum, Drypetes aylmeri, Rothmannia whitfieldii, Spondianthus preussii, Rinorea oblongifolia, Cephaelis peduncularis, Paracoffea ebracteolata.*

Phase kortodée : *Dracaena ovata, Marantochloa filipes, Trachyphrynium braunianum.*

Stigme monophysé : *Ancistrophyllum opacum.*

Phase nécrophytique foliacée : feuilles mortes d'*Elaeis guineensis*, lianes mortes.

Hoplexol 7 : 1-1,4/2-2,3 m.

Pro-Styla-Stipiagé, ophiagé, nécrophytique, à stigmes pléiophysé et monophysé.

Aérophique.

Prophyse : *Microdesmis puberula, Drypetes aylmeri, Uapaca esculenta, Xylopia quintasii, Parinari aubrevillei, Spondianthus preussii, Enantia polycarpa, Dacryodes klaineana, Antiaris welwitschii.*

Stigme monophysé : *Elaeis guineensis.*

Stigme pléiophysé : *Acridocarpus longifolius.*

Hoplexol 8 : 2,3/3,5-4 m.

Ophia-Styla-Stipiagé, nécrophytique, à phases prophysée, pléiophysée, à stigmes monophysé, dendrigé.

Iso-Stomaphique à phase cléistophique.

Phase prophysée : *Microdesmis puberula, Baphia nitida, Uapaca esculenta, Piptadeniastrum africanum, Anthonotha macrophylla.*

Phase pléiophysée : *Griffonia simplicifolia, Acridocarpus longifolius, Acacia pennata, Canthium hispidum Crossostemma laurifolium, Combretum hispidum.*
Stigme monophysé : *Elaeis guineensis.*

Hoplexol 9 : 3,5-4/7-8 m.

Propaliphyse-Monophyse, pléiophysé, ophiagé, nécrophytique, à phases stipiagée, prophysée et dendrigée.

Cléisto-Stomaphique.

Propaliphyse : *Baphia bancoensis.*
Monophyse : *Elaeis guineensis.*
Nécrophytion : feuilles mortes de *Elaeis guineensis*, lianes mortes.

Hoplexol 10 : 7-8/10-12 m.

Pro-Monophyse, à phase pléiophysée, à stigme dendrigé.

Aérophique à phase isocléistophique.

Prophyse : *Macaranga barteri, Erythrophleum ivorense, Allophylus africanus, Dacryodes klaineana.*
Monophyse : *Elaeis guineensis.*

Hoplexol 11 : 10-12/18 m.

Prophyse.

Aérophique.

Prophyse : *Fagara macrophylla, Albizia zygia.*

ANNEXE XIII

Parcelle de 19 ans (SOUBRE II)

Hoplexol 1 : 0/0,04-0,08 m.

Nécrophytion (foliacé)-Stylagé, nécrunécrophytique, à phases suprarhizagée, phorophytique, à stigmes ophiagé, néokortodé, pléiophysé.

Stomaisophique.

Phase phorophytique : *Geophila hirsuta, Geophila afzelii, Thonningia sanguinea.*
Stigme néokortodé : *Marantochloa filipes.*
Stigme pléiophysé : *Piper guineense.*

Hoplexol 2 : 0,04-0,08/0,12 m.

Stylagé, nécrunécrophytique, à phases ophiagée, nécrophytique (ligneuse et foliacée), suprarhizagée, kortodée, à stigme néophytique.

Aérostomaphique.

Phase kortodée : *Marantochloa filipes.*
Stigme néophytique : *Bertiera bracteolata, Neuropeltis acuminata.*

Hoplexol 3 : 0,12/0,25 m.

Korto-Stylagé, ophiagé, à phases graméenne, néophytique, suprarhizagée, nécrunécrophytique.

Stomaphique.

Kortode : *Marantochloa filipes, Pteris atrovirens.*
Phase graméenne : *Streptogyna crinita.*
Phase néophytique : *Neuropeltis acuminata, Leptoderris fasciculata, Lankesteria brevior, Griffonia simplicifolia.*

Hoplexol 4 : 0,25/0,50 m.

I — *Styla-Gramen, à phases kortodée, ophiagée, suprarhizagée, nécrophytique, à stigme néophytique.*

Cléistophique.

Gramen : *Streptogyna crinita, Olyra latifolia, Mapania linderi.*
Phase kortodée : *Palisota hirsuta, Dracaena humilis.*
Stigme néophytique : *Robynsia glabrata.*

II — *Korto-Stylagé, ophiagé, à phases néophytique, suprarhizagée, graméenne et nécrophytique.*

Stomaphique.

Kortode	: *Palisota hirsuta, Dracaena humilis, Asplenium africanum.*
Phase graméenne	: *Olyra latifolia, Streptogyna crinita.*
Phase néophytique	: *Neuropeltis acuminata, Carpolobia lutea, Penianthus zenkeri, Robynsia glabrata, Psychotrya subobliqua.*

Cette 2e zone se situe sous un couvert végétal plus dense.

Hoplexol 5 : 0,50/0,8-1 m.

Pro-Stylagé, ophiagé, à phases kortodée, nécrophytique, à stigmes graméen et promonophysé.

Stomaphique à phase isophique.

Prophyse	: *Piptadeniastrum africanum, Ouratea morsonii, Microdesmis puberula, Myrianthus libericus, Myrianthus arboreus, Neuropeltis acuminata, Castanola paradoxa, Salacia debilis, Tetracera potatoria, Dichapetalum pallidum, Isolona campanulata, Desplatsia chrysochlamys.*
Phase kortodée	: *Marantochloa filipes, Trachyphrynium braunianum, Megaphrynium macrostachyum.*
Stigme graméen	: *Olyra latifolia.*
Stigme promonophysé	: *Ancistrophyllum secundiflorum.*

Hoplexol 6 : 0,8-1/1,4 m.

Pro-Stylagé, ophiagé, à phases kortodée et nécrophytique.

Aérostomaphique.

Prophyse	: *Coffea liberica, Myrianthus arboreus, Microdesmis puberula, Baphia nitida, Albizia zygia, Castanola paradoxa, Salacia erecta, Salacia debilis, Desplatsia chrysochlamys, Morinda longiflora, Aidia genipiflora.*
Phase kortodée	: *Palisota hitsuta, Trachyphrynium braunianum.*

Hoplexol 7 : 1,4/2,2 m.

Pro-Stylagé, ophiagé, à phase kortodée, à stigmes pléiomonophysé et nécrophytique.

Aérostomaphique.

Prophyse	: *Microdesmis puberula, Baphia nitida, Desplatsia chrysochlamys, Nesogordonia papaverifera.*
Phase kortodée	: *Thaumatococcus daniellii, Trachyphrynium braunianum.*
Stigme pléiomonophysé	: *Ancistrophyllum secundiflorum.*

Hoplexol 8 : Mosaïque.

I — 2,2/5,5 m.

Paliphyse, nécrophytique, ophiagé et pléiophysé, à phases stylagée et dendrigée.

Cléistophique.

Nécrophytion	: Lianes mortes.
Paliphyse	: *Macaranga barteri, Myrianthus libericus.*
Pléiophyse	: *Strophanthus sarmentosus, Acacia pennata, Alchornea cordifolia, Dioscorea burkilliana.*

II — 2,2/7 m.

Pléiomonophyse.

Cléistophique.

Pléiomonophyse	: *Ancistrophyllum secundiflorum.*

III — 2,2/5-6 m.

Paliphyse, à phases stylagée et pléiophysée.

Isophique.

Paliphyse	: *Myrianthus libericus, Macaranga hurifolia.*

Hoplexol 9 : 5-7/10 m.

Pro-Propaliphyse, à stigme stylagé.

Aérophique.

Prophyse	: *Funtumia elastica, Albizia zygia.*
Propaliphyse	: *Macaranga barteri, Tetrorchidium didymostemon.*

Hoplexol 10 : 10/15 m.

Prophyse, à stigme monophysé.

Aérophique à phase isophique.

Prophyse : *Terminalia superba, Terminalia ivorensis, Alstonia congensis.*
Stigme monophysé : *Elaeis guineensis.*

ANNEXE XIV

Parcelle de 39 ans (SOUBRE II)

Hoplexol 1 : 0/0,02-0,15 m.

Styla-Nécrophytion (foliacé), nécrunécrophytique, ophiagé, à phases phorophytique, suprarhizagée, à stigmes néophytique, pléiophysé, néokortodé, graméen.

Cléisto-Stomaphique à phase aérophique.

Phase phorophytique : *Geophila afzelii, Geophila hirsuta, Piper guineense.*
Stigme pléiophysé : *Adenia gracilis.*
Stigme néokortodé : *Cercestis afzelii, Ctenitis variabilis.*
Stigme néophytique : *Neuropeltis acuminata.*
Stigme graméen : *Floscopa africana.*

Hoplexol 2 : 0,02-0,15/0,20 m.

Nécrunécro-Stylagé, ophiagé à phases, nécrophytique (foliacée), néophytique, kortodée, graméenne, suprarhizagée.

Aérostomaphique.

Phase néophytique : *Neuropeltis acuminata, Cnestis ferruginea, Landolphia owariensis, Combretum hispidum, Neuropeltis prevosteoides, Microdesmis puberula, Robynsia glabrata, Tricalysia macrophylla Polyalthia oliveri.*
Phase kortodée : *Trachyphrynium braunianum, Dracaena surculosa, Culcasia liberica, Ctenitis variabilis.*
Phase graméenne : *Floscopa africana, Mapania africana, Streptogyna crinita* (sous les secteurs denses et fermés), *Oplismenus hirtellus* (sous les zones plus claires).

Hoplexol 3 : 0,20/0,45-0,60 m.

Nécro-Stylagé, ophiagé, néophytique, à phases suprarhizagée, à stigmes kortodé, pléiophysé, promonophysé.

Stomaphique.

Néophytion : *Tricalysia macrophylla, Uvariopsis guineensis, Cnestis ferruginea, Combretum hispidum, Robynsia glabrata, Myrianthus libericus, Griffonia simplicifolia, Diospyros chevalieri, Dichapetalum pallidum, Piptadeniastrum africanum, Manniophyton fulvum, Chytranthus talbotii, Monodora tenuifolia.*
Stigme pléiophysé : *Neuropeltis acuminata.*
Stigme kortodé : *Thaumatococcus daniellii.*
Stigme pronomophysé : *Eremospatha macrocarpa.*

Hoplexol 4 : 0,45-0,60/1,2 m.

Nécro-Stylagé, ophiagé, à phase prophysée, à stigmes dendrigé, kortodé, monophysé, pléiophysé.

Aérostomaphique à phase cléistophique.

Phase prophysée : *Dichapetalum angolense, Microdesmis puberula, Agelaea pseudobliqua, Hugonia afzelii, Cnestis ferruginea, Baphia nitida.*
Stigme pléiophysé : *Manniophyton fulvum.*
Stigme kortodé : *Thaumatococcus daniellii.*
Stigme monophysé : *Raphia hookeri.*

Hoplexol 5 : 1,2/3 m.

Nécro-Stylagé, à phases prophysée et pléiophysée, à stigme monophysé.

Aérostomaphique à phase cléistophique.

Phase prophysé : *Trichoscypha oba, Monodora myristica, Cola caricaefolia, Oxyanthus formosus.*
Phase pléiophysée : *Acacia pennata, Neuropeltis acuminata, Griffonia simplicifolia.*
Nécrophytion : Abondance de lianes mortes.

Hoplexol 6 : 3/4,5 m.

Dendri-Nécrophytion, pléiophysé, à phases pléiograméenne, à stigme monophysé.

Cléistophique.

Nécrophytion : accumulation de lianes mortes.
Pléiophyse : *Acacia pennata, Neuropeltis acuminata, Cissus gracilis, Griffonia simplicifolia, Manniophyton fulvum, Dioscorea burkilliana, Alchornea cordifolia.*
Phase pléiograméenne : *Scleria barteri.*
Stigme monophysé : *Raphia hookeri.*

Hoplexol 7 : 4,5/6 m.

Pléiophyse, paliphysé, à phases nécrophytique.

Cléistophique.

Pléiophyse : ch. H6.
Paliphyse : *Myrianthus libericus.*

Zones a rotins

Hoplexol 1′ : 0/0,5 m.

Nécrunécro-Nécrophytion, à stigmes kortodé et néophytique.

Isophique.

Hoplexol 2′ : 0,5/2-3 m.

Pléiophyse, pléiomonophysé, pléiograméen, à phase ophiagée.

Cléistophique.

Pléiophyse : *Combretum hispidum, Trachychrynium braunianum, Acacia pennata, Cissus gracilis, Neuropeltis acuminata, Manniophyton fulvum, Griffonia simplicifolia, Dioscorea burkilliana, Alchornea cordifolia.*
Pléiomonophyse : *Ancistrophyllum secundiflorum.*
Pléiogramen : *Scleria barteri.*

Hoplexol 3′ : 2-3/4-5 m.

Pléiomonophyse à phase pléiograméenne.

Cléistophique.

Pléiomonophyse : *Ancistrophyllum secundiflorum.*
Pléiogramen : *Scleria barteri.*

Massifs lianescents

Hoplexol 1″ : 0/0,5 m.

Nécrunécro-Nécrophytion, à stigmes kortodé et néophytique.

Isophique.

Hoplexol 2″ : 0,5/2-3 m.

Pléiophyse.

Cléistophique.

Au-dessus de cette mosaïque

Hoplexol 8, 4 ou 3 : 6, 4, 3/7-8 m.

Prophyse, à phase pléiophysée.

Aérophique à phase isophique.

Prophyse : *Macaranga barteri, Fagara macrophylla, Funtumia elastica, Triplochiton scleroxylon.*

Hoplexol 9, 5 ou 4 : 7-8/10-12 m.

Prophyse.

Aérophique.

Prophyse	: *Funtumia elastica, Discoglypremna caloneura.*

ANNEXE XV

Parcelle de 28 ans (GRABO)

Hoplexol 1 : 0/0,03 m.

Nécrunécro-Stylagé, nécrophytique (foliacé), à phases hypodendrigée, phorophytique, ophiagée, suprarhizagée, à stigmes néokortodé, stipiagé.

Isocléistophique.

Phase phorophytique	: *Geophila afzelii.*
Stigme néokortodé	: *Bolbitis auriculata.*

Hoplexol 2 : 0,03/0,12 m.

Stylagé, nécrunécrophytique, à phases hypodendrigée, néophytique, néokortodée, phorophytique, ophiagée, suprarhizagée, à stigmes graméen et stipiagé.

Stomaphique à phase isophique.

Phase phorophytique	: *Geophila hirsuta, G. afzelii.*
Phase néokortodée	: *Physacanthus nematosiphon.*
Stigme graméen	: *Guaduella oblonga.*
Phase néophytique	: *Bertiera bracteolata, Hugonia planchonii, Ouratea affinis, Piptadeniastrum africanum, Thecacoris stenopetala, Baissea breviloba, Calycobolus heudelotii.*

Hoplexol 3 : 0,12/0,25 m.

Néophytion-Stylagé, kortodé, à phases ophiagée, suprarhizagée, hypodendrigée, à stigmes graméen et stipiagé.

Isophique à phase cléistophique.

Kortode	: *Cercestis afzelii, Pteris atrovirens, Culcasia mannii.*
Stigme graméen	: *Hypolytrum heteromorphum.*
Néophytion	: *Iodes liberica, Landolphia membranacea, Combretum hispidum, Leptoderris fasciculata, Gaertnera cooperi, Dichapetalum pallidum, Ouratea duparquetiana, Calpocalyx brevibracteatus, Isolona campanulata, Piptadeniastrum africanum, Thecacoris stenopetala, Hugonia planchonii, Agelaea pseudobliqua.*

Hoplexol 4 : 0,25/0,45 m.

Néophytion-Stylagé, kortodé, à phases suprarhizagée, hypodendrigée, ophiagée, graméenne, promonophysée, à stigme stipiagé.

Isophique à phase cléistophique.

Phase promonophysée	: *Eremospatha maerocarpa.*
Phase graméenne	: *Hypolytrum heteromorphum.*
Kortode	: *Cercestis afzelii, Sarcophrynium brachystachys, Trachyphrynium braunianum.*
Néophytion	: *Thecacoris stenopetala, Sapium ellipticum, Microdesmis puberula, Landolphia membranacea, Dichapetalum angolense, Leptoderris fasciculata, Ouratea morsonii, Ouratea schoenleiniana, Uapaca esculenta, Icacina mannii, Canthium hispidum, Xylopia quintasii, Dichapetalum pallidum, Hugonia planchonii.*

Hoplexol 5 : 0,45/0,80 m.

Prophyse-Stylagé, à phases ophiagée, kortodée, suprarhizagée, à stigmes stipiagé, pléiophysé, graméen, promonophysé.

Isostomaphique à phase isocléistophique.

Phase kortodée	: *Cercestis afzelii, Megaphrynium macrostachyum, Trachyphrynium braunianum.*
Stigme pléiophysé	: *Aphanostylis leptantha.*
Stigme graméen	: *Guaduella oblonga.*
Prophyse	: *Thecacoris stenopetala, Ouratea morsonii, Cola humilis, Tetrorchidium oppositifolium, Piptadeniastrum africanum, Psychotria subobliqua, Agelaea pseudobliqua, Myrianthus libericus, Tarrietia utilis, Spondianthus preussii.*

Hoplexol 6 : 0,80/1,5 m.

Pro-Stylagé, à phases pléiophysée, ophiagée, suprarhizagée, à stigme stipiagé.

Stomaphique.

Pro- (à phase hémiépiphytique : *Cercestis afzelii*).

Prophyse : *Rinorea oblongifolia, Cola humilis, Uapaca esculenta, Memecylon guineense, Microdesmis puberula, Memecylon memecyloides, Gaertnera cooperi, Diospyros chevalieri, Beilschmiedia mannii, Pauridiantha hirtella.*

Phase pléiophysée : *Dichapetalum angolense, Aphanostylis leptantha.*

Hoplexol 7 : 1,5/2 m.

Pro-Stylagé, à phases pléiophysée, ophiagée, à stigmes stipiagé, suprarhizagé, kortodé.

Aérostomaphique à phase isophique.

Prophyse : *Cassipourea nialatou, Isolona campanulata, Microdesmis puberula, Heisteria parvifolia, Piptadeniastrum africanum, Corynanthe pachyceras, Spondianthus preussii, Sabicea africana, Caloncoba brevipes.*

Stigme kortodé : *Cephaelis yapoensis.*

Hoplexol 8 : 2/3-4 m.

Pro-Pali-Stylagé, à phases ophiagée, pléiophysée, (micro)dendrigée, à stigme stipiagé.

Cléisto-Stomaphique.

Prophyse : *Uapaca esculenta, Pauridiantha hirtella, Napoleona leonensis, Myrianthus arboreus, Piptadeniastrum africanum.*

Phase pléiophysée : *Dichapetalum angolense, Trachyphrynium braunianum.*

Paliphyse : *Microdesmis puberula.*

Hoplexol 9 : 3-4/5-6 m.

Pro-Stylagé, pléiophysé, à phase (micro)dendrigée, à stigme stipiagé.

Stylagé (hémiépiphytique : *Cercestis afzelii*).

Iso-Cléistophique à phase stomaphique.

Prophyse : *Uapaca esculenta, Tarrietia utilis, Afrosersalisia afzelii, Funtumia elastica, Maesobotrya barteri, Calpocalyx brevibracteatus, Scottellia chevalieri, Caloncoba echinata.*

Pléiophyse : *Iodes liberica, Artabotrys jollyanus.*

Hoplexol 10 : 6/9 m.

Pléio-Prophyse, stylagé, à phases monophysée et dendrigée.

Cléisto-Stomaphique.

Prophyse : *Vitex micrantha, Parinari aubrevillei, Vitex rivularis.*

Phase monophysée : *Elaeis guineensis.*

Hoplexol 11 : 9/15 m.

Prophyse, pléiophysé, à phase dendrigée.

Cléisto-Stomaphique.

Prophyse : *Vitex micrantha, Uapaca esculenta, Calpocalyx brevibracteatus, Allanblackia floribunda, Cassipourea nialatou.*

Hoplexol 12 : 15/20 m.

Pro-Propaliphyse, phase paliphysée.

Isocléisto-Stomaphique.

Prophyse : *Fagara macrophylla, Parinari excelsa.*

Propaliphyse : *Xylopia aethiopica, Uapaca esculenta, Albizia zygia.*

Phase paliphysée : *Anthocleista vogelii.*

Hoplexol 13 : 20/23 m.

Prophyse.

Aérophique.

Prophyse : *Piptadeniastrum africanum, Homalium patoklaense.*

ANNEXE XVI

Parcelle de 38 ans (GRABO)

Hoplexol 1 : 0/0,03 m.

Nécrophytion (foliacé à phase ligneuse) — Stylagé, nécrunécrophytique, phorophytique, à phases stipiagée, suprarhizagée, ophiagée, néokortodée, néophytique.

Cléistophique.

Prorophytion	: *Geophila hirsuta, G. afzelii.*
Phase néophytique	: *Bridelia micrantha, Maesobotrya barteri, Gaertnera cooperi, Piptadeniastrum africanum Baissea leonensis.*
Phase néokortodée	: *Culcasia liberica.*

Hoplexol 2 : 0,03/0,10 m.

Nécrunécrophytion-Stylagé, néokortodé, à phases nécrophytique (ligneuse), phorophytique, ophiagée, néophytique suprarhizagée, stipiagée, à stigme graméen.

Stomaphique à phase isophique.

Stigme graméen	: *Streptogyna crinita.*
Phase phorophytique	: *Geophila hirsuta, G. afzelii.*
Néokortode	: *Cercestis afzelii, Culcasia liberica, Ctenitis variabilis, Marantochloa filipes.*
Phase néophytique	: *Uapaca esculenta, Bertiera bracteolata, Piptadeniastrum africanum, Memecylon guineense, Baissea breviloba.*

Hoplexol 3 : 0,10/0,25 m.

Korto-Stylagé, néophytique, à phases suprarhizagée, ophiagée, stipiagée, nécrunécrophytique, graméenne.

Stomaphique à phase isophique.

Kortode	: *Marantochloa filipes, Ctenitis variabilis, Pteris atrovirens, Geophila hirsuta, Culcasia mannii, Dracaena elliotii, Palisota barteri, Palisota hirsuta, Cercestis afzelii.*
Phase graméenne	: *Streptogyna crinita, Olyra latifolia.*
Néophytion	: *Iodes liberica, Gaertnera cooperi, Enantia polycarpa, Polyalthia oliveri, Desmostachys vogelii, Piptadeniastrum africanum, Agelaea pseudobliqua, Callichilia subsessilis, Strychnos aculeata.*

Hoplexol 4 : 0,25/0,50 m.

Néo-Kortode-Stylagé, à phases suprahizagée, ophiagée, graméenne, stipiagée, à stigme promonophysé.

Isophique à phase stomaphique.

Kortode	: *Cercestis afzelii, Culcasia saxatilis, Marantochloa filipes, Trachyphrynium braunianum.*
Néophytion	: *Iodes liberica, Ouratea schoenleiniana, Agelaea pseudobliqua, Funtumia elastica, Microdesmis puberula, Dichapetalum pallidum, Hugonia planchonii, Myrianthus libericus, Gaertnera cooperi, Piptadeniastrum africanum, Rhaphiostylis beninensis.*
Phase graméenne	: *Streptogyna crinita.*
Stigme promonophysé	: *Raphia hookeri.*

Hoplexol 5 : 0,50/0,80 m.

Pro-Korto-Stylagé, à phase suprarhizagée, stipiagée, ophiagée, promonophysée, graméenne.

Aérophique à phase isophique.

Kortode	: *Cercestis afzelii, Cephaelis yapoensis, Marantochloa filipes.*
Prophyse	: *Polyalthia oliveri, Salacia debilis, Cola nitida, Myrianthus libericus, Xylopia vilosa, Ouratea schoenleiniana, Rhaphiostylis beninensis.*
Phase graméenne	: *Mapania coriandrum.*
Phase promonophysée	: *Raphia hookeri.*

Hoplexol 6 : 0,80/1,30 m.

Pro-Stylagé, à phases ophiagée, stipiagée, suprarhizagée, kortodée, promonophysée, à stigme graméen.

Aérostomaphique.

Phase kortodée : *Cephaelis yapoensis.*
Phase promonophysée : *Raphia hookeri.*
Stigme graméen : *Mapania coriandrum.*
Prophyse : *Scytopetalum tieghemii, Ouratea schoenleiniana, Uapaca esculenta, Xylopia parviflora, Maesobotrya barteri, Lovoa trichilioides, Tabernaemontana crassa, Drypetes ivorensis, Polyalthia oliveri, Myrianthus libericus, Antidesma membranacea, Coffea liberica, Adhatoda maculata.*

Hoplexol 7 : 1,30/2 m.

Stylagé, prophysé et ophiagé, à phase stipiagé, suprarhizagée, à stigme pléiophysé.

Aérophique.

Stylagé (à phase hémiépiphytique).

Prophyse : *Dialium aubrevillei, Maesobotrya barteri, Microdesmis puberula, Combretodendron africanum, Uapaca esculenta, Scottelia chevalieri, Baphia nitida, Cola nitida, Allanblackia floribunda, Hugonia planchonii, Heisteria parvifolia.*

Phase hémiépiphytique sur le Stylagé : *Cercestis afzelii, Culcasia scandens.*

Hoplexol 8 : 2/2,5 m.

Stylagé, prophysé et ophiagé, à phase stipiagée et stigme pléiophysé.

Aérophique.

Stylagé et Prophyse (à phase hémiépiphytique : *Culcasia scandens, Cercestis afzelii*).

Prophyse : *Xylopia quintasii, Tabernaemontana crassa, Maesobotrya barteri, Coffea liberica, Caloncoba echinata, Uapaca esculenta.*

Hoplexol 9 : 2,5/3,5 m.

Pro-Stylagé, à phases pléiophysée et stipiagée, à stigme paliphysé.

Aérostomaphique.

Pro-Stylagé à phase hémiépiphytique.

Phase pléiophysée : *Tiliacora dinklagei.*
Prophyse : *Maesobotrya barteri, Myrianthus libericus, Uapaca esculenta, Caloncoba echinata, Polyalthia oliveri, Gaertnera cooperi, Scytopetalum tieghemii, Hugonia afzelii, Piptadeniastrum africanum.*
Stigme paliphysé : *Carpolobia lutea.*
Phase hémiépiphytique : *Cercestis afzelii, Culcasia scandens.*

Hoplexol 10 : 3,5/5 m.

Styla-Prophyse, ophiagé, à phases pléiophysée et stipiagée, à stigme (macro) dendrigé.

Stomaphique.

Prophyse : *Maesobotrya barteri, Uapaca esculenta, Caloncoba echinata, Coffea liberica, Mareya micrantha, Cola nitida, Combretodendron africanum.*

Hoplexol 11 : 5/7 m.

Pro-Stylagé, ophiagé, à phases stipiagée, paliphysée, pléiophysée, dendrigée.

Aérophique.

Stylagé (à phase hémiépiphytique : *Cercestis afzelii*).
Prophyse : *Mareya micrantha, Funtumia elastica, Vitex phaeotricha, Cassipourea nialatou.*
Phase paliphysée : *Cola nitida.*

Hoplexol 12 : 7/10-11 m.

Pro-Monophyse, dendrigé, à stigme stylagé.

Cléisto-Stomaphique.

Prophyse : *Allanblackia floribunda, Piptadeniastrum africanum, Funtumia elastica.*
Monophyse : *Elaeis guineensis.*

Hoplexol 13 : 11/15 m.

Dendrigé, paliphysé, pléiophysé et ophiagé, à phases prophysée et propaliphysée, à stigme stylagé.

Isophique.

Phase prophysée : *Piptadeniastrum africanum, Uapaca esculenta.*
Phase propaliphysée : *Uapaca esculenta.*
Pléiophyse : *Leptoderris fasciculata, Iodes liberica.*
Paliphyse : *Uapaca esculenta, Cynometra ananta* (branches basses).

Hoplexol 14 : 15/20 m.

Paliphyse.

Stomaphique à phase isophique.

Paliphyse : *Fagara macrophylla, Uapaca esculenta, Funtumia elastica, Cynometra ananta.*

ANNEXE XVII

Parcelle de 33 ans (TAI)

Hoplexol 1 : 0/0,04 m.

Styla-Nécrophytion (foliacé à phase ligneuse), phorophytique, à phases suprarhizagée, nécrunécrophytique, à stigmes néophytique, néokortodé, stipiagé, ophiagé.

Cléistophique.

Phase phorophytique : *Geophila hirsuta, Geophila afzelii.*
Stigme néokortodé : *Cercestis stigmaticus.*
Stigme néophytique : *Strombosia glaucescens, Cephaelis peduncularis, Xylopia quintasii.*

Hoplexol 2 : 0,04/0,10 m.

Nécro(ligneux)-Stylagé, néophytique, néokortodé, graméen, à phases hypodendrigée, suprarhizagée, phorophytique, à stigmes stipiagé et ophiagé.

Aérostomaphique.

Gramen : *Oplismenus hirtellus, Streptogyna crinita, Centotheca lappacea, Commelina capitata.*
Néophytion : *Dialium aubrevillei, Maesobotrya barteri, Eugenia calophylloides, Tetracera potatoria, Xylopia quintasii, Sterculia tragacantha, Cephaelis peduncularis, Agelaea obliqua, Gaertnera cooperi, Diospyros sanza-minika, Leea guineensis, Newtonia aubrevillei.*
Néokortode : *Pteris atrovirens, Marantochloa filipes, Sarcophrynium brachystachys, Palisota barteri, Palisota hirsuta.*

Hoplexol 3 : 0,10/0,20 m.

Néo-Korto-Stylagé, nécrophytique (ligneux) et graméen, à phases hypodendrigée, suprarhizagée, à stigmes pléiophysée, stipiagé et ophiagé.

Stomaphique.

Néophytion : *Agelaea pseudobliqua, Tetracera potatoria, Napoleona leonensis, Myrianthus libericus, Cephaelis peduncularis, Morinda longiflora, Combretum hispidum, Dicranolepis persei, Ouratea affinis, Memecylon lateriflorum, Gaertnera cooperi.*
Kortode : *Sarcophrynium brachystachys, Palisota hirsuta, Palisota barteri, Trachyphrynium braunianum, Asplenium africanum, Haemanthus multiflorus.*
Gramen : *Floscopa africana, Streptogyna crinita.*
Stigme pléiophysé : *Sabicea discolor.*

Hoplexol 4 : 0,20/0,30 m.

Néo-Korto-Stylagé, nécrophytique (ligneux), à phases hypodendrigée, suprarhizagée, graméenne, à stigmes néomonophysé, stipiagé et ophiagé.

Stomaphique.

Kortode : *Sarcophrynium brachystachys, Buforrestia mannii, Palisota hirsuta, Aframomum daniellii.*
Néophytion : *Leea guineensis, Funtumia elastica, Napoleona leonensis, Hugonia planchonii, Oxyanthus racemosus, Memecylon guineense, Calpocalyx brevibracteatus, Rhaphiostylis beninensis Diospyros mannii, Cephaelis peduncularis, Scytopetalum tieghemii, Xylopia vilosa, Sterculia rhinopetala.*
Phase graméenne : *Streptogyna crinita.*
Stigme néomonophysé : *Ancistrophyllum opacum.*

Hoplexol 5 : 0,30/0,45 m.

Néo-Stylagé, à phases kortodée, hypodendrigée, suprarhizagée, nécrophytique (ligneuse), à stigmes stipiagé, néomonophysé et ophiagé.

Aérostomaphique.

Néophytion : *Agelaea pseudobliqua, Scottelia chevalieri, Tetracera alnifolia, Xylopia quintasii, Dicranolepis persei, Diospyros mannii, Diospyros sanza-minika, Diospyros soubreana, Tricalysia macrophylla, Pavetta corymbosa, Eugenia calophylloides, Pachypodanthium staudtii, Ouratea schoenleiniana, Rhaphiostylis beninensis, Calpocalys brevibracteatus, Linociera mannii, Oxyanthus racemosus, Blighia sapida, Parinari excelsa.*

Phase kortodée : *Halopegia azurea, Sarcophrynium brachystachys.*

Stigme promonophysé : *Ancistrophyllum opacum.*

Hoplexol 6 : 0,45/0,80 m.

Pro-Stylagé, à phases hypodendrigée, suprarhizagée et nécrophytique (ligneuse), à stigmes stipiagé et ophiagé.

Aérostomaphique.

Prophyse : *Dicranolepis persei, Strombosia glaucescens, Rhaphiostylis beninensis, Klainedoxa gabonensis, Gaertnera cooperi, Spondianthus preussii, Macaranga heterophylla, Pavetta corymbosa, Pachypodanthium staudtii, Soyauxia floribunda, Xylopia quintasii, Scytopetalum tieghemii, Calpocalyx brevibracteatus, Ouratea schoenleiniana, Octoknema borealis, Trichoscypha arborea.*

Hoplexol 7 : 0,80/1,2 m.

Pro-Stylagé, à stigmes stipiagé, suprarhizagé, hypodendrigé, et ophiagé.

Stomaphique.

Prophyse : *Oldfieldia africana, Klainedoxa gabonensis, Eugenia calophylloides, Spondianthus preussii, Gaertnera cooperi, Dicranolepis persei, Sacoglottis gabonensis, Memecylon guineense, Xylopia quintasii, Trichoscypha arborea, Agelaea pseudobliqua, Pachypodanthium staudtii, Ouratea flava, Canthium hispidum, Pavetta corymbosa, Diospyros soubreana, Parinari excelsa, Oxyanthus racemosus, Cnestis ferruginea, Macaranga heterophylla.*

Hoplexol 8 : 1,2/1,8 m.

Stylagé, prophysé, à phase (micro)dendrigée, à stigmes ophiagé et stipiagé.

Aérostomaphique à phase isophique.

Prophyse : *Eugenia calophylloides, Spondianthus preussii, Xylopia parviflora, Lophira alata, Agelaea pseudobliqua, Xylopia quintasii.*

Hoplexol 9 : 1,8/2,2-2,5 m.

Pro-Stylagé, propaliphysé, à phase (micro)dendrigée, à stigmes stipiagé et ophiagé.

Iso-Aérophique.

Propaliphyse : *Macaranga heterophylla, Napoleona leonensis.*

Prophyse : *Xylopia quintasii, Spondianthus preussii, Eugenia calophylloides, Pachypodanthium staudtii, Trichoscypha oba, Uvariastrum pierreanum, Calpocalyx brevibracteatus, Xylopia vilosa, Oxyanthus racemosus, Tricalysia reflexa, Strombosia glaucescens, Soyauxia floribunda, Massularia acuminata, Ouratea schoenleiniana, Panda oleosa.*

Hoplexol 10 : 2,5/3,5 m.

Pro-Stylagé, à phase paliphysée, à stigme stipiagé.

Aérostomaphique à phase isophique.

Paliphyse : *Pavetta corymbosa, Macaranga heterophylla, Napoleona leonensis.*

Prophyse : *Xylopia quintasii, Xylopia parviflora, Octoknema borealis, Spondianthus preussii, Lophira alata, Soyauxia floribunda, Eugenia calophylloides.*

Hoplexol 11 : 3,5/4,5-5 m.

Pro-Stylagé, à stigmes paliphysé et stipiagé.

Iso-Stomaphique à phase aérophique.

Prophyse : *Polyalthia oliveri, Lophira alata, Xylopia parviflora, Erythrophleum ivorense, Anopyxis klaineana, Erythroxylum mannii.*

Stigme paliphysé : *Macaranga heterophylla.*

Hoplexol 12 : 4,5-5/6,5 m.

Styla-Prophyse, à phase (micro)dendrigée, à stigme stipiagé.

Isophique à phase aérostomaphique.

Prophyse : *Xylopia quintasii, Spondianthus preussii, Erythrophleum ivorense, Diospyros soubreana, Lophira alata, Memecylon memecyloides.*

Hoplexol 13 : 6,5/8 m.

Styla-Prophyse à stigme stipiagé.

Stomaisophique à phases cléistophique et aérophique.

Prophyse : *Xylopia quintasii, Soyauxia floribunda, Sacoglottis gabonensis, Erythrophleum ivorense, Hirtella butayei.*

Hoplexol 14 : 8/12 m.

Prophyse, à phases stylagée et (méso)dendrigée, à stigme stipiagé.

Isostomaphique à phases cléistophique et aérophique.

Prophyse : *Erythrophleum ivorense, Lophira alata, Calpocalyx brevibracteatus, Caloncoba brevipes.*

Hoplexol 15 : 12/16 m.

(méso)Dendrigé, à phase paliphysée^{n-2}*, à stigmes stylagé et stipiagé.*

Aérostomaphique à phase isophique.

Phase paliphysée^{n-2} : *Anthocleista vogelii* qui fournit également le (méso)Dendrigé.
Prophyse : *Calpocalyx brevibracteatus, Lophira alata, Xylopia aethiopica.*

Hoplexol 16 : 16/18-20 m.

Prophyse, (macro, méga)dendrigé et paliphysé$^{n-2}$*, à stigmes stylagé et monophysé.*

Isophique.

Paliphyse^{n-2} : *Anthocleista vogelii.*
Prophyse : *Erythrophleum ivorense.*
Stigme monophysé : *Elaeis guineensis.*

Hoplexol 17 : 18-20/25 m.

(macro, méga)Dendrigé, paliphysé$^{n-1}$; ^{n} *et prophysé.*

Dendrigé (épiphytique).

Stompaphique.

Prophyse : *Terminalia superba.*
Paliphyse^{n-1} : *Xylopia aethipica.*
Paliphyse^{n} : (branches basses) *Triplochiton scleroxylon, Ceiba pentandra.*

Hoplexol 18 : 25/30-35 m.

Propali-Paliphyse^{n}.

Stomaphique.

Propaliphyse : *Terminalia superba, Erythrophleum ivorense, Ceiba pentandra.*
Paliphyse^{n} : *Triplochiton scleroxylon, Ceiba pentandra, Erythrophleum ivorense.*

ANNEXE XVIII : *La forêt climacique* (17)

1. Région de Tai

Sommet.

Hoplexol 1 : 0/0,03 m Nécrophytion (foliacé)-Stylagé, à phases phorophytique et hypodendrigée, à stigmes néophytique et suprarhizagé.

Cléistophique

(17) Les ensembles arborescents réalisés seront numérotés de façon inverse : n, n+1, n+2 ... à partir de 14-15 m, pour souligner l'apparition des niveaux émergents.

Hoplexol 2 : 0,03/0,09 m Stylagé, nécrophytique (ligneux), à phases ophiagée, néophytique, et hypodendrigée, à stigmes kortodé et suprarhizagé.
Aérophique

Hoplexol 3 : 0,09/0,20 m Néophytion-Stylagé, nécrophytique, à phases kortodée, graméenne, ophiagée, hypodendrigée, à stigme suprarhizagé.
Aérostomaphique

Hoplexol 4 : 0,20/0,40 m Néo-Stylagé, nécrophytique (ligneux), à phases ophiagée, hypodendrigée et kortodée, à stigme suprarhizagé.
Aérostomaphique

Hoplexol 5 : 0,40/0,80 m Pro-Stylagé, à phases ophiagée, nécrophytique, kortodée, à stigme (micro)dendrigé.
Aérostomaphique

Hoplexol 6 : 0,80/1,2 m Pro-Stylagé, à phase nécrophytique, à stigmes (micro)dendrigé, kortodé et paliphysé.
Aérophique à phase stomaphique

Hoplexol 7 : 1,2/1,8 m Pro-Stylagé, à phase ophiagée, à stigme pléiophysé.
Aérophique

Hoplexol 8 : 1,8/2,5 m Pro-Stylagé, propaliphysé, à phases paliphysée (micro)dendrigée et ophiagée.
Aérophique

Hoplexol 9 : 2,5/4 m Styla-Propali-Prophyse, à phases ophiagée et (micro)dendrigée.
Stomaphique à phase cléistophique

Hoplexol 10 : 4/6 m Styla-Prophyse, à phases (micro-méso)dendrigée, paliphysée et ophiagée.
Stomaphique

Hoplexol 11 : 6/8 m Styla-Propaliphyse, prophysé, à phase (méso)dendrigée.
Isocléisto-Aérophique

Hoplexol 12 : 8/14 m Pro-Propaliphyse, à phases (macro)dendrigée, stylagée, à stigme (méga)dendrigé.
Iso-Stomaphique

Hoplexol 13 : 14/20 m (méga)Dendrigé-Paliphyse^{n}, à stigme stylagé.
Iso-Stomaphique

Hoplexol 14 : 20/25 m Paliphyse^{n+1}, (méga)dendrigé.
Isophique

Hoplexol 15 : 25/30 m Paliphyse^{n+2}, à phase (méga)dendrigée.
Stomaphique

HAUT DE PENTE.

Hoplexol 1 : 0/0,03-0,05 m Nécrophytion (foliacé)-Stylagé, à phases ophiagée, hypodendrigée, nécrunécrophytique, phorophytique, à stigmes néokortodé, néograméen, néophytique.
Cléistophique

Hoplexol 2 : 0,03-0,05/0,25 m Néophytion-Stylagé, à phases kortodée, nécrunécrophytique, graméenne, ophiagée, hypodendrigée, nécrophytique.
Cléisto-Stomaphique

Hoplexol 3 : 0,25/0,40 m Néophytion-Stylagé, à phases hypodendrigée, ophiagée, nécrunécrophytique, graméenne, kortodée.
Stomaphique à phase cléistophique

Hoplexol 4 : 0,40/0,80 m Pro-Stylagé, à phases hypodendrigée, ophiagée, à stigme kortodé,
Stomaphique

Hoplexol 5 : 0,80/1,5 m Pro-Stylagé, à phase ophiagée, à stigmes hypodendrigé et pléiophysé.
Aérostomaphique

Hoplexol 6 : 1,5/2,5 m Pro-Stylagé, à phase ophiagée, à stigme hypodendrigé.
Stomaphique à phase isocléistophique

Hoplexol 7 : 2,5/3,5 m Pro-Stylagé, à phase ophiagée, à stigmes hypodendrigé et (micro)dendrigé.
Stomaphique à phase isocléistophique

Hoplexol 8 : 3,5/4,5 m Pro-Stylagé, à phases ophiagée, (micro)dendrigée, propaliphysée, à stigmes pléiophysé et (méso)dendrigé.
Stomaphique à phase isocléistophique

Hoplexol 9 : 4,5/6 m Styla-Pro-Paliphyse, à phases ophiagée, pléiophysée.
Stomaphique à phase isocléistophique

Hoplexol 10 : 6/9 m — Pro-Stylagé, propaliphysé, à phases paliphysée et ophiagée.
Stomaphique à phase cléistophique

Hoplexol 11 : 9/14 m — Styla-Prophyse, (méso-macro)dendrigé et paliphysée^{n}, à phases ophiagée et pléiophysée.
Stomaphique

Hoplexol 12 : 14/20 m — Paliphyse^{n}, (méso-macro)dendrigé, à phases ophiagée et prophysée.
Stomaphique

Hoplexol 13 : 20/25 m — Paliphyse^{n+1} ; $^{n+2}$, à phases (macro)dendrigée, propaliphysée et pléiophysée.
Stomaisophique

Hoplexol 14 : 25/35 m — Paliphyse^{n+2}.
Isocléistophique

MILIEU DE PENTE

Hoplexol 1 : 0/0,05 m — Nécrophytion (foliacé)-Stylagé, nécrophytique (ligneux), à phases hypodendrigée, nécrunécrophytique, phorophytique, à stigme ophiagé.
Cléistophique

Hoplexol 2 : 0,05/0,10 m — Stylagé, nécrophytique (ligneux), kortodé, néophytique, à phases nécrophytique (foliacée), phorophytique et graméenne.
Aérostomaphique à phase cléistophique

Hoplexol 3 : 0,10/0,25 m — Néophytion-Stylagé, à phases kortodée, hypodendrigée et ophiagée.
Stomaphique à phase isophique

Hoplexol 4 : 0,25/0,50 m — Néophytion-Stylagé, à phases kortodée, graméenne, ophiagée et hypodendrigée.
Stomaphique à phase isophique

Hoplexol 5 : 0,50/0,90 m — Pro-Stylagé, à phases ophiagée et hypodendrigée.
Stomaphique

Hoplexol 6 : 0,90/1,4 m — Pro-Stylagé, à phases ophiagée, hypodendrigée.
Aérostomaphique

Hoplexol 7 : 1,4/2 m — Pro-Stylagé, à phase ophiagée, à stigme hypodendrigé.
Aérostomaphique

Hoplexol 8 : 2/3 m — Pro-Stylagé, à phases propaliphysée et ophiagée.
Iso-Stomaphique

Hoplexol 9 : 3/4 m — Styla-Pro-Propaliphyse, à phase ophiagée.
Isocléisto-Stomaphique

Hoplexol 10 : 4/5,5 m — Styla-Pro-Propaliphyse, à phases (micro)dendrigée et ophiagée.
Isocléisto-Stomaphique

Hoplexol 11 : 5,5/8 m — Styla-Prophyse, à phase ophiagée.
Stomaphique à phase isophique

Hoplexol 12 : 8/11 m — Styla-Prophyse, à phases ophiagée et (méso)dendrigée.
Stomaphique à phase isophique

Hoplexol 13 : 11/15 m — Pro-Paliphyse, à phases (macro-méso)dendrigée et stylagée.
Stomaphique

Hoplexol 14 : 15/22 m — Propaliphyse, à phases (macro-méga)dendrigée, stylagée et prophysée.
Stomaphique à phase isophique

Hoplexol 15 : 22/32 m — Pali^{n} ; $^{n+1}$-(méga)Dendrigé, à stigme stylagé.
Aérophique

Hoplexol 16 : 32/42 m — (méga)Dendri-Paliphyse^{n+1} ; $^{n+2}$
Aérophique

Hoplexol 17 : 42/50 m — Paliphyse^{n+2}.
Aérophique

BAS DE PENTE.

Hoplexol 1 : 0/0,02 m — Nécrophytion (foliacé)-Stylagé, nécrophytique (ligneux), à phases nécrunécrophytique, ophiagée et hypodendrigée.
Isocléistophique à phase stomaphique

Hoplexol 2 : 0,02/0,07 m — Phoro-Stylagé, nécrophytique (ligneux), à phases ophiagée, hypodendrigée, néokortodée, néophytique, nécrunécrophytique.
Stomaphique à phase isophique

Hoplexol 3 : 0,07/0,20 m Korto-Néophytion-Stylagé, nécrophytique (ligneux), à phases hypodendrigée, phorophytique, ophiagée, graméenne, nécrunécrophytique.
Iso-Stomaphique

Hoplexol 4 : 0,20/0,40 m Néophytion-Stylagé, kortodé, à phases hypodendrigée, ophiagée, graméenne, nécrophytique (ligneuse).
Stomaphique à phase isophique

Hoplexol 5 : 0,40/0,80 m Pro-Stylagé, à phases ophiagée, hypodendrigée, kortodée, nécrophytique (ligneuse).
Stomaphique à phase aérophique

Hoplexol 6 : 0,80/1,30 m Pro-Stylagé, à phases ophiagée, nécrophytique (ligneuse), à stigme hypodendrigé.
Aérostomaphique

Hoplexol 7 : 1,3/2 m Pro-Stylagé, à phase ophiagée, à stigme hypodendrigé.
Stomaphique à phase aérophique

Hoplexol 8 : 2/3 m Pro-Propali-Stylagé, à phases ophiagée et (micro)dendrigée.
Aérophique à phase isophique

Hoplexol 9 : 3/4,5 m Pro-Propali-Stylagé, à phases ophiagée, (micro)dendrigée et pléiophysée.
Iso-Stomaphique

Hoplexol 10 : 4,5/6 m Pro-Stylagé, à phases ophiagée et pléiophysée.
Iso-Aérophique

Hoplexol 11 : 6/9 m Pro-Stylagé, à phase ophiagée.
Aérostomaphique à phase isophique

Hoplexol 12 : 9/15 m Prophyse, paliphysé, à phases (méso)dendrigée et ophiagée.
Stomaphique à phase isophique

Hoplexol 13 : 15/22 m Pali^{n}-Prophyse, à phase (méga)dendrigée.
Iso-Stomaphique

Hoplexol 14 : 22/30 m Dendrigé, à phase prophysée.
Aérostomaphique

Hoplexol 15 : 30/40 m Paliphyse^{n+1} ; $^{n+2}$, dendrigé, à phase propaliphysée.
Stomaphique

Hoplexol 16 : 40/45 m Paliphyse^{n+2} ; $^{n+3}$.
Isophique à phase cléistophique

Hoplexol 17 : 45/50 m Paliphyse^{n+3}.
Aérophique

2. Région de Grabo

Sommet.

Hoplexol 1 : 0/0,04 m Nécrophytion (foliacé) — Stylagé, à phase nécrophytique (ligneuse) et phorophytique, à stigmes suprarhizagé, kortodé et néophytique.
Cléistophique

Hoplexol 2 : 0,04/0,10 m Nécrophytion (ligneux) — Stylagé, phorophytique, à phases ophiagée, néophytique, kortodée, à stigmes suprarhizagé et néograméen.
Aérophique

Hoplexol 3 : 0,10/0,20 m Néo-Stylagé, à phase ophiagée, à stigmes suprarhizagé, kortodé et nécrophytique (ligneux).
Aérophique à phase isophique

Hoplexol 4 : 0,20/0,40 m Néophytion-Stylagé, à phases ophiagée, graméenne, kortodée, à stigme suprarhizagé.
Stomaphique

Hoplexol 5 : 0,40/0,60 m Pro-Stylagé, graméen, à phase ophiagée, à stigmes kortodé et suprarhizagé.
Aérostomaphique

Hoplexol 6 : 0,6/1 m Pro-Stylagé, à phase ophiagée, à stigmes suprarhizagé, graméen et kortodé.
Aérostomaphique

Hoplexol 7 : 1/1,6 m Stylagé, prophysé, à phases ophiagée et paliphysée, à stigme kortodé.
Aérophique

Hoplexol 8 : 1,6/2 m Stylagé, prophysé, à phases paliphysée et ophiagée, à stigme pléiophysé.
Aérophique

Hoplexol 9 : 2/2,5 m Pali-Stylagé, à phases ophiagée, pléiophysée, prophysée.
Stomaphique

Hoplexol 10 : 2,5/3,5 m Pali-Stylagé, à phases prophysée, pléiophysée et ophiagée.
Stomaphique à phase cléistophique

Hoplexol 11 : 3,5/5 m Pali-Stylagé, prophysé, à phases pléiophysée et ophiagée.
Stomaphique à phase isophique

Hoplexol 12 : 5/6,5 m Pro-Stylagé, à phases (micro)dendrigée et ophiagée.
Stomaphique

Hoplexol 13 : 6,5/12 m Paliphyse, à phases prophysée, ophiagée, (méso-macro)dendrigée.
Stomaphique à phase cléistophique

Hoplexol 14 : 12/20 m Propali-(macro)Dendrigé, paliphysé^{n}, à phases prophysée, ophiagée, pléiophysée.
Stomaphique à phase cléistophique

Hoplexol 15 : 20/30 m (macro)Dendrigé, paliphysé^{n}, à phases ophiagée et pléiophysée.
Isophique

Hoplexol 16 : 30/40 m Paliphyse^{n}.
Cléistophique

Haut de pente.

Hoplexol 1 : 0/0,04 m Nécrophytion (foliacé et ligneux) — Stylagé, à phases hypodendrigée, suprarhizagée, ophiagée, nécrunécrophytique, à stigme néophytique.
Iso-Cléistophique

Hoplexol 2 : 0,04/0,10 m Nécrophytion (ligneux) — Stylagé, néophytique, à phases suprarhizagée, hypodendrigée, phorophytique, ophiagée, néokortodée, à stigme néograméen.
Aérophique à phase isophique

Hoplexol 3 : 0,10/0,20 m Néo-Stylagé, à phases hypodendrigée, suprarhizagée, ophiagée, graméenne, kortodée, nécrophytique (ligneuse).
Stomaphique

Hoplexol 4 : 0,20/0,30 m Gramo-Néo-Stylagé, kortodé, à phases hypodendrigée, suprarhizagée et ophiagée.
Stomaphique à phase isophique

Hoplexol 5 : 0,30/0,60 m Néo-Gramen-Stylagé, à phases kortodée, hypodendrigée, suprarhizagée, ophiagée.
Stomaphique

Hoplexol 6 : 0,60/0,90 m Pro-Stylagé, à phases hypodendrigée, kortodée, ophiagée, suprarhizagée, à stigme graméen.
Aérostomaphique

Hoplexol 7 : 0,90/1,5 m Pro-Stylagé, à phases suprarhizagée et ophiagée, à stigmes hypodendrigé, kortodé et paliphysé.
Aérostomaphique

Hoplexol 8 : 1,5/2,2 m Pro-Stylagé, à phase ophiagée, à stigme suprarhizagé.
Aérostomaphique à phase isophique

Hoplexol 9 : 2,2/3 m Pro-Stylagé, à phases (micro)dendrigée, ophiagée, paliphysée et pléiophysée.
Stomaphique

Hoplexol 10 : 3/4,5 m Styla-Pro-Propaliphyse, à phases paliphysée, ophiagée et pléiophysée.
Aérostomaphique à phase isophique

Hoplexol 11 : 4,5/7 m Styla-Propaliphyse, à phase (micro-méso)dendrigée, ophiagée, pléiophysée et prophysée.
Stomaphique

Hoplexol 12 : 7/11 m Prophyse, à phases ophiagée, paliphysée, stylagée, pléiophysée et (méso)dendrigée.
Isophique

Hoplexol 13 : 11/18 m Paliphyse^{n}, (méso)dendrigé, à phases pléiophysée, stylagée, ophiagée et prophysée.
Stomaphique

Hoplexol 14 : 18/23 m Prophyse, (macro, méga)dendrigé.
Isophique

Hoplexol 15 : 23/32 m Paliphyse^{n+1}, à phase (méga)dendrigée.
Stomaisophique

Hoplexol 16 : 32/42 m Paliphyse^{n+2}.
Aérophique

Milieu de pente.

Hoplexol 1 : 0/0,03 m Nécrophytion (foliacé et ligneux) — Stylagé, à phases hypodendrigée, ophiagée, à stigmes phorophytique et suprarhizagé.
Stoma-Isophique

Hoplexol 2 : 0,03/0,08 m Nécrophytion (ligneux) — Stylagé, néokortodé, néograméen, phorophytique, à phases néophytique, ophiagée, hypodendrigée, à stigme suprarhizagé.
Stomaphique à phase isophique

Hoplexol 3 : 0,08/0,20 m Gramo-Stylagé, néophytique, néokortodé, à phases phorophytique, hypodendrigée, ophiagée, nécrophytique (ligneuse), à stigme suprarhizagé.
Iso-Stomaphique

Hoplexol 4 : 0,20/0,35 m Néo-Gramo-Stylagé, kortodé, à phases hypodendrigée, ophiagée, à stigme suprarhizagé.
Isophique à phase stomaphique

Hoplexol 5 : 0,35/0,60 m Pro-Gramo-Stylagé, à phases hypodendrigée, ophiagée, kortodée, à stigme suprarhizagé. Phase épiphytique sur le Stylagé.
Stomaphique

Hoplexol 6 : 0,60/0,90 m Pro-Gramo-Stylagé, à phases kortodée, hypodendrigée, ophiagée, à stigme suprarhizagé. Phase épiphytique sur le Stylagé.
Aérostomaphique

Hoplexol 7 : 0,90/1,3 m Pro-Stylagé, à phase ophiagée, à stigmes pléiophysé, suprarhizagé, hypodendrigé. Stigme épiphytique sur le Stylagé.
Aérophique

Hoplexol 8 : 1,3/2 m Pro-Stylagé, à phase ophiagée, à stigme suprarhizagé. Stigme épiphytique sur le Stylagé.
Aérophique

Hoplexol 9 : 2/3 m Pro-Stylagé, à phases ophiagée, paliphysée, à stigmes kortodé, suprarhizagé, pléiophysé.
Aérophique

Hoplexol 10 : 3/4 m Pro-Pali-Stylagé, à phases pléiophysée et (micro)dendrigée.
Aérostomaphique

Hoplexol 11 : 4/6 m Styla-Pro-Paliphyse, à phases ophiagée et (micro)dendrigée.
Stomaphique à phase isophique

Hoplexol 12 : 6/11 m Prophyse, à phases stylagée et (micro)dendrigée.
Stomaphique

Hoplexol 13 : 11/18 m Prophyse, (macro)dendrigé, à stigme stylagé.
Stomaphique

Hoplexol 14 : 18/30 m (macro)Dendri-Paliphyse^{n} ; $^{n+1}$, à stigme stylagé.
Stomaphique

Hoplexol 15 : 30/35 m (macro)Dendri-Paliphyse^{n+1} ; $^{n+2}$.
Stomaphique

Hoplexol 16 : 35/45 m Paliphyse^{n+2}.
Aérophique

Bas de pente.

Hoplexol 1 : 0/0,02 m Nécro(foliacé et ligneux) — Stylagé, à phases phorophytique, nécrunécrophytique, à stigmes suprarhizagé, hypodendrigé, néokortodé, néophytique.
Iso-Stomaphique à phase cléistophique

Hoplexol 2 : 0,02/0,06 m Phoro-Stylagé, nécrophytique (ligneux), à phases nécrunécrophytique, néokortodée, ophiagée, à stigmes suprarhizagé et hypodendrigé.
Stomaphique à phase isophique

Hoplexol 3 : 0,06/0,12 m Korto-Stylagé, phorophytique, néophytique, à phases ophiagée, néograméenne, à stigmes suprarhizagé et hypodendrigé.
Stoma-Cléistophique

Hoplexol 4 : 0,12/0,25 m Néo-Kortode-Stylagé, à phases ophiagée, graméenne, à stigmes suprarhizagé et hypodendrigé.
Stomaphique à phases isophique et cléistophique

Hoplexol 5 : 0,25/0,45 m Néophytion-Stylagé, à phases kortodée, ophiagée, graméenne, à stigmes suprarhizagé et hypodendrigé.

Stomaphique à phase isophique

Hoplexol 6 : 0,45/0,70 m Pro-Stylagé, graméen, à phases ophiagée et kortodée, à stigmes suprarhizagé et hypodendrigé.

Aérostomaphique

Hoplexol 7 : 0,70/1,1 m Pro-Stylagé, à phases ophiagée et graméenne, à stigmes kortodé, suprarhizagé et hypodendrigé.

Phase hémiéphytique sur le Stylagé et le Prophyse.

Aérostomaphique

Hoplexol 8 : 1,1/1,5 m Pro-Stylagé, à phase ophiagée, à stigmes suprarhizagé et hypodendrigé.

Phase hémiépiphytique sur le Stylagé et le Prophyse.

Aérostomaphique

Hoplexol 9 : 1,5/2 m Pro-Stylagé, à phase ophiagée, à stigme suprarhizagé.

Phase hémiépiphytique sur le Stylagé et le Prophyse.

Aérophique

Hoplexol 10 : 2/2,5 m Pro-Stylagée, à phases ophiagée, paliphysée, à stigme suprarhizagé.

Phase hémiépiphytique sur le Stylagé et le Prophyse.

Aérostomaphique

Hoplexol 11 : 2,5/3,5 m Pro-Stylagé, à phases paliphysée, ophiagée, pléiophysée et (micro)dendrigée.

Stomaphique

Hoplexol 12 : 3,5/4,5 m Styla-Paliphyse, à phases prophysée, pléiophysée et ophiagée.

Isophique à phase cléistophique

Hoplexol 13 : 4,5/6 m Styla-Paliphyse, à phases pléiophysée, prophysée et ophiagée.

Stomaphique

Hoplexol 14 : 6/8 m Pro-Stylagé, à phase ophiagée.

Aérophique

Hoplexol 15 : 8/11 m Styla-Prophyse, à phases paliphysée et ophiagée.

Stomaphique à phase isophique

Hoplexol 16 : 11/15 m (méso, macro)Dendrigé, pléiophysé, à phases stylagée et paliphysée.

Aérophique à phase cléistophique

Hoplexol 17 : 15/22 m (macro)Dendri-Paliphyse^{n} ; $^{n+1}$, à phase pléiomonophysée.

Aérostomaphique à phase cléistophique

Hoplexol 18 : 22/35 m Paliphyse^{n+1} ; $^{n+2}$, à phase (méga)dendrigée.

Stomaphique

Hoplexol 19 : 35/45 m Paliphyse^{n+2}.

Aérophique

Liste des espèces citées dans les annexes

Nous donnons la liste des espèces citées dans les annexes avec un renvoi aux parcelles correspondantes et aux hoplexols qu'elles constituent. Il est ainsi aisé de retrouver les différentes diagnoses dont elles furent l'objet.

Le bilan des essences commercialisées a été effectué par surface de 2 500 m² pour chaque parcelle étudiée. Cette surface est nettement supérieure à celle demandée pour un relevé descriptif. Aussi ne faudra-t-il pas s'étonner si telle espèce utile signalée dans une parcelle (au Chapitre 3) ne figure pas dans la diagnose complémentaire de l'annexe correspondante.

Les chiffres romains se rapportent à l'annexe, les chiffres arabes correspondent aux différents hoplexols où l'espèce a été rencontrée.

La nomenclature adoptée est celle de la 2e éd. de la F.W.T.A. (Vol. I, 1, 1954 et 2, 1963 ; Vol. II, 1963 ; Vol. III, 1, 1968 et 2, 1972).

Acacia pennata (Linn.) Willd : III (7) ; XII (2, 3, 4, 8) ; XIII (8) ; XIV (5, 6, 2').
Acridocarpus longifolius (G. Don) Hook : XII (7, 8).
Adenia gracilis Harms : XIV (1).
Adenia lobata (Jacq.) Engl : I (1, 7).
Adhatoda maculata C. B. Cl : XVI (6).
Aframomum daniellii (Hook. f.) K. Schum : II (3) ; III (6) ; IV (2, 3, 2', 3') ; VIII (2, 3, 4, 5, 6) ; XVII (4).
Aframomum sceptrum K. Schum : VI (4, 6).
Afrosersalisia afzelii (Engl.) A. Chev : V (4) ; VI (6) ; X (8) ; XV (9).
Afzelia bella Harms : VI (7).
Agelaea obliqua (P. Beauv.) Baill. : XVII (2).
Agelaea pseudobliqua Schellenb. : I (4, 5) ; V (2, 3, 4, 5, 6, 7, 8, 9, 12 A) ; XI (5, 6, 7, 8) ; VII (2, 4, 7, 8) ; VIII (4) ; IX (4, 5, 7) ; XI (5) ; XII (5) ; XIV (4) ; XV (3, 5) ; XVI (3, 4) ; XVII (3, 5, 7, 8).
Aidia genipiflora (DC.) Dandy : V (13) ; XIII (6).
Albizia adianthifolia (Schum.) W. F. Wight : VIII (3, 13, 14).
Albizia zygia (DC.) F. F. Macbr. : I (3, 4, 5, 6) ; III (9) ; V (7) ; VI (2, 3) ; VII (2, 17) ; VIII (1, 2, 5, 6, 13, 15) ; X (14, 15) ; XI (8, 13) ; XII (11) ; XIII (6, 9) ; XV (12).
Alchornea cordifolia (Schum. & Thonn.) Müll. : I (6) ; IV (4, 4') ; XIII (8) ; XIV (6, 2').
Alchornea floribunda Müll. & Arg. : I (3) ; II (3, 5, 6) ; IV (3, 4, 4') ; VII (3).
Allanblackia floribunda Oliv. : XV (11) ; XVI (7, 12).
Allophylus africanus P. Beauv. : III (3, 6) ; VII (2, 14) ; VIII (12) ; IX (16, 17) ; XII (10).
Alstonia congensis Engl. : XII (12, 13) ; XIII (10).
Amphimas pterocarpoides Harms : VI (8) ; IX (19).
Ancistrophyllum opacum Drude : III (5, 7, 9) ; IV ; VI (7, 9, 11) ; XI (6) ; X (6, 7) ; XII (6) ; XVII (4, 5).
Ancistrophyllum secundiflorum Wendl. : XIII (5, 7, 8) ; XIV (2', 3').
Angylocalyx oligophyllus (Bak.) Bak. f. : XI (5).
Aningeria robusta (H. Chev.) Aubrev. : IV (1) ; VII (4, 8) ; VIII (4, 5) ; IX (5, 7, 11).
Anopyxis klaineana (Pierre) Engl. : XVII (11).
Anthocleista vogelii Planch. : XV (12) ; XVII (15, 16).
Anthonotha crassifolia (Baill.) J. Leonard : VII (14) ; IX (16).
Anthonotha fragrans (Bak.) Exell. : V (11, 13).
Anthonotha macrophylla P. Beauv. : III (6) ; IX (6) ; X (11) ; XI (8) ; XII (8).
Antiaris welwitschii Engl. : V (2) ; VIII (7) ; X (3) ; XII (7).
Antidesma membranacea Müll. Arg. : IX (7) ; XVII (6).
Aphanostylis leptantha (K. Schum.) Pierre : XV (5, 6).
Artabotrys jollyanus Pierre ex. Engl. : XV (9).
Asplenium africanum Desv. : XIII (4) ; XVII (3).

Baissea breviloba Stapf. : V (2, 3) ; VI (2, 6) ; VIII (2) ; IX (2) ; XV (2) ; XVI (2).
Baissea leonensis Benth. : IV (1) ; XII (3) ; XVI (1).
Baissea zygodioides (K. Schum.) Stapf. : VIII (1) ; X (2, 3) ; XII (2).
Baphia bancoensis Aubrev. : V (9, 11) ; VI (8) ; IX (9, 15) ; X (4, 5, 6, 8, 10) ; XII (9).
Baphia nitida Lodd. : II (2, 4) ; III (6, 7) ; IV (4) ; V (4, 6, 8, 10) ; VI (6, 7, 9, 11) ; VIII (2, 3, 4, 5, 6, 8, 9, 10) ; IX (2, 6, 8, 14, 15) ; X (3, 5, 7, 10) ; XI (8) ; XII (3, 5, 8) ; XIII (6, 7) ; XIV (4) ; XVI (7).
Beilschmiedia chevalieri Robyns & Wilczek : XI (8).
Beilschmiedia mannii (Meisn.) Benth. & Hook f. : VII (4, 12) ; XV (6).
Bertiera bracteolata Hiern : IV (4) ; VI (3, 6) ; XIII (2) ; XV (2) ; XVI (2).
Bertiera racemosa (G. Don) K. Schum. : XII (6).
Blighia sapida Konig : III (8) ; X (2) ; XI (2) ; XVII (5).
Blighia welwitschii (Hiern) Radlk : VI (3).
Bolbitis auriculata (Lam.) Alston : XV (1).
Bombax brevicuspe Sprague : IV (5').
Bridelia grandis Pierre ex. Hutch : IV (1) ; V (16) ; VI (16) ; VII (16, 17) ; VIII (14) ; IX (17, 18).
Bridelia micrantha (Hochst.) Baill. : I (1) ; II (8) ; XVI (1).
Buforrestia mannii C. B. Cl. : XVII (4).

Calamus deerratus Man & Wendl. : IV (3).
Callichilia subsessilis (Benth.) Stapf. : XVI (3).
Caloncoba brevipes (Stapf.) Gilg : III (2, 6) ; V (14) ; XII (3) ; XV (17) ; XVII (14).
Caloncoba echinata (Oliv.) Gilg. : XV (9) ; XVI (8, 9, 10).
Calpocalyx aubrevillei Pellegr. : VII (8).
Calpocalyx brevibracteatus Harms : IV (1, 4, 6) ; VII (3, 6, 8, 10, 15) ; XV (3, 9, 11) ; XVII (4, 5, 6, 9, 14, 15).
Calycobolus heudelotii (Bak. ex Oliv.) Heine : VI (3, 11) ; VIII (3, 4) ; XI (2) ; XII (2, 3, 4) ; XV (2).
Canarium schweinfurthii Engl. : II (6) ; IV (5, 14) ; VII (17).
Canthium hispidum Benth. : I (2) ; III (6) ; V (5) ; VI (8) ; VII (3) ; VIII (3) ; IX (6, 16) ; X (3) ; XI (3) ; XII (2, 4, 8) ; XV (4) ; XVII (7).
Canthium rubens Hiern : VI (5, 7).
Canthium setosum Hiern : VI (4, 7, 8).
Carapaprocera D. C. : I (6) ; XI (7).
Carpolobia lutea G. Don : II (3) ; IX (2, 4) ; X (7) ; XIII (4) ; XVI (9).
Cassipourea nialatou Aubr. & Pellegr. : XV (7, 11) ; XVI (11).
Castanola paradoxa (Gilg) Schellenb. ex Hutch & Dalz : XIII (5, 6).
Ceiba pentandra (Linn.) Gaertn. : I (5) ; X (15) ; XI (9) ; XVII (17, 18).
Centotheca lappacea (Linn.) Desv. : VIII (2) ; XVII (2).
Cephaelis peduncularis Salisb. : III (4) ; VII (5) ; VIII (2) ; XII (6) ; XVII (1, 2, 3, 4).
Cephaelis tabouensis Schnell : X (2) ; XII (2).
Cephaelis yapoensis (Schnell) Schnell : IV (1) ; XV (7) ; XVI (5, 6).
Cercestis afzelii Schott : I (3, 4) ; III (2) ; V (2, 3, 6) ; VI (3, 4, 5, 6, 7, 9, 10) ; VII (3, 7, 8, 9) ; VIII (2, 3, 4, 5, 8) ; IX (5) ; X (4) ; XI (2, 3) ; XII (3, 4) ; XIV (1) ; XV (3, 4, 5) ; XVI (2, 3, 4, 5, 7, 8, 9).
Cercestis stigmaticus N. E. Br. : XVII (1).
Chlorophora excelsa (Welw.) Benth : I (3).
Chrysophyllum pruniforme Pierre ex Engl : XII (5, 6).
Chrysophyllum taiense Aubr. & Pellegr. : VII (5, 6, 9) ; IX (5, 6, 8, 9, 10, 12, 13).
Chrysophyllum welwitschii Engl. : VI (3) ; VII (4, 6, 9).
Chytranthus talbotii (Bak. f.) Keay : II (3) ; V (4, 5) ; IX (7, 11) ; XI (5) ; XIV (3).
Cissus gracilis Guill. & Perr. : II (1, 2, 6, 8) ; III (1, 2, 6, 7) ; IV (1, 2, 3, 2') ; VI (2, 3, 5) ; VIII (2) ; X (4) ; XI (2) ; XII (4) ; XIV (6, 2').
Cissus polyantha Gilg. & Brandt : I (1, 7, 8) ; V (3).
Cleistopholis patens (Benth.) Engl. & Diels : IV (4, 5').
Clerodendrum capitatum (Willd.) Schum. & Thonn. : I (5) ; VII (3).
Clerodendrum volubile P. Beauv. : VI (4) ; VII (3).
Cnestis ferruginea DC. : I (4, 5, 6) ; V (4, 6, 7) ; VI (4, 5, 6, 9) ; VII (7) ; VIII (3, 4, 5) ; IX (3, 5, 6, 12) ; X (2, 3, 4, 5, 6) ; XII (4, 5) ; XIV (2, 3, 4) ; XVII (7).
Coffea liberica Bull. ex Hiern : X (3, 4, 5, 6, 7, 8, 9) ; XII (4, 5, 6) ; XIII (6) ; XVI (6, 8, 10).
Cola caricaefolia (G. Don) K. Schum. : I (5) ; V (4) ; IX (4, 5) ; X (6) ; XIV (5).
Cola humilis (Pierre) M. Bodard : X (5, 7, 8, 9) ; XI (4, 6) ; XII (5) ; XV (5, 6).
Cola nitida (Vent.) Schott & Endl. : X (5, 6) ; XVI (5, 7, 10, 11).
Combretodendron africanum (Welw. ex Benth. & Hook. f.) Exell. : I (6, 7) ; XII (7) ; IX (6, 11) ; XII (6) ; XVI (7, 10).

Combretum hispidum Laws : III (2) ; IV (1) ; VI (2, 3, 8) ; X (9) ; XI (4) ; X (2, 3, 4) ; XII (2, 5, 8) ; XIV (2, 3, 2') ; XV (3) ; XVII (3).
Commelina capitata Benth. : XVII (2).
Connarus africanus Linn. : XI (3).
Corynanthe pachyceras K. Schum. : XV (7).
Costus afer Ker-Gawl : II (3, 5) ; IV (3) ; XII (3, 5).
Costus deistelii K. Schum. : I (1, 4).
Craterispermum caudatum Hutch. : II (4) ; X (2) ; XI (5) ; XII (5).
Crossostemma laurifolium Planch. ex Benth. : IV (1) ; XII (8).
Croton aubrevillei J. Leonard : VII (16, 17).
Croton nigritanus Sc. Elliot : VII (3).
Ctenitis variabilis (HooK) Tard. : II (1) ; III (1) ; V (3, 4, 5) ; VII (2, 3, 4) ; IX (3) ; X (2) ; XI (1, 2) ; XII (2, 3) ; XIV (1, 2) ; XVI (2, 3).
Culcasia liberica N. E. Br. : II (1) ; VII (2, 3, 4) ; XI (2) ; XIV (2) ; XVI (1, 2).
Culcasia mannii (Hook. f.) Engl. : IX (2, 3) ; XV (3) ; XVI (3).
Culcasia parviflora N. E. Br. : X (3).
Culcasia saxatilis A. Chev. : VI (3, 4) ; IX (3, 4) ; XVI (4).
Culcasia scandens P. Beauv. : XVI (7, 8, 9).
Cuviera acutiflora DC. : V (8, 11) ; VI (6, 11) ; VII (5) ; IX (14).
Cuviera nigrescens (Sc. Elliot ex Oliv.) Wernham VII (5).
Cynometra ananta Hutch. & Dalz. : XVI (13, 14).

Dacryodes klaineana (Pierre) H. J. Lam. : VI (6) ; X (5, 8, 9) ; XII (7).
Desmodium adscendens (SW.) DC. : I (2) ; IV (2') ; VI (3, 4).
Desmostachys vogelii (Miers) Stapf : XVI (3).
Desplatsia chrysochlamys (Mildbr. & Burret) Mildbr. & Burret : II (6) ; VI (4, 5, 6, 7) ; IX (10) ; X (10) ; XIII (5, 6, 7).
Dialium aubrevillei Pellegr. : II (2) ; IV (2) ; V (3, 13) ; VII (5, 6, 7, 8, 9) ; VIII (2, 3) ; IX (11, 17) ; X (6, 7) ; XII (4, 5) ; XVI (7) ; XVII (2).
Dialium dinklagei Pellegr. : IX (14).
Dichapetalum angolense Chodat : I (3, 4, 5, 6) ; II (3, 4) ; IV (3) ; V (4, 9) ; VI (8) ; VII (5, 8) ; IX (6, 8, 12) ; X (8, 9) ; XI (6) ; XIV (4) ; XV (4, 6, 8).
Dichapetalum cymulosum (Oliv.) Engl. : I (4).
Dichapetalum martineaui Aubr. : V (7) ; X (7).
Dichapetalum pallidum (Oliv.) Engl. : I (3) ; X (5, 6, 7, 10) ; XI (4, 5) ; XIII (5) ; XIV (3) ; XV (3, 4) ; XVI (4).
Dicranolepis persei Cummins : III (2, 4, 6) ; VI (3, 5) ; VII (8) ; IX (5, 6) ; XVII (3, 5, 6, 7).
Dioscorea burkilliana J. Miege : I (7, 8) ; III (7) ; IV (1, 2, 3) ; VII (11) ; VIII (1, 2, 3) ; XIII (8) ; XIV (6, 2').
Dioscorea cayenensis Lam. : XII (2).
Diospyros chevalieri De Wild : II (3) ; III (4, 5) ; IV (3') ; V (4, 7, 8, 9) ; VI (4, 10) ; VII (4) ; IX (6, 10) ; X (6) ; XI (4) ; XIV (3) ; XV (6).
Diospyros mannii Hiern : XI (2, 3, 5, 6) ; XVII (4, 5).
Diospyros soubreana F. White : IV (2) ; XVII (5, 7, 12).
Diospyros sanza-minika A. Chev. : XVII (2, 5).
Diospyros vignei F. White : II (2) ; X (6, 7).
Discoglypremna caloneura (Pax) Prain : II (4, 5) ; III (8) ; XI (12) ; XIV (8).
Distemonanthus benthamianus Baill. : V (14).
Dracaena elliotii Bak. : IX (3) ; XVI (3).
Dracaena humilis Bak. : X (2, 3, 4, 5) ; XIII (4).
Dracaena ovata Ker-Gawl : II (3) ; IV (3') ; IX (7) ; X (2) ; XI (3) ; XII (4, 6).
Dracaena surculosa Lindl. : V (9) ; VI (3, 6) ; VIII (2, 4, 5) ; IX (4, 5, 6, 7) ; X (4, 5) ; XIV (2).
Drypetes aylmeri Hutch. & Dalz. : VII (6, 11) ; IX (11) ; XI (7) ; XII (6, 7).
Drypetes gilgiana (Pax) Pax & K. Hoffm. : VII (5) ; IX (9).
Drypetes ivorensis Hutch. & Dalz : X (7) ; XII (6) ; XVI (6).
Drypetes klainei Pierre & Pax : IX (17).

Elaeis guineensis Jacq. : II (3) ; III (3) ; V (15) ; VI (3, 4, 7, 8, 10, 13) ; VII (2, 3, 7, 11) ; VIII (6, 7) ; IX (6) ; X (12, 13) ; XI (11) ; XII (7, 9, 10) ; XIII (10) ; XV (10) ; XVI (12) ; XVII (16).
Enantia polycarpa (DC.) Engl. : VI (5) ; VIII (9) ; IX (16) ; XII (7) ; XVI (3).
Entandrophragma angolense (Welw.) DC. : VII (17).
Epinetrum mangenotii J. L. Guillaumet & M. M. Debray : I (3) ; VIII (3) ; IX (2, 4).
Eremospatha macrocarpa Wendl. : II (6) ; III (3) ; IV (3') ; V (4, 7, 8) ; VI (3, 4, 5, 7, 8) ; VII (4, 5) ; IX (3, 4, 5, 6, 7, 16) ; X (6, 7, 9) ; XI (4, 6, 7) ; XIV (3) ; XV (4).

Erythrococca anomala (Juss. ex Poir) Prain. : I (4) ; III (2) ; V (2).
Erythrophleum ivorense A. Chev. : III (9) ; XII (10) ; XVII (11, 12, 13, 14, 16, 18).
Erythroxylum mannii Oliv. : XVII (11).
Euadenia trifoliata (Schum. ex Thonn.) Oliv. VIII (5).
Eugenia calophylloides DC. : VI (9) ; XVII (2, 5, 7, 8, 9, 10).
Eulophia guineensis Lindl. : V (4, 5) ; VII (2, 3, 4, 5).

Fagara macrophylla Engl. : III (8) ; IV (5, 6) ; V (15, 16) ; VI (16) ; VII (16, 17) ; IX (15, 16) ; XI (12) ; XII (11) ; XIV (8) ; XV (12) ; XVI (14).
Ficus capensis Thunb. : I (4, 7) ; IV (4).
Ficus exasperata Vahl. : II (2) ; VIII (12, 13, 14) ; X (13).
Ficus mucoso Welw. ex Ficalho : VIII (15).
Ficus vogelii (Miq.) Miq. : IV (3).
Floscopa africana (P. Beauv.) C. B. Cl. : III (2) ; XIV (1, 2) ; XVII (3).
Funtumia elastica (Press.) Stapf. : I (5, 7) ; II (2) ; IV (3) ; V (6, 9, 10, 11, 14, 15, 16) ; VI (6, 7, 13) ; VII (5, 8, 12, 13, 14) ; VIII (3, 11, 12, 13) ; IX (15, 16, 17, 18) ; X (2, 11, 13, 14) ; XI (12) ; XIV (8, 9) ; XV (9) ; XVI (4, 11, 12, 14) ; XVII (4).

Gaertnera cooperi Hutch. & M. B. Moss : XV (3, 6) ; XVI (1, 3, 4, 9) ; XVII (2, 3, 4, 6).
Garcinia afzelii Engl. : IX (11, 14).
Geophila afzelii Hiern : I (1) ; II (1) ; III (1) ; VI (2, 3) ; VII (1, 2) ; VIII (1) ; IX (2) ; X (2) ; XI (1) ; XII (1) ; XIII (1) ; XIV (1) ; XV (1, 2) ; XVI (1, 2) ; XVII (1).
Geophila hirsuta Benth. : II (1) ; V (1, 2) ; VII (1, 2) ; X (2) ; XI (1) ; XII (1) ; XIII (1) ; XIV (1) ; XV (2) ; XVI (1, 2, 3); XVII (1).
Glyphaea brevis (Spreng.) Monachino : X (9).
Grewia barombiensis K. Schum. : V (5, 10) ; VI (3, 5, 7, 8, 11, 14) ; VII (3, 14).
Griffonia simplicifolia (Vahl. ex DC.) Baill. : V (3, 4, 6, 7, 8, 9) ; VI (4, 5, 11, 14) ; VII (3, 5, 8, 9, 13, 14) ; VIII (2, 3, 4, 5, 6, 7, 9) ; IX (4, 5, 6, 8) ; X (6, 9) ; XI (4, 7, 8) ; XIII (13) ; XIV (3, 5, 2').
Guaduella oblonga Hutch. ex. W. D. Chayton : XV (2, 5).
Guarea cedrata (A. Chev.) Pellegr. : V (9) ; VII (3, 6) ; VIII (7) ; IX (4, 5, 16) ; X (3).
Guarea thompsonii Sprague & Hutch. : V (9) ; VII (4, 6) ; X (10).

Haemanthus multiflorus Martyn : XVII (3).
Halopegia azurea (K. Schum.) K. Schum. : XVII (5).
Hannoa klaineana Pierre & Engl. : VI (10).
Harungana madagascariensis Lam. ex Poir. : I (8) ; III (8, 9).
Heinsia crinita (Afzel.) G. Taylor : V (2).
Heisteria parvifolia Sm. : VI (4) ; IX (5) ; XV (7) ; XVI (7).
Hirtella butayei (De Wild) Brenan : XVII (13).
Homalium aylmeri Hutch. & Dalz. : V (15).
Homalium patoklaense Aubrev. & Pellegr. : IX (10) ; XV (13).
Hugonia afzelii R. Br. ex Planch. : I (5) ; III (3) ; VI (4, 8) ; IX (2) ; X (4, 7) ; XII (5, 6) ; XIV (4) ; XV (3) ; XVI (9).
Hugonia planchonii Hook. f. : II (2) ; V (6, 9) ; VI (3, 4, 8, 11) ; VII (4, 9) ; IX (4, 8, 9) ; XV (2, 4) ; XVI (4, 7) ; XVII (4).
Hypolytrum heteromorphum Nelmes : X (3, 4) ; XI (2, 3, 4) ; XV (3, 4).

Icacina mannii Oliv. : VIII (4, 9) ; IX (4, 6, 8) ; X (6, 7, 8, 9, 10) ; XV (4).
Iodes liberica Stapf. : II (8) ; V (4, 12A) ; VI (4) ; VII (5, 14) ; VIII (2, 3, 4, 5, 6) ; IX (3, 4, 5, 11, 12, 13, 14) ; X (9) ; XII (15) ; XV (3, 9) ; XVI (3, 4, 13).
Ipomaea mauritiana Jacq. : VIII (7).
Isolona campanulata Engl. & Diels : XII (3) ; XIII (5) ; XV (3, 7).
Ixora laxiflora Sm. : III (4).

Klainedoxa gabonensis Pierre ex Engl. : III (6) ; XVII (6, 7).

Landolphia dulcis (R. Br. ex Sabine) Pichon : III (4, 7) ; X (2, 3).
Landolphia hirsuta (Hua) Pichon : V (9) ; IX (11, 14, 16).
Landolphia membranacea (Stapf) Pichon : VI (3) ; VII (6) ; IX (3, 7) ; X (3, 4, 5, 6) ; XI (2) ; XV (3, 4).
Landolphia owariensis P. Beauv. : IV (4') ; VI (7, 8) ; VII (3, 5) ; VIII (3) ; X (4, 5) ; XII (4) ; XIV (2).
Lankesteria brevior C. B. Cl. : X (3) ; XIII (3).
Lannea welwitschii (Hiern) Engl. : VII (14) ; XI (8).
Leea guineensis G. Don : III (5) ; XVII (2, 4).

Ouratea affinis (Hook. f.) Engl. : I (3) ; VI (3) ; VII (2) ; IX (7, 11, 16) ! XV (2) ; XVII (16).
Ouratea duparquetiana (Baill.) Gilg. : III (5) ; VI (5), VIII (5), IX (5) ; XV (3).
Ouratea flava (Schum. & Thonn.) Hutch & Dalz. : XVII (7).
Ouratea morsonii Hutch & Dalz : XIII (5) ; XV (4, 5).
Ouratea schoenleiniana (Klozsch.) Gilg. : V (4, 5, 6, 9, 11) ; VII (7) ; IX (7) ; XV (4) ; XVI (4, 5, 6) ; XVII (5, 6, 9).
Oxyanthus formosus Hook. f. ex Planch. : XIV (5).
Oxyanthus racemosus (Schum & Thonn.) Keay : V (3) ; VIII (10, 11) ; X (5, 7) ; XI (4) ; XVII (4, 5, 7, 9).

Pachypodanthium staudtii Engl. & Diels : VI (12) ; XVII (5, 6, 7, 9).
Palisota barteri Hook. f. : III (3) ; XVI (3) ; XVII (2, 3).
Palisota hirsuta K. schum. : I (6) ; II (3) ; III (4, 5, 6) ; VII (2) ; VIII (2) ; XII (4) ; XIII (4, 6) ; XVI (3) ; XVII (2, 3, 4).
Panda oleosa Pierre : XVII (9).
Panicum brevifolium L. : III (2, 3).
Paracoffea ebracteolata (Hiern) Leroy : IX (6) ; X (4, 6) ; XI (4) ; XII (6).
Parinari aubrevillei Pellegr. : XII (5, 6, 7).
Parinari excelsa Sabine : IV (5) ; VII (6, 9) ; XV (12) ; XVII (5, 7).
Parkia bicolor A. Chev. : VII (6, 9).
Paspalum conjugatum Berg : I (2, 3).
Paullinia pinnata Linn. : XII (14).
Pauridiantha hirtella (Benth.) Bremek : I (2) ; VI (9) ; XV (6, 8).
Pavetta corymbosa (DC.) F. N. Williams : XVII (5, 6, 7, 10).
Penianthus zenkeri (Engl.) Diels : X (4) ; XIII (4).
Pentaclethra macrophylla Benth. : XII (6).
Pentadesma butyracea Sabine : IV (2).
Phyllanthus discoideus (Baill.) Müll. Arg. : IV (6) ; V (16) ; VIII (12, 13, 14).
Physacanthus nematosiphon (Lindau) Rendle & Britton : XV (2).
Piper guineense Schum. : IV (1, 2) ; VII (1) ; X (2, 3, 8) ; XIII (1) ; XIV (1).
Piper umbellatum Linn. : I (1, 3, 4) ; II (3).
Piptadeniastrum africanum (Hook. f.) Brenan : I (6) ; III (5) ; IV (4) ; VI (8) ; VII (6, 14, 15) ; VIII (3) ; IX (4, 8, 10, 16) ; X (7, 15) ; XI (2) ; XII (5, 8) ; XIII (5) ; XIV (3) ; XV (2, 3, 5, 7, 8, 13) ; XVI (1, 2, 3, 4, 9, 12, 13).
Placodiscus leptostachys Radlk. : VI (8) ; VII (5) ; IX (12).
Pleiocarpa mutica Benth. : IX (6, 13).
Polyalthia oliveri Engl. : X (6) ; XIV (2) ; XVI (3, 5, 6, 9, 11).
Polyceratocarpus parviflorus (Bak. f.) Ghesq. : II (3).
Psychotria subobliqua Hiern : VII (3) ; VIII (5, 6) ; XIII (4, 5).
Psychotria vogeliana Benth. : IX (4).
Pteris atrovirens Willd. : I (1, 4) ; V (2, 4, 5, 6) ; VI (3, 4) ; VII (6) ; VIII (2, 3, 4, 5, 6) ; IX (2, 3) ; X (3) ; XI (1) ; XIII (3) ; XV (3) ; XVI (3) ; XVII (2).
Ptychopetalum anceps Oliv. : II (2, 4) ; III (6) ; IV (2, 3, 3′) ; V (5, 6, 7, 8, 9) ; VI (4, 10) ; VII (3, 5, 10) ; IX (4, 5, 6, 7, 10, 12) ; X (7) ; XII (6).
Pycnanthus angolensis (Welw.) Warb. : V (3, 6) ; VI (5, 8) ; VII (5, 6, 7, 11) ; VIII (3, 9, 10) ; XI (7).
Pyrenacantha vogeliana Baill. : VIII (2).

Raphia hookeri Man ex Wendl. : VI (7) ; IX (7) ; XI (5) ; XII (5) ; XIV (4, 6) ; XVI (4, 5, 6).
Rauvolfia vomitoria Afzel. : IV (4) ; VII (11, 12) ; VIII (11).
Rhaphiostylis beninensis (Hook. f. ex Planch.) Planch. ex Benth. : II (3, 4) ; VI (6) ; VII (3, 4) ; VIII (4) ; XVI (4, 5) ; XVII (4, 5, 6).
Rinorea illicifolia (Welw. ex Oliv.) O. Ktze : XI (3, 4, 5).
Rinorea longicuspis Engl. : IX (5, 7, 8, 10, 12, 13, 14).
Rinorea oblongifolia (C. H. Wright) Marquand : IV (2) ; IX (5, 7, 11) ; X (6, 7) ; XII (6) ; XV (6).
Robynsia glabrata Hutch. : III (5) ; VII (4, 5, 9) ; XIII (4) ; XIV (2, 3).
Rothmannia longiflora Salisb. : V (6) ; VI (8) ; VII (8) ; X (9) ; IX (9) ; XII (5, 6).
Rothmannia whitfieldii (Lindl.) Dandy : V (6, 9) ; VI (3, 10) ; VII (4) ; IX (3, 7, 8) ; XII (4).

Sabicea africana (P. Beauv.) Hepper : XV (7).
Sabicea discolor Stapf. : I (7) ; II (6) ; IV (4) ; XVII (3).
Sacoglottis gabonensis (Baill.) Urb. : XVII (7, 13).
Salacia debilis (Don) Walpers : X (5, 6) ; XIII (5, 6) ; XVI (5).
Salacia erecta (Don) Walpers : III (3) ; V (3, 5) ; VI (4) ; VII (4) ; VIII (3, 4) ; IX (2, 4, 5, 6, 7, 10) ; XI (2) ; XIII (6).
Salacia nitida (Benth.) N. E. Brown : V (4) ; IX (5).

Salacia zenkeri Loes : IV (2).
Samanea dinklagei (Harms) Keay : V (16) ; VIII (12) ; IX (18, 19).
Sapium ellipticum (Hochst) Pax. : XV (4).
Sarcophrynium brachystachys (Benth.) K. Schum : II (4, 5) ; V (6) ; VI (4, 6, 7, 8) ; VII (2, 3, 5) ; IX (4, 5, 6, 7) ; X (4) ; XII (3, 5) ; XV (4) ; XVII (2, 3, 4, 5).
Sarcophrynium prionogonium (Bak.) K. Schum. : VI (7, 8, 9).
Scaphopetalum amoenum A. Chev. : VI (3, 5, 7, 8, 9, 10, 12) ; VII (3, 4, 5, 7, 8, 9, 10, 11, 12).
Sherbournia calycina (G. Don) Hua : VI (11).
Scleria barteri Boeck : I (4, 5, 7) ; III (3, 4, 5, 6, 8) ; IV (4′) ; VI (3) ; XIV (6, 2′, 3′).
Scottelia chevalieri Chipp : II (6) ; VII (7) ; XV (9) ; XVI (7) ; XVII (5).
Scytopetalum tieghemii (A. Chev.) Hutch & Dalz. : II (6) ; VII (7) ; XVI (6, 9) ; XVII (4, 6).
Soyauxia floribunda Hutch. : IV (3′) ; V (6, 7, 8, 10) ; IX (5, 6, 13) ; XVII (6, 9, 10, 13).
Sphenocentrum jollianum Pierre : III (3) ; V (5) ; VII (5, 6) ; VIII (4, 5, 6) ; IX (4, 5, 6, 9).
Spiropetalum heterophyllum (Bak.) Gilg. : IX (10, 11).
Spondias mombin Linn. : VIII (12).
Spondianthus preussi Engl. : XII (6, 7) ; XV (5, 7) ; XVII (6, 7, 8, 9, 10, 12).
Sterculia rhinopetala K. Schum. : XVII (4).
Sterculia tragacantha Lindl. : IV (5) ; VIII (4, 14) ; XVII (2).
Strephonema pseudocola A. Chev. : II (4).
Streptogyna crinita P. Beauv. : V (3, 4, 5) ; VI (2, 3, 4, 6) ; VII (2, 3, 4) ; IX (3) ; X (2, 3, 4) ; XII (3) ; XIII (3, 4) ; XIV (2) ; XVI (2, 3, 4) ; XVII (2, 3, 4).
Stombosia glaucescens Engl. : II (2, 3, 4) ; III (2) ; VI (5, 6) ; VII (5, 6, 7) ; VIII (2) ; IX (2, 4, 7, 8, 11, 18) ; X (3, 6, 7, 11) ; XVII (1, 6, 9).
Strophanthus sarmentosus DC. : V (5, 6, 12A) ; VIII (9) ; X (10) ; XIII (8).
Strychnos aculeata Solored : II (5) ; VII (5) ; XII (6) ; XVI (3).

Tabernaemontana crassa Benth. : I (6) ; XVI (6, 8).
Tarrietia utilis (Sprague) Sprague : XV (5, 9).
Terminalia ivorensis A. Chev. : IV (6) ; VIII (15) ; IX (19) ; X (15) ; XIII (10).
Terminalia superba Engl. : III (9, 10) ; X (14, 15) ; XIII (10) ; XVII (17, 18).
Tetracera alnifolia Willd. : VI (4, 6, 7) ; XI (2) ; XVII (5).
Tetracera potatoria Afzel. : II (3) ; V (3, 12A) ; VI (4) ; VII (3, 9) ; IX (7) ; XII (3, 4) ; XIII (5) ; XVII (2, 3).
Tetrorchidium didymostemon (Baill.) Pax & K. Hoffm. : VI (14) ; XIII (9).
Tetrorchidium oppositifolium (Pax) Pax & K. Hofim. : XV (5).
Thaumatococcus daniellii (Benn.) Benth. : III (5) ; IV (3) ; VIII (5, 6, 7) ; XI (5) ; XII (5) ; XIII (7) ; XIV (3, 4);
Thecacoris stenopetala (Müll. Arg.) Müll. Arg. : XVI (2, 3, 4, 5).
Thonningia sanguinea Vahl. : XIII (1).
Tiliacora dinklagei Engl. & Diels : III (4) ; V (5, 6, 7, 12A) ; XVI (9).
Trachyphrynium braunianum (K. Schum.) Bak. : I (4) ; II (5, 6) ; III (6, 7) ; IV (2, 3) ; VI (8) ; VIII (5, 7) ; XI (5, 6, 7, 8) ; XII (6) ; XIII (5, 6, 7) ; XIV (2, 2′) ; XV (4, 5, 8) ; XVI (4) ; XVII (3).
Tricalysia macrophylla K. Schum. : III (6, 7) ; VI (5, 6) ; VII (4) ; IX (5) ; X (8) ; XIV (2, 3) ; XVII (5).
Tricalysia reflexa Hutch. : XVII (9).
Trichilia heudelotii Planch. : VII (13) ; VIII (3, 6, 8, 9, 10, 11) ; IX (15).
Triclisia macrophylla Oliv. : III (6) ; V (2) ; VIII (2, 4).
Trichoscypha arborea Engl. : VII (9) ; IX (8) ; XVII (6, 7).
Trichoscypha oba Aubrev. : IV (4) ; VII (5, 9) ; XI (6) ; XIV (5) ; XVII (9).
Triplochiton scleroxylon K. Schum. : X (15) ; XIV (18) ; XVII (17, 18).
Tristemma coronatum Benth. : I (2).
Uapaca esculenta Müll. Arg. : II (6) ; VI (8, 10, 11, 14) ; VII (14, 15) ; IX (14) ; X (8, 11) ; XI (9, 13) ; XII (7, 8) ; XV (4, 6, 8, 9, 11, 12) ; XVI (2, 6, 7, 8, 9, 10, 13, 14).

Uapaca guineensis Müll. Arg. : VII (14).
Uvaria afzelii Sc. Elliot : I (4) ; V (3) ; VI (4) ; VII (2, 5) ; VIII (4, 5, 6, 8, 9) ; IX (4).
Uvaria baumannii Engl. & Diels : II (4, 5, 6).
Uvariastrum pierreanum Engl. : XVII (9).

Vernonia conferta Benth. : I (7).
Virectaria procumbens (Sm.) Bremek : I (2).
Vismia guineensis (L.) Choisy : III (1, 3, 6, 7, 8).
Vitex grandifolia Gürke : VIII (5).

Vitex micrantha Gürke : V (13) ; IX (12) ; XI (7) ; XV (10).
Vitex phaeotricha Mildbr. : XVI (11).
Vitex rivularis Gürke : V (12A) ; XV (10, 11).

Whitfieldia colorata C. B. Cl. ex Stapf. : V (2) ; IX (3, 5) ; X (3) ; XI (2).
Whitfieldia lateritia Hook : II (2) ; VIII (5, 6, 7).

Xylopia aethiopica (Dunal) A. Rich. : I (3, 4, 5) ; III (2) ; IV (3, 4, 2') ; V (4, 12A, 13, 14) ; VI (3, 5, 13, 14, 15) ; XV (12) ; XVII (15, 17).
Xylopia parviflora (A. Rich.) Benth. : III (2, 5) ; XVI (6) ; XVII (8, 10, 11).
Xylopia quintasii Engl. & Diels : III (2, 3) ; VII (8) ; X (6, 8, 11, 12) ; XII (7) ; XV (4) ; XVI (8) ; XVII (1, 2, 5, 6, 7, 8, 9, 10, 12, 13).
Xylopia staudtii Engl. & Diels : VII (13) ; X (2, 3).
Xylopia vilosa Chipp : III (3) ; V (11) ; VIII (10) ; IX (5) ; X (5, 11) ; XI (4, 7) ; XVI (5) ; XVII (4, 9).

INDEX DES NOMS DE PLANTES
(texte, figures et tableaux)*

(*) Les espèces du tableau 11 (liste des essences commercialisées de la Côte d'Ivoire) qui n'ont pas été rencontrées dans nos parcelles, ne figurent pas dans l'index.

TABLE DES MATIÈRES

IMPRIMERIE A. BONTEMPS
LIMOGES (France)
Dépôt légal : Juin 1982
IMP. N° 29006-82

Fabrication - Coordination
Hélène DARDENNE